COMPORTAMENTO
ALEATÓRIO

ALTA BOOKS
E D I T O R A
Rio de Janeiro, 2021

Comportamento Aleatório: Geeks e Nerds Unidos
Copyright © 2021 da Starlin Alta Editora e Consultoria Eireli. ISBN: 978-85-508-0718-8

Todos os direitos estão reservados e protegidos por Lei. Nenhuma parte deste livro, sem autorização prévia por escrito da editora, poderá ser reproduzida ou transmitida. A violação dos Direitos Autorais é crime estabelecido na Lei nº 9.610/98 e com punição de acordo com o artigo 184 do Código Penal.

A editora não se responsabiliza pelo conteúdo da obra, formulada exclusivamente pelo(s) autor(es).

Marcas Registradas: Todos os termos mencionados e reconhecidos como Marca Registrada e/ou Comercial são de responsabilidade de seus proprietários. A editora informa não estar associada a nenhum produto e/ou fornecedor apresentado no livro.

Impresso no Brasil — 1ª Edição, 2021 — Edição revisada conforme o Acordo Ortográfico da Língua Portuguesa de 2009.

Produção Editorial Editora Alta Books **Gerência Editorial** Anderson Vieira **Gerência Comercial** Daniele Fonseca	**Produtor Editorial** Illysabelle Trajano Thiê Alves **Assistente Editorial** Ian Verçosa	**Equipe de Marketing** Livia Carvalho Gabriela Carvalho marketing@altabooks.com.br **Coordenação de Eventos** Viviane Paiva comercial@altabooks.com.brw	**Editor de Aquisição** José Rugeri j.rugeri@altabooks.com.br

Equipe Editorial Luana Goulart Maria de Lourdes Borges Raquel Porto Rodrigo Dutra Thales Silva	**Equipe de Design** Larissa Lima Marcelli Ferreira Paulo Gomes	**Equipe Comercial** Daiana Costa Daniel Leal Kaique Luiz Tairone Oliveira Vanessa Leite

Revisão Gramatical Alessandro Thomé Thaís Pol	**Capa** Tribo da Ilha	**Diagramação** Lucia Quaresma

Publique seu livro com a Alta Books. Para mais informações envie um e-mail para autoria@altabooks.com.br

Obra disponível para venda corporativa e/ou personalizada. Para mais informações, fale com projetos@altabooks.com.br

Erratas e arquivos de apoio: No site da editora relatamos, com a devida correção, qualquer erro encontrado em nossos livros, bem como disponibilizamos arquivos de apoio se aplicáveis à obra em questão.

Acesse o site **www.altabooks.com.br** e procure pelo título do livro desejado para ter acesso às erratas, aos arquivos de apoio e/ou a outros conteúdos aplicáveis à obra.

Suporte Técnico: A obra é comercializada na forma em que está, sem direito a suporte técnico ou orientação pessoal/exclusiva ao leitor.

A editora não se responsabiliza pela manutenção, atualização e idioma dos sites referidos pelos autores nesta obra.

Ouvidoria: ouvidoria@altabooks.com.br

Dados Internacionais de Catalogação na Publicação (CIP) de acordo com ISBD

M772c   Molinari, Leonardo

Comportamento Aleatório: Geeks e Nerds Unidos / Leonardo Molinari. - Rio de Janeiro : Alta Books, 2021.
176 p. ; 17cm x 24cm.

ISBN: 978-85-508-0718-8

1. Comportamento. 2. Geek. 3. Nerd. I. Título.

2020-3276   CDD 155.2
CDU 159.9.019.4

Elaborado por Vagner Rodolfo da Silva - CRB-8/9410

Rua Viúva Cláudio, 291 — Bairro Industrial do Jacaré
CEP: 20.970-031 — Rio de Janeiro (RJ)
Tels.: (21) 3278-8069 / 3278-8419
www.altabooks.com.br — altabooks@altabooks.com.br
www.facebook.com/altabooks — www.instagram.com/altabooks

Sobre o Autor

Leonardo Molinari é poeta, conhecido no passado por *Leo Rezende*. Seu nome completo é Leonardo da Matta Rezende Molinari, que ele raramente usa. Tem vários livros de poesia já divulgados, é contista e *geek/nerd* "de carteirinha", como ele mesmo se define. Adora jogar diversos jogos *nerds*, é leitor voraz e ama filmes de super-heróis. Este é seu romance de estreia, no qual mergulhou no mundo *nerd*, hoje tão falado e amado. Ele é também consultor e autor de vários livros técnicos sobre qualidade de *software*, testes e gestão de projetos.

É mestre em Administração/Inovação (MADE) e tem pós-graduado em Qualidade, ambos pela Universidade Estácio de Sá, e também é graduado em Engenharia de Sistemas da Computação pela Universidade Estadual do Rio de Janeiro (UERJ) e entusiasta de tecnologia, em especial de inteligência artificial (IA) e qualidade de *software*. Possui mais de 28 anos de experiência profissional no mercado nacional e internacional.

Além de palestrante e consultor, é professor. Mora no Rio de Janeiro, é casado e tem uma filha.

DEDICATÓRIA

Dedico este livro a minha mãe, Rosil, minha filha, Júlia, e minha esposa, Verônica, elas que sempre me apoiam nos momentos mais difíceis e também nos alegres. São meu tripé de sustentação e meu combustível no dia a dia.

AGRADECIMENTOS DO AUTOR

Antes de tudo, agradeço a Deus por mais esta chance, pois sem Ele nada faz sentido. A todos aqueles que acreditaram na minha determinação e no meu romance, e aos vários amigos *nerds* e *geeks* que de certa forma homenageio ao longo da obra.

Agradeço *in memoriam* ao meu pai, Jacy, que foi a primeira pessoa a me apresentar ao mundo *nerd* quando pequeno, afinal, eram as histórias em quadrinhos no jornaleiro. Elas entravam no meu DNA na minha infância.

Agradeço *in memoriam* ao meu amigo de longa data Tassius Carvalho, dono da *Point HQ* em Ipanema. Sua loja, como ele, é uma referência na comunidade *nerd* no Rio de Janeiro por estimular diversas coisas do mundo *nerd*. Ele era um visionário e fomentou gibis, mangás, *card games* e outras coisas. Graças a ele, uma geração inteira de *nerds* no Rio de Janeiro teve acesso a esse mundo mágico. Ele era uma pessoa alegre e positiva. Eterno obrigado pela troca de ideias e pelas contribuições. Comecei a jogar "magic", ou "Magic: The Gathering", em sua loja, que é hoje uma ótima referência em quadrinhos e produtos *nerds*. Com o tempo, acabou que nos tornamos amigos de forma natural. Uma vez até o entrevistei para meu canal.

Agradeço também aos grandes amigos Max Minato, dono da *Magic Store*, Eduardo Novaes, dono da *Red* (antiga RedBox), e João Paulo Gutosvski, dono da *Bolsa do Infinito*, cujas lojas se localizam no Rio de Janeiro. Joguei e jogo *magic* em todas essas lojas *nerd*. Todas elas são fantásticas, e as recomendo sem exceção. Todos eles são meus amigos que fiz ao longo do tempo e que colaboraram direta ou indiretamente com esta obra. São fontes de inspiração e com eles converso sobre quadrinhos, *magic*, *games* ou filmes sempre que posso. São amigos que adoro, mesmo não vendo sempre todos. São únicos em seu jeito de ser.

Um agradecimento especial ao meu amigo Renato Bernardes, médico, *nerd* e jogador apaixonado por *magic*. Ele é um amigo fiel ao qual agradeço pela bela dupla que formamos ao jogar *magic*. Escutamos muito um ao outro o tempo todo.

Outro agradecimento especial vai para meu amigo de longa data Leandro Floresta, jogador de *magic* que pouco vejo e que sempre procura se reinventar. Ele joga *magic* com paixão, e muitas vezes me orientou quando eu precisava.

Também gostaria de agradecer ao amigo Jorge Jacoh, que é professor de História e Geografia e *nerd*, e ao seu projeto social/escolar onde ele ensina *magic* a crianças como disciplina extracurricular, como forma de estimular a evolução cognitiva e o aprendizado em geral. É algo lindo de se ver.

Um agradecimento especial aos amigos *nerds* que estão em meu coração independente de qualquer coisa. São eles: Paulo Henrique "Soldado" (jogador de *magic*), João Gouvêa (jogador de *magic* e *youtuber*), Thiago Almeida (jogador de *magic*), Pedro Netto (jogador de *magic*), Thiago Pinto (jogador de *magic* e que trabalha em TI), Juliano Gennari (jogador de *magic* e autor de vários artigos na *Ligamagic*) e Willy Edel (membro do Hall da Fama do *magic*).

Agradeço ainda a tantos outros amigos *nerds* e jogadores de *magic* que não citei. São tantos que não caberia aqui. Todos estão em meu coração.

Faço um agradecimento também às lojas *Bazar de Bagdá* de São Paulo, *Cards of Paradise* do Rio de Janeiro e ao portal/site *Ligamagic*, esse último por divulgar e incentivar o *magic* no Brasil. Obrigado eterno.

Também agradeço a outros "espaços" *nerds*, sejam eles lojas de *magic* como as citadas acima ou não, e que abriram e ainda abrem espaço para divulgar e incentivar a cultura *nerd* pelo Brasil e pelo mundo. Isso inclui revistas, livrarias, sites na internet e programas de TV que divulgam ou apoiam a cultura *nerd*.

Agradeço a vários parentes meus, como sobrinhos e outros. Em especial a minha família por parte de mãe, incluindo primos, primas, tios e tias, que de certa forma me ajudaram a construir minha experiência de vida e parte de minhas ideias para a presente obra. Agradeço em especial a minha tia Risonila, ou tia Neli, como é conhecida carinhosamente na família, e a minha outra tia, Rosalinda (*in memoriam*), ou tia Nezita, como também era conhecida carinhosamente na família, ambas irmãs de minha mãe. Minhas tias moram no meu coração. Agradeço aos vários tios, primos e primas que não conseguiria enumerar aqui e que, mesmo a distância, tanto amo. Fica aqui meu agradecimento a todos de coração, sem exceção.

Agradeço a alguns de meus ídolos *nerds* nacionais que me influenciaram e me inspiraram, cada um com seu jeito e estilo ao longo de várias décadas: Ziraldo, Maurício de Sousa, Tiago Leifert, Fernando Caruso e, *in memoriam*, Henfil e Bussunda. São frases, atitudes e ideias que tomei e tomo como referência até hoje em minha vida. Na verdade, boa parte do que sou hoje é um amálgama dessas influências.

Agradeço de coração a Rosana Arruda, que me apoiou junto à editora na presente obra para ser publicada. No passado ela me apoiou na publicação de diversas outras obras minhas e isso nunca esquecerei. A vida fez dela uma grande amiga.

Ao pessoal da editora Alta Books, pela organização, dedicação e qualidade na editoração do presente livro, meu romance de estreia. Foi uma enorme surpresa. E aos leitores de meus outros livros, sejam técnicos ou de poesia, que me apoiaram para escrever esta obra.

PREFÁCIO

Estou vendo um portal. Acho que vou atravessá-lo. Onde vai dar?

E assim começa.

Em um defeito distante numa galáxia qualquer...

Pode parar tudo. Aqui não é *Star Wars*, mas, sim, uma história de *nerds* e *geeks* que desejo contar em linha reta com muitas curvas, subidas e descidas. E de quebra, com alguns buracos no meio do caminho. Ou serão pedras?

Essa é uma história (com algumas pequenas histórias e casos embutidos) que apresenta o mundo *nerd*, seus problemas e seus prazeres. Conta e fala do preconceito *nerd*, as dificuldades *nerds* e um pouco sobre o impacto da tecnologia que nos cerca. É uma história de problemas comuns e incomuns sobre pessoas que levaram anos para serem entendidas. Fala de coisas lindas e nada lindas. O livro fala de uma geração, loucos antes desacreditados, que vive num mundo convencional que se transforma com a tecnologia e que transforma o mundo através dela. É um livro de *nerds* e *geeks* para quem é e também para quem não é. Claro que tem aqueles heróis e vilões...

Quando elaborei esse livro, não imaginava onde iria parar. E não para por aí...

(Lá vem aquele papo chato e blá, blá, blá. Pelo amor de Deus, conta logo!)

Depois de um enorme discurso de apenas poucas linhas (que na verdade é pouco, mas sempre deixo algumas linhas de reserva), percebi que o presente livro é um reflexo do mundo em que vivo. Socorro! A eleição, a inflação e os problemas econômicos ficam lá fora.

Aqui é um mundo diferente. Histórias legais e nem sempre legais. Tudo leva a algum lugar. Com vilões e nada heróis... Saída pela direita, diria o Leão da Montanha. No máximo você pegará uma mochila e sairá pelas estrelas... Mas não é assim por aqui. Ou será que chamar um Uber para ir a Marte resolve? Não. A história aqui é outra.

O que acontece quando *nerds*, *geeks* e novos *nerds* entram em choque com o mundo real ao seu redor (e entre si) e resolvem de alguma forma os seus problemas juntos, de uma forma unida e única? Existem problemas desse tipo, e preconceito também. Será que vai dar certo? Aqui não tem partido político para negociar ou fazer acordo de delação premiada. Na dúvida, todo mundo vai para um videogame, um "Assassin's Creed", um "Magic: The Gathering", um "Pokemón Go", um "Dungeons & Dragons", ou um simples xadrez, e lá tudo se resolve. Se assim não puder, um simples dado de 20 faces também ajuda. Simples assim! Mas a vida não é a mamãe, e nunca será a mamãe te dando colo. É uma sobrecarga na CPU. Um choque térmico na lata. Tapa na cara ajuda? Será que vou ter de traduzir o enigma? Descubra, *Caro Leitor*.

Mas e se... Deixa prá lá. Será que conto? Contarei. Está tudo bem. Vou dar esse passo. Essa história pode estar ao seu lado... Ou em uma galáxia nada distante... Pode ser com seu vizinho. Mas não se esqueça de pegar uma mochila com tudo de que precisa para atravessar essa Terra nada Média da modernidade. O quê? Leve só o que está "afim" nessa jornada pelo mundo *nerd*. Tudo isso é apenas a ponta do iceberg da verdade que está lá fora... Ups!

Mas antes, vida longa e próspera.

Por fim, falando bem mais sério, o livro é um leve suspense tecnológico que tem como pano de fundo o mundo *nerd* e seus problemas. Por algumas vezes, trago histórias de pessoas e histórias que ouço, vi ou vivi no mundo *nerd*. Por vezes, discuto e trago a importância de vários super-heróis, personagens, papel dos *games*, autores, séries e muito mais. O livro não é um guia do mundo *nerd*. O livro é, no fundo, uma história com grande fundo pessoal do autor. Sou *nerd* e *geek* e trago essa experiência *nerd* de ser. Como sempre alerto, o mundo *nerd* não é somente composto de super-heróis e *games*. O mundo *nerd* vai muito além.

A história tem uma "pegada" leve e talvez até meio *teen* para alguns. Será? Mas existem pontos preocupantes e de alerta para todos. Por outro lado, trago um contato real e pouco imaginado com o mundo *nerd*. O que vejo é que muitas pessoas têm preconceito, medo ou desprezo quando se fala de *nerds* ou de *geeks*. Às vezes viramos "malucos" ou "estranhos" para os outros. Nem tudo é aquilo que parece ser, sacou? Mas existe também um preconceito dentro do mundo *nerd*. Hoje esses problemas diminuíram, mas ainda existem. Vejo muito disso por aí.

A expressão "*nerd*" é decorrente de uma outra expressão usada na década de 1950 que definia "pesquisadores que lidavam com tecnologia". O termo sofreu uma atualização, por assim dizer. Hoje é, sobretudo, um termo que se refere a uma pessoa apaixonada por coisas como jogos eletrônicos, ou por quadrinhos, ou por filmes ou por séries, ou por leitura e ou por literatura. São heróis, super-heróis e mundos de fantasia ou de ficção científica. O termo "*geek*" se refere no fundo à "um *nerd* apaixonado por tecnologia", sobretudo informática. Chegamos ao ponto que hoje existe o "Dia do Orgulho *Nerd*", celebrado desde 2006 no dia 25 de maio. O mundo mudou, e se mudou, com os *nerds* e *geeks*.

Muitos podem se perguntar se não vou contar um pouco da minha própria história como *nerd*. Sim. Farei um resumo.

Nasci em Copacabana e era um dia de muita chuva, pois naquele famoso verão de 1966, o Rio de Janeiro ficara alagado. Quando minha mãe desceu do prédio onde morava para ir ao hospital, precisava ir de táxi por conta do alagamento. Havia perto um motorista de táxi cujo veículo estava quebrado e ele estava tentando consertá-lo. Parece história de super-herói, mas não era. O motorista afirmara que levaria minha mãe se o carro funcionasse. Ele conseguiu como um milagre (opa!) consertar o carro em seguida. Minha mãe conseguiu chegar ao hospital a tempo com fortes dores de parto e me teve.

Com cerca de dois ou três anos de idade, eu já amava o Capitão Furacão, onde minha prima e atriz Elizângela, filha de minha tia Rosalinda (*in memoriam*) citada nos agradecimentos, atuava como "grumete" (ou assistente de palco naquela época). Eu vivia entre a casa de minhas duas tias, brincando e me divertindo. Já naquela época, amava os desenhos da TV, os heróis e séries como "National Kid", icônica série de TV. Era meu sangue *nerd* falando alto.

Prefácio

Acabei herdando de meu pai um lado de amar super-heróis. Desde pequeno fui estimulado a ir à banca de jornal (era o templo *nerd* naquela época) e ler gibis com ele. Meu pai amava o "Fantasma", herói mascarado famoso, e eu amava o "Homem-Aranha" quando pequeno. Passei a gostar das tirinhas cômicas no Jornal. Era meu momento criança. Era meu lado *nerd* crescendo.

Depois vieram programas de TV como o do Capitão Asa. Amava os desenhos da Marvel e da Hanna-Barbera e desenhos de TV como "Oitavo Homem" e "Speed Racer". Mergulhei mais nesse mundo por conta da doença de meu pai, que teve trombose. Digo que meu segundo "pai" foram os super-heróis. Com 15 anos de idade, veio outra paixão que nunca abandonei: jogar xadrez. Meus dois irmãos, sobretudo o meu mais velho, jogava muito bem. Mesmo sem nunca ter mergulhado mais a fundo no xadrez, até hoje nunca abandonei o prazer de jogar e acompanhar grandes disputas.

Cresci e continuei assim, mergulhado nesse mundo muito louco. Quando passei para engenharia na UERJ, em 1985, descobri um outro novo mundo. Apaixonei-me por várias coisas novas, como escrever poesias (registrando e divulgando livros de poesia meus na época), ler muito. Depois mergulhei ainda mais no mundo das histórias em quadrinhos. Era o meu eu se tornando mais eu. Era meu lado *nerd* crescendo e abrindo os olhos para o mundo.

Em 1991, casei-me com uma *nerd*, bióloga e fonoaudióloga, que não me deixava abandonar o mundo *nerd*: descobri os jogos de mesa/tabuleiro como "War", "Hero Quest" e "Detetive", entre outros. Fui a muitas pequenas feiras *nerds*, ora de quadrinhos, ora de super-heróis.

Depois mergulhei no mundo tecnológico, trabalhando com qualidade e testes de *software*. A cada nova experiência minha, eu escrevia um livro. Veio a pós-graduação e, alguns anos depois, meu mestrado no MADE, também na Universidade Estácio de Sá.

Ao longo dos anos, desde 1985, descobri o prazer de ler e escrever. Virei um devorador de livros *nerds*. Algumas das minhas histórias prediletas rondam minha vida até hoje, como "Duna", "O Senhor dos Anéis", "Tarzan", "Jogador Número 1", "Eu, Robô" e "Fundação". São histórias e autores geniais que transformaram minha vida, isso sem os contar clássicos eternos, como "Os Três Mosqueteiros". Em 2003 escrevi meu primeiro livro técnico. Depois vieram outros.

Criei um blog, e depois um canal no *YouTube*, mas nunca abandonei meu lado *nerd*, mesmo não atualizando ambos sempre. Meu lado *nerd* nunca para, afinal, são gibis, filmes, revistas, feiras, e por aí vai. Em 1998, me apaixonei por "Magic: The Gathering", ou "magic" para muitos. Mas comecei a jogar de fato e ir a torneios oficiais de *magic* somente em 2009. Tudo vinha a seu tempo. Mas devia a eu mesmo escrever um livro de uma história *nerd*. Aí veio a presente obra, este livro carinhosamente louco, e cheguei até aqui. Nunca fui de olhar para trás. Eu adoro olhar para a frente e ver o que ainda posso fazer, e o que fiz foi escrever este romance que é um pedaço de mim. É um pedaço de mim para vocês.

Em 2011, Deus desejou e tornei-me viúvo. Casei-me de novo em seguida. O amor bate à porta e nos transforma para melhor. Minha esposa me acompanha em tudo, sempre que possível. E quanto ao mundo *nerd*? Vai bem, obrigado, e seguindo em frente. São novos heróis e aventuras, séries e filmes, e não paro de acompanhar esse novo mundo que chega a cada dia. O "eu" *nerd* se renova sempre. Ele agradece. Obrigado.

Mas e o portal de que falei lá atrás?

Você acabou de atravessá-lo. Às vezes entramos por uma porta e sequer sabemos que entramos, e no mundo *nerd* é assim. A magia, a verdadeira magia, começa quando você abre uma página e se renova a cada linha. Sacou? Será que vou ter de apelar para um "Kick-Ass" e sair quebrando tudo para você entender? Acho que não precisa... ;)

Nossa história começa em uma sala silenciosa em algum momento no meio da noite. Não, não é uma história de terror. Nem um conto tipicamente *teen*. Mas também não é um *rock heavy metal*. É uma história onde tudo está "literalmente" conectado no mínimo detalhe (preste atenção em tudo, sacou?). O livro percorre o mundo *nerd*, mostrando, falando e explicando coisas boas e coisas não muito boas... Não dá para entrar nesse mundo *nerd* sem falar um pouco dele mesmo, de sua história e de seus elementos principais. Mas e daí? Tudo se confunde e se completa em cada palavra e em cada fala. Não se engane, aqui o mundo *nerd* se olha no espelho e nos leva além!

Então siga adiante e aperte o botão (socorro!)... Ou apenas vire a página. Vá em frente, *Caro Leitor*! Boa sorte... Ou melhor, boa leitura.

Leonardo Molinari
E-mail: lm7k@yahoo.com.br
Blog (técnico) – Diário da Qualidade:
http://diariodaqualidade.blogspot.com
Blog (poesia) – Engenharia da Palavra:
http://engenhariadapalavra.blogspot.com/
YouTube – Canal Dualidade TecNerd
https://www.youtube.com/c/DualidadeTec*Nerd*

SUMÁRIO

Prefácio — vii

PARTE I: VERSÃO BETA — 1

Capítulo 1: ECOS333 — 1

Capítulo 2: Defeito Zero — 3

Capítulo 3: Defeito Um — 9

Capítulo 4: Defeito Dois — 17

Capítulo 5: Versão Demo — 23

PARTE II: UNIVERSO ALTERNATIVO — 29

Capítulo 6: Fator X — 29

Capítulo 7: Conexão Mental — 39

Capítulo 8: Superpoderes — 51

Capítulo 9: Amálgama — 59

PARTE III: POP! — 69

- Capítulo 10: Ir Além — 69
- Capítulo 11: Iluminação — 77
- Capítulo 12: Vida Digital — 85
- Capítulo 13: Defeito Perfeito — 97

PARTE IV: VIDA EXTRA — 109

- Capítulo 14: Fase Um — 109
- Capítulo 15: Pulando Etapas — 119
- Capítulo 16: Solução Teórica — 133
- Capítulo 17: Momentum — 143

PARTE V: FIM DE JOGO — 157

- Capítulo 18: Verdades — 157
- Capítulo 19: Epílogo — 159

"Meu software nunca tem bugs. Ele apenas desenvolve alguns comportamentos aleatórios."

Frase Popular Geek

Parte I:
Versão Beta

Capítulo 1:
ECOS333

*"Houve um filósofo que deixou aos infelizes esta máxima:
Se a tua dor te aflige, faz dela um poema."*

Eça de Queiroz, escritor português

• • • • • • • • •

—Ah! Ah! Ah! Ah! Ah!

Era a risada dada por alguém, ou algo, que não estava ali e não se podia ver.

Não, não era a risada do Coringa ou do Chapeleiro Maluco.

Pensando bem...

Refazer um final de algo que deu errado na vida não é igual a corrigir um texto no computador, que você volta e corrige. Pronto! Não, não é igual.

Não é um de "De volta para o Futuro". Não.

Não é um "Flashpoint". Não.

Não é a "Máquina do Tempo" de H. G. Wells. Não.

Definitivamente, não, não é. Se você voltar no tempo, criará uma nova linha temporal ou um novo futuro. Pessoas podem fazer novas escolhas.

Aqui a história era outra...

Na calada da noite, uma luz piscava no computador da empresa, afinal, era uma grande fabricante de automóveis. Era o código-fonte de uma versão final do *software* que apoiava o controle do carro.

Naquele momento, um defeito estava sendo introduzido (ou corrigido?) por um **cracker**, que é um **hacker** mau, no *software* de controle do carro. O *software* seria gravado no chip que iria para o automóvel. Seria ele um ser humano a ponto de não perceber as consequências de suas atitudes? Seria ele um monstro da terceira dimensão? Seria um anjo com cara de mau? Eu não sei. Ninguém sabe.

O *cracker* penetrou nas brechas do sistema e o seu alvo era aquele computador. Tinha um alvo específico.

2 Versão Beta

O arquivo em **C++** (uma linguagem de programação) foi alterado com certeza. Algo foi trocado. O *software* foi alterado. O *software* iria ser "embarcado no chip" (ou colocado) do carro mediante gravação no chip. Uma vez lá, estava lá, e ele não sairia de lá. Nunca poderia ser alterado.

Não era apenas um bug de *software*, eram, na verdade, vários erros simples que passavam despercebidos. Ou seriam consertos? Ou seria apenas uma criança brincando? As consequências seriam nefastas. Ou seriam boas? Eu ainda não sei. Ninguém sabe ainda.

Quando gritamos de um lugar alto e aberto, e o som reflete em um obstáculo bem distante, ouvimos dois sons: o som emitido e o som que volta. É um eco. Aqui é como se uma consequência levasse a ecoar diversas vezes em um único ato. Ações aqui levam a reações. Um poema às vezes se escreve com ações e atitudes boas ou más. Nesse caso, seria um poema ruim (ou seria bom?) com linhas tortas na vida real. Era uma dor transformada em um poema feito de bits e bytes.

Para piorar, o arquivo original (que foi deixado no computador propositalmente no lugar de outro) passou a ter uma senha acesso, que era <**Ecos333@!**>.

— Ah! Ah! Ah! Ah! Ah!

Novamente a risada silenciosa decretava o seu ponto final. Mas nada tinha de final.

E silêncio precedeu o estrondo que estava por vir. Silêncio. Era puro silêncio.

O momento exato do fato não se podia precisar, mas as consequências sim. O sim, ou o não, virou um "não" veemente depois. Seria um não de desespero.

Quer saber onde essa loucura vai parar? Você entenderá através de nossos heróis que virão a seguir. O desafio está lançado.

CAPÍTULO 2:
DEFEITO ZERO

"Os defeitos são por vezes os melhores adversários que podemos opor aos vícios."

Marguerite Yourcenar, escritora

• • • • • • • • • • •

PLAFT!

Foi um tapa na cara de primeira. O som foi inconfundível. Doeu na alma. Ela o encarou e disse, mesmo assim, com o rosto doendo:

— Pai, o senhor me deu um tapa... A que ponto o senhor chegou! Eu digo e repito de novo: eu amo ele. Eu vou viajar neste fim de semana com ele. Não adianta o senhor me impedir. Sou maior de idade! O senhor nunca mudará...

Ele não se conteve e disse com um tom penoso:

— Kátia, minha filha, eu, eu... Não queria fazer isso... Desculpe.

— Seu babaca, fingido de uma figa. Eu sou sua filha. Não precisava. Foda-se! Com todo mundo o senhor fala direito. É "Seu Hélio pra cá", "Seu Hélio pra lá". Foda-se! O senhor me trata como uma escrava. Só me dá esporro. Eu sou gente, pai. Você só cobra, cobra, cobra! Porra nenhuma de elogio. Eu sou mais que isso, pai!

PHFPT!

Era cuspe na cara do próprio pai. O som do cuspe foi forte. Ninguém acreditou. Parecia a fúria do *Hulk* vindo à tona com tantas coisas reprimidas.

— Eu sou uma *nerd*, pai! Eu não sou igual ao senhor. Eu sou parecida com o tio Pedro, seu cunhado de merda que o senhor só critica. Mas ele é muito legal. O senhor só quer saber de futebol. Já chega dando bronca. Tapa na cara, aí é demais... Aloprei. Cansei!

Todos ficaram boquiabertos. Ela foi mais rápida que o *Flash* na reação. O impacto foi duplamente qualificado. Ambos erraram e ambos se machucaram por dentro. Não tinha mais volta. Ela se foi. Kátia, 27 anos, se foi. A relação dos dois nunca mais seria a mesma, ou seria?

Era como se fosse a espaçonave *Enterprise*, de "Star Trek", indo rumo ao desconhecido. Ela ousou. Não, estava mais para o "Guia do Mochileiro das Galáxias". Kátia já era adulta.

Ela passou a mão no seu tablet que ainda estava em cima da mesa. Pegou a mochila e saiu. Ela falou consigo mesma: "Vamos lá, Seiya, santo guerreiro, só você me escuta". Era assim que ela chamava o seu tablet, com o nome de um dos "Cavaleiros do Zodíaco".

Novamente o choque trancafiou todos num silêncio sepulcral. Pai, mãe, irmão. Até a "empregada--faxineira-faz-tudo" ficou calada.

Ela bateu a porta com força e se foi.

"Era necessário sempre olhar para o futuro", era o que ela dizia sempre para si mesma. Agora ela o fez. Ela apertou o botão da detonação. Ela encarou tudo e a todos e se foi.

Kátia, com seus cabelos castanhos-escuros e cortados na altura dos ombros, e seus olhos amendoados e castanhos cor-de-mel, estava imponente ali. Cheia de si. Sua pele clara, ao melhor estilo Branca de Neve, brilhava ainda mais devido ao suor de raiva que escorria. Ela nunca foi alta e estava mais para uma pessoa de baixa estatura. Sempre foi bem magrinha. Ela não era princesa, mas ali precisava encarar seus medos e virar uma guerreira. Ela nunca foi vaidosa, como muitas mulheres não são. Sempre usou pouca maquiagem, ou quase nada, mas ali, na hora, ao sair, ela nem passou nada no rosto. Saiu, como diriam, de "cara lavada" e cheia de coragem, e medo ao mesmo tempo. Ela se foi.

Todos erraram. Todos estavam cegos vivendo em seu mundinho em que estava sempre tudo bem. Mas ela era realista. Talvez ela tenha até errado, ou exagerado. Mas não dá pra voltar atrás. Ida sem volta.

Leitor, se desejar pare de ler. Vá ver alguma mensagem no seu celular, ouvir música, sei lá... Não prossiga se assim desejar. Das palavras não terei pena e nem dó. O máximo que posso fazer é acreditar em você. Tudo bem, isso aqui não é um livro de Machado de Assis. Serei apenas sincero se você desejar no fundo de sua alma. Desejo apenas contar essa história, onde os defeitos são a maior prova de que devemos lutar para melhorar sempre. Só que o adversário nesta luta será sempre nós mesmos.

■■■

Sono. Muito sono.

Kátia somente conseguia sentir sono. Ela sentia o corpo cansado.

Ela tinha a impressão de estar dopada, meio grogue. Resolveu abrir os olhos.

Onde estava?

Ele presumiu que estava em uma cama de hospital. Estava deitada e com muito sono.

Não conseguia ver seu próprio corpo direito por conta da posição na qual estava. "Vou me levantar", pensou ela. Não conseguiu.

Dor. Ela sentia dor nos braços e nas mãos.

"Meu nome é Kátia Rosanna Bellaventura. Penso, logo tô aqui, porra!", dizia para si mesma em seu pensamento tonto.

"Vou mexer com minhas mãos", pensava novamente. "É difícil. Consegui", pensou mais uma vez. Conseguiu mexer com as mãos, mas observou que elas estavam machucadas.

"O que aconteceu?", se perguntava. As pernas dela formigavam. Tinha a impressão de uma coceira leve constante. Ela só sabia que pouco sabia de si. Algo havia acontecido.

"E agora?"... Ela se questionava.

Sono. Só sentia sono. Muito sono.

Tentou lutar contra a sensação de cansaço e o arrependimento que batia em seu coração.

Fechou os olhos.

"Não conseguia pensar em mais nada", era sua reação. "Onde está meu cordão do *Naruto* que tanto amo?" Essa era a única coisa que conseguia pensar e focar.

Sono veio, e ela dormiu. A enfermeira cobriu novamente suas pernas. Nem percebeu.

Apenas dormiu novamente. A natureza foi mais forte desta vez.

■ ■ ■

Kátia abriu os olhos.

Finalmente ela tinha acordado. Era uma sensação entranha.

Sua mãe estava ao seu lado e a olhava com um olhar triste. Uma lágrima escorreu de seu rosto.

— Mãe, por que você está chorando?

— Por nada, minha filha. Que bom, você acordou... O que importa é que você está aqui.

— Mas, mãe... O que eu faço aqui?

— Você não sabe? Você foi engolida por um vórtice temporal, atravessou um buraco negro e caiu aqui nessa cama.

— Quê?

— Brincadeira, filha. Seu tio que fala isso às vezes. Aqui é um hospital. Você sabe que adoro essas piadas que seu tio faz. Copiei uma delas...

— Vera Lúcia da Cruz Bellaventura... V-O-C-Ê é louca, mãe! Tô meio perdida no espaço...Só sei que tô aqui.

— Boa notícia: você se lembra de meu nome. Você se machucou, minha filha. Sofreu um acidente de carro. Você...

— Eu o quê, mãe? — Kátia interrompeu a mãe com a pergunta.

— Você estava viajando com o seu namorado... Minha filha, o médico pediu pra não tocar nesse assunto. Eu já estava indo. O tempo de visita é curto. Amanhã eu volto.

— Mamãe, mas eu não me lembro...

— Descansa, minha filha. Seu tio Pedro passou por aqui hoje e disse que voltará amanhã com seu tablet. Boa noite.

— O Seiya? Meu tablet, nem me lembrava dele...

E a mãe se foi... Ela se foi pra voltar no dia seguinte. Saiu alegre, mas ao mesmo tempo preocupada, como se soubesse que um iceberg estava a caminho.

Kátia dormiu de novo.

Horas depois, foi acordada pela enfermeira para tomar a medicação.

— Boa Noite! Vamos tomar o comprimido com a água fresca que eu trouxe?

Ela tomou tudo num gole só. Só queria beber. Sua sede era enorme. Parecia que tinha ficado dias num deserto.

Olhou para a cara robusta da enfermeira e disse com uma cara séria e triste:

— Posso mais? — perguntou com voz de cansada.

— Meu amor, pode sim. Aqui tem mais.

Sua mente voltou no tempo. Parecia que ela tinha descoberto uma chave invisível. Sua mente saiu do corpo e ela se lembrou. Um *flash* diante de seus olhos. Ela se lembrou do momento do acidente:

— Meu amor, pode sim. Aqui tem mais.

E ela passou o copo de plástico cheio de cerveja para o Antônio Carlos, seu namorado. Ele estava ao volante e resolveu tomar mais um gole. Estava calor e sua sede era terrível. Estava dirigindo há quase quatro horas sem parar.

O que ele fez era errado? Com a Lei Seca do Governo contra o álcool ao volante publicada em 2008, a repressão contra motoristas bêbados era enorme. Ele estava errado por beber ao volante.

Parecia que aquela cena se repetia diversas vezes. Eram os dois segundos que pareciam uma eternidade.

Ele sorriu e virou a cabeça de lado para apanhar o copo, mas ela viu muito mais do que deveria. Ele errou.

Ela o viu piscar o farol e em seguida pisar no freio. O carro acelerou, ao invés de diminuir a velocidade, e se desgovernou um pouco. Parecia que o carro teve um comportamento aleatório, inesperado. Tudo estava vindo à mente. Foi tudo muito rápido.

Ela viu um carro em alta velocidade surgir na pista onde estavam. O outro carro apareceu bem na frente deles.

Choque frontal. Não dava tempo mais.

Ferragem contra ferragem. Motor contra motor. Energia cinética contra energia cinética. Era literalmente o choque entre o *Hulk* e o *Thor*. Nada sobrou. Ou pouco sobrou.

Silêncio. Dor. Sem dor. Muita dor. Nada de dor.

Um palhaço e irresponsável fez uma ultrapassagem proibida sem ter a visibilidade necessária e bateu de frente. Eles não puderam desviar por conta do descontrole do carro. Dava tempo, talvez...

Um palhaço fez uma palhaçada que não tinha a menor graça. Parecia um palhaço saído de um livro de Stephen King. Não tinha graça nenhuma.

Choro. Desespero. Agonia.

Uma vida interrompida.

Ela viu Antônio Carlos morrer em poucos segundos. Ela foi jogada para um lado da estrada, e ele, para outro. Corpos cuspidos e embrulhados em aço e ferro.

No meio de tudo, ela só disse uma coisa:

— Meu Deus! Deus, tenha piedade de nós...

E ela mergulhou inconsciente na sua própria dor...

Sua mente voltara ao mundo de agora.

Seus olhos estavam petrificados, como que em choque. A enfermeira perguntou:

— O que foi, meu amor?

— Nada, nada... Apenas estava com muita sede. Muito obrigada.

Em pouco tempo, ela estava dormindo.

∎∎∎

— Bom dia, Kátia Rosanna. — Era assim que enfermeira vinha acordá-la para tomar a medicação.

Não, não era o sono de Odin que Kátia sentia, mas seu sono foi pesado naquela noite.

— Hein?... Bom dia.

Kátia parecia ter dormindo um sono de 300 anos, de tão sonolenta que estava.

Quando ela olhou para o lado oposto ao da enfermeira, o susto veio. Era algo bom.

— Tio Pedro! Que bom te ver. Fico tão feliz. Como o senhor está? Alguma novidade do mundo maluco do *anime*?

— Ah! Ah! Ah! Ah! Você é doida, sobrinha. Somente outro filme de heróis da Marvel no cinema. Estreou outra série da DC na TV... Saíram mais algumas fotos de ambos e muitos *spoilers*. — Ele sorriu. — Não sei a quem você puxou esse seu jeito.

— Puxei meu tio predileto e número um. O supertio Pedro Maravilha. O meu tio com poderes ocultos e mágicos. Primeiro poder: sabe que estou tentando descobrir até agora qual é esse poder...

Ambos caíram na gargalhada.

— Aqui está o seu tablet... No impacto, parece que alguns arquivos que estavam abertos na hora do acidente se perderam. A sua mãe mandou avisar que seu cordão está em cima da Bíblia, aqui na cabeceira. Você sabe o que te aconteceu, não é, Kátia?

— Bem, eu tenho muitos *flashes*.

— Vamos aos fatos. Você sofreu um acidente de carro com seu namorado... A única diferença entre você e o professor *Xavier* dos "X-Men" é que você não está careca.

— Eu percebi, tio... Não sou boba. Pelo menos não fiquei careca.

Novamente ambos caíram na gargalhada. A reação dela era igual à do *Homem-Aranha* quando faz piadas e brincadeiras para disfarçar seu medo e insegurança perante seus adversários. Mas quando ela explodia em raiva, era pior do que o *Hulk*, pelo menos na teoria.

Kátia ficou séria.

— Alguém avisou na minha empresa?

Ela estava no meio de um teste de *software*, que retomaria após a volta da viagem... Kátia era analista de testes de *software* júnior, mas com jeito, cara e capacidade de nível pleno. Estava há cerca de dois anos na empresa e era muito elogiada.

— Bem... Eu conversei com seu pai e eu liguei. Expliquei a situação. Bem... Você tem direito a 15 dias pagos pela empresa, é auxílio-doença. Depois disso, o INSS assume. Você está aqui há cerca de 10 dias. Pode ser demitida depois disso. Depende da empresa.

— Tô fudida! Aqui no hospital, pelo que os médicos falaram, o meu caso é grave?

— Você ficou sem o movimento das pernas, mas a lesão parece ser incompleta. Na prática, grosso modo, você está, pelo menos temporariamente, paraplégica. O resto parece que está bom. Quanto à parte urinária, está com um controle razoável. Você tem usado uma sonda...

— Chega! Deixa acontecer. Vou voltar da melhor maneira. Sabe, tio, sou meio *Superman*. Tacaram *kriptonita* em mim e deu no que deu...

— Olha, a coisa é séria. Não é hora de ficar se zoando e nem de ter pena de si mesma. Veja pelo lado positivo: você está viva e ainda pode trabalhar com tecnologia.

— E aquele babaca?

— O seu pai não é babaca. Ele pode ter seus defeitos, mas ele te ama. É teu pai, porra. Lembra: ele não queria que você fosse viajar. Mas você foi. Pai e mãe às vezes têm um sexto sentido que não se sabe explicar. O lance é que ele não soube te explicar. Mas depois ele me contou. É teu pai, porra!

— Eu sei... Eu fui teimosa. Mas ele tinha me dado um tapa.

— A menina *Hulk* veio à tona... Olha, eu sei que nessas horas é difícil se controlar. Perdoa ele. Ele está com peso na consciência. Nem tem dormido direito. A pressão dele tem estado alta. Ele fez merda também e sabe disso. Para de teimosia. Chega!

— Vou pensar no seu caso.

— Se você não perdoar, não te devolvo o *Seiya*. Vendo ali na esquina.

— Pô! Aí é sacanagem, tio...

Ele falava sério, e muito sério.

— Tá bom tio. — Kátia olhou para ele com os olhos lacrimejando.

Os dois riam do nada, como se tivessem ouvido uma piada antiga. Perdoar era, na visão dela, como se soltassem em sua alma um *patch* de um *software* e este corrigisse algo (como a Microsoft faz às vezes).

Caro Leitor, pode até ser meio "versão antiga", por assim dizer, mas perdoar faz bem às vezes para o coração e a alma. Kátia nunca foi de guardar rancor. Era o jeito dela.

Ele lhe devolveu o tablet por fim. Quase que imediatamente, ela mergulhou na web. Era como se estivesse viva novamente. Em seguida, ela colocou o cordão, que estava em cima da Bíblia, em seu próprio pescoço e ficou imersa em seu mundinho. Seu tio se despediu e lhe deu um beijo na testa por fim. Ela sorriu com a alma. Ele foi embora sabendo que algo havia mudado.

Ali renascia alguém. Era uma nova Fênix com um jeito meio diferente. Ela não se deixava abater à toa. Ela era durona. Precisava ser. Ela ganhou uma "vida extra", como os *gamers* dizem. A primeira heroína de nossa história estava viva e em jogo.

CAPÍTULO 3:
DEFEITO UM

"Defeito: examinando os seus, cada um aprende a perdoar os dos outros."

Pietro Domenico (conhecido como Pietro Metastasio), poeta italiano do século XVIII

• • • • • • • • •

CRASH, BOOM, BANG!

Parecia tiro, porrada e bomba, mas não era.

— Chega! Chegaaaaaaaaa! Pelo amor de Deus!... Eu não aguento mais! Você só liga para reclamar da pensão! Eu já disse que no máximo daqui a 10 dias eu passo aí pra apanhar a Juliana! Eu não sou um pai ausente. Estou sempre ligando. Esse final de semana eu vou ficar com ela. Sá-ba-do, escuto? Ela está com 12 anos. Rosana, eu já disse que amanhã, terça-feira, vou depositar o dinheiro! Desculpa, eu tenho de trabalhar! Fui.

Hugo parou e respirou fundo. Ele não aguentava sempre que a sua ex-esposa ligava cobrando a pensão.

Era um antigo relacionamento de infância que havia durado cinco anos quando se casaram. Ele um *geek* que amava tecnologia, em especial *Java*, *card games* (em especial "Magic: The Gathering", ou apenas "magic", como é mais conhecido) e jogava *Assassin's Creed*. Seu problema era justamente o seu ponto forte. Ele mergulhava em tecnologia e dava uma aula. Mas ele se esquecia do tempo da família e de todos ao seu redor, menos quando o assunto era trabalho.

— Merda! — Lembrou-se do papo com Rosana.

Estava no banheiro, seu refúgio nada secreto nos momentos de estresse. Não podia demorar (estava no trabalho), mas era como uma câmara de reenergização no momento do cafezinho (ele não tomava café puro, só café com leite).

Não. Pensando bem, ele estava mais para estátua o "Pensador" tupiniquim do que para "Bat-caverna" portátil. Ali ele via os sites de *magic*, as novidades, e se renovava. Fórmula maluca, mas que com ele funcionava. Tudo durava mais ou menos cinco ou dez minutos, mas era efetivo. O banheiro era seu refúgio.

Antes de sair do banheiro, se olhou no espelho. Ele, de pele morena quase negra, e cabelo meio ausente, cortado ao estilo militar, e olhos negros, falou para si mesmo em pensamento: "Estou aqui, vivo. Vamos para a próxima fase. Trabalho me chama". Precisava continuar trabalhando. Lavou as mãos e o rosto. Sempre foi meio gordinho e de boa estatura, quase um metro e oitenta, e ao sair do banheiro, sempre falava para si mesmo, também em pensamento: "Esse banheiro é muito apertado". Na verdade, era bem espaçoso, como Rosana falava do banheiro do apartamento onde eles moraram. Os ecos do passado ainda cobravam um preço no presente.

Logo depois que saiu e chegou a sua baia, olhou para o laptop e pensou: "Vamos, meu querido Java". Amava aquela linguagem de programação. Tinha umas rotinas em Java para desenvolver naquele dia. Era fácil para ele, mas era trabalho e tinha de executá-lo. Trabalho é trabalho.

■ ■ ■

— Fala, Marcão! Vamos validar esse novo pedaço de código do novo sistema de consulta web? — perguntou Hugo todo entusiasmado.

— Sim, Hugo, vamos fechar esse código. Deixa que eu testo, valido e boto meu carimbo de testador — observou o colega de trabalho e analista de testes Marco.

— Yahooooooo! Assim que é bom! Pintou um *bug*, me passa logo que eu conserto. Não demora para me informar — lembrou Hugo ao colega.

Terminar um pedaço do código era como ter um filho. Ele procurava ser preciso e detalhista no que fazia, que era programar.

Todo dia era assim. Ele fechava pequenas partes do código Java e liberava para alguém testar. Naquele dia, era o Marcão quem testaria o que ele desenvolvesse.

Ele e Marcão jogavam *magic*[1] (também conhecido "Magic: The Gathering", apelidado por muitos que tinham dificuldade em guardar o nome do jogo) e às vezes se encontravam no lançamento de novas coleções de *magic* ou em torneios específicos, como o famoso "FNM", ou *Friday Night Magic* em inglês (ou "torneio de *magic* das sextas-feiras", em tradução livre).

— Eu atuo na escuridão para servir à luz! — dizia às vezes Hugo quando terminava uma tarefa no trabalho, fazendo uma alusão ao lema do jogo *Assassin's Creed*, onde a "luz" eram os clientes.

— Pela força de Gideon[2] e pela fúria de Chandra, eu acabarei com os *bugs* desse código! — dizia Marco enquanto ia realizar a sua tarefa no trabalho, que era testar um código.

Nesse momento, Hugo se lembrou da origem do jogo, o *magic*. Era como se tivesse parado no tempo. Ele amava tanto esse jogo, que relembrou sua origem.

Quem criou o jogo foi Richard Garfield, em 1993. Ele criou o primeiro grande card game do mundo, um jogo de cartas colecionáveis.

Tudo começou em 1991, quando a Wizards of The Coast na época imprimia jogos e suplementos de RPG. A empresa funcionava no porão da casa de Peter Adkinson, CEO e dono da empresa. Richard Garfield propôs a ele o jogo RoboRally, o qual foi rejeitado. Mas por outro lado, Peter pediu que ele criasse um jogo mais simples que pudesse ser jogado em pouco tempo e em qualquer

---

[1] Caro Leitor, você entenderá ao longo do livro o fato de eu explicar e repetir o termo magic algumas vezes. Muitos têm dificuldade de entender e preconceito com jogos nerds. O preconceito existe até dentro do mundo nerd. O termo aqui tem um papel significativo na presente obra.

[2] Gideon e Chandra são famosos cards (cartas) e ao mesmo tempo personagens no jogo Magic: The Gathering.

lugar. Tempos depois, Richard Garfield voltou com a primeira versão do jogo de cartas colecionáveis. Claro que a Wizards fez alguns ajustes finos no jogo, e Magic estreou em 1993 e foi um enorme sucesso. Novas coleções foram lançadas, e novos ajustes foram feitos, e a cada nova coleção, o jogo foi ficando mais moderno e atualizado e cada vez mais agradável. Cada coleção tinha por objetivo contar uma história. Em 2002, o magic criou sua versão online do jogo, o Magic Online. Isso fez com que acelerasse o crescimento do jogo no mundo inteiro. Isso aumentou ainda mais com criação do Magic Arena em 2018, que tinha um visual similar a diversos outros jogos eletrônicos atuais.

O jogo é composto por um duelo de jogadores, que se autointitulam magos, que invocam criaturas, artefatos, feitiços (tudo em forma de cartas montadas em um baralho) mediante fases, que permitem definir ao fim quem vence. Podendo, portanto, haver empate. É considerado um "jogo mental" nos EUA, como xadrez, e não um jogo de azar (que vale dinheiro) no qual você define uma estratégia e um plano de ação. Claro que o jogo tem um toque de sorte, mas em geral, sem uma estratégia, ninguém vence. Os torneios são jogados como no xadrez, em rodadas de torneio suíço. Mas é um jogo que pode ser jogado com os amigos, na mesa da cozinha ou em qualquer outro lugar.

Hoje o jogo possui mais de 12 milhões de jogadores, que não somente jogam, mas que também colecionam cartas e que constroem decks. São pessoas que se encontram para jogar e muitas se tornam amigas. É competição e diversão juntos. Eu adoro esse jogo, e Hugo se orgulhava disso.

As palavras de Marco eram referência a Gideon e Chandra, que eram dois icônicos personagens de *magic*, chamados de planinautas ou *plannerswalkers* e também eram cartas no jogo. Os dois inspiram muitas pessoas, pois lutavam a favor da liberdade e justiça. Em muitas lojas havia pôsteres de ambas as cartas com os personagens. No famoso programa *nerd* da Globo, o Zero1, apresentado por Tiago Leifert desde 2016, havia dois quadros ao fundo do cenário com os dois, onde as vezes eram mostrados. Poucos notavam isso. Eram dois quadros, cada um com uma carta do jogo ampliada onde esse dois personagem apareciam de forma isolada cada um. Os quadros viviam mudando de lugar no programa. As cartas dos quadros eram muito lindas quando ampliadas. Por mais incrível que pareça, não se tem como menosprezar a força representativa de ambos os personagens quando as imagens deles são vistas em um quadro.

— Quando acabará essa alusão super-heroica, afinal, vocês estão lidando com os programas? — perguntou Plácido, o gerente de projeto, que era um pouco chato, mas sempre de bom humor. Ele não perdeu o bom humor nem mesmo no dia em que seu filho ficou doente e foi parar no hospital. Um gerente em TI tem de ser "centrado" e calmo, sempre que possível, por conta de liderar pessoas e pressão constantes. Hugo e Marco se olhavam e riam discretamente. Um dos dois (ou os dois) dizia, como sempre:

— Pelos poderes de *Greyskull*, e se o "Deus-Java" permitir...

— Em dois dias fechado! — O outro, ou ambos, completava, sempre de bom humor.

E todos riram...

Era sempre assim: bom humor, sempre que possível.

■■■

COFF! COFF! COFF!

Mesmo doente, ele não parava. Estava resfriado há dias. O seu estilo era meio *Robocop*, como ele mesmo dizia. Hugo não desistia até consertar o erro encontrado (ou *bug*, como é chamado). Já era o segundo dia de tentativa de encontrar onde estava o erro.

Ele era teimoso demais em sua vida pessoal, mas não na profissional. Foi assim que ele se lembrava por não ceder nas brigas com a ex-esposa, Rosana, pois ele ainda a amava. Ele era teimoso, e ela, teimosa. Ninguém cedia. Quando se lembrava, ficava triste. Teimosia mata, ou quase. Teimosia podia levar a um desgaste.

Por isso que, quando ele se lembrava, procurava se concentrar mais ainda para resolver o problema em seu trabalho. Era uma forma de esquecer.

— Marcão, explica de novo a parada do *bug*! Cara, não tô entendo... Essa porcaria funcionava aqui, mas aí na tua máquina não funciona.

E lá ia o Marco explicar de novo e de novo. Levou Hugo até sua baia e o mostrou de novo. O *bug* estava lá.

— Que horas você gerou o instalador para eu testar a consulta? — perguntou Marco.

— Olha, eu gerei às 17 horas... Putz, me lembrei: eu gerei primeiro o instalador e depois atualizei o código, mas depois fiz um ajuste final "bobo" nesse pedaço de código. A liberação que fiz para os testes foi antes do último acerto — hugo respondeu por fim, boquiaberto. Era algo tão simples e óbvio, que ele não havia visto.

— Está aí o problema. O seu acertinho faz com que a consulta fique correta, mas a versão que você liberou para eu testar é anterior ao seu acerto, na verdade, alguns minutos antes. Gera de novo que aposto que estará tudo ok.

Erro assim bobo, Hugo odiava. Testaram e estava tudo certo agora após gerar nova versão para testes.

Nada que uma boa partida de *magic* não o ajudasse a lidar com essa frustração, e claro, a velha e boa vitamina C e um "leite quente", como sua mãe dizia.

— Esqueci de dizer, Hugo: já falei com o Plácido e vou precisar da tua ajuda nesse outro problemão. Conto contigo! — lembrava Marco.

— Fechado!

■ ■ ■

TIC-TAC! TIC-TAC!

E os olhos de Hugo não saíam do relógio. Teimoso como ele, não tirava da cabeça a conversa que tivera com Rosana. O dinheiro já estava depositado. Um pouco de *magic* e sua filha. Encontrar a pequena, que já não tão era pequena, Juliana Flor era um alívio para seu coração.

Eram seis horas da tarde e hora de sair e ir jogar *magic*. Era a sexta-feira mágica.

— Yes! — Era o que ele sempre dizia ao fim do dia quando acabava o expediente. Era seu grito de guerra.

Antes de sair, pegou o smartphone e ligou para a mãe:

Defeito Um

— Dona Linda, mamãe? Não falei contigo de manhã, vou jogar *magic*. Relaxa, mãe, amanhã pegarei a Juliana e sairemos nós três. Estou com meu deck na mochila e vou jogar. Mãe, relaxa... Sim, vou comer algo e tentar me alimentar bem. Relaxa.

Sua mãe, Dona Lindalva, ou Dona Linda, como ele a chamava, era carinhosa com o filho e se preocupada com ele. Era teimosa também. Quando cismava com algo, não tirava da cabeça. A teimosia do filho tinha a quem puxar.

E lá foi ele com a sua mochila. Entrou no metrô e pensou "vou jogar *magic*". Era o seu momento de escape, sua válvula.

Já dentro do metrô, olhou para o lado disse:

— És tu, Marcão? Vai jogar hoje?

— Você duvida? Há algum tempo que não jogo. Aquele *bug* me deu uma dor de cabeça. Depois eu tive de testar outros dois *bugs* pesados... Estou há um mês e meio sem jogar, nem online joguei, estou seco!

— Ah! Ah! Ah! — ambos riram bem alto.

■■■

— Falaaaa, galera!

Hugo entrava assim na loja de *magic*: cumprimentando todo mundo. Era só sorriso. Eram 30 minutos do trabalho até a loja via metrô.

Ele entrava alegre na loja. Parecia estar em outro mundo. Era emoção pura. Afinal, era dia de mágica, era dia de "magic". Quem começava a jogar se apaixonava pelo jogo. Sem preconceito, *Caro Leitor*.

O dono da loja era um italiano que se apaixonou por gibis e abriu a loja que virou um ponto de encontro para quem joga *magic* no bairro. "Seu Giuseppe", como todos o chamavam de forma carinhosa. O seu filho adotivo era quem organizava os torneios de *magic*. O seu filho adorava comida japonesa de todos os tipos ("loucura dos tempos modernos" que Seu Giuseppe dizia) e cozinhar. Tinha até um blog de cozinha. Era tão apaixonado por *magic*, que conhecia detalhes do jogo a fundo. Era ainda o juiz do jogo, quando era convocado. Tirava as dúvidas quando era o caso também. Era Antônio o seu nome.

A loja vendia gibis, mangás e várias *action figures* e, claro, *card games* de *magic* e *Yu-Gi-Oh*. Hugo adorava *Yu-Gi-Oh* também, mas tinha poucas cartas. Agora, quando se falava de *magic*, estava sempre comprando cartas. Era sua segunda paixão.

O que Hugo concluiu é que *magic* é difícil "acontecer" fora dos grandes centros urbanos, mas existe muita gente que gosta de *magic* e vive em cidades pequenas. No interior é mais difícil, mas sempre existe alguma loja perto ou em cidade próxima. *Magic* não é somente para jogar e se divertir, mas para conhecer novas pessoas e fazer novos amigos. *Magic* pode ser jogado em qualquer lugar, inclusive em uma mesa de bar entre dois amigos. Isso vale para diversos jogos *nerds*. O mundo *nerd* é assim, tem suas dificuldades e prazeres.

Hugo encontrou um amigo antigo que lhe ensinara *magic*, Alexandre Coral Duarte. Era o "Coral" para os íntimos.

— Fala, mestre Coral, o homem do azul. O homem do controle. — Era assim que ele sempre dizia.

Os dois riram e contaram piadas e histórias recentes. Coisa de amigo. Um ajudava e aconselhava o outro. Uma vez, quando Hugo perdeu todas as partidas de forma humilhante, Coral lhe falou como um amigo sincero:

— Não desiste, cara. Se você joga *magic*, não deve desistir. Monta seu baralho, volta e vence. Perder faz parte do jogo. O importante é você se decidir no que faz. Sou teu amigo, vamos treinar qualquer dia desses.

E então eles treinaram muitas vezes juntos, em vários barzinhos perto do trabalho após o expediente. Ele lhe ensinou muito das boas práticas do jogo. Hugo era teimoso para aprender algumas coisas, mas a derrota transforma um homem às vezes. A perda transforma o homem ainda mais. A vitória também transforma, olhada por outro ângulo.

Perda do casamento transforma.

Perda do emprego transforma, uma das razões das muitas brigas com a ex-esposa, que era extremamente materialista.

Perda do contato diário com a filha transforma.

Perda de muitas partidas de *magic*, de forma humilhante, também transforma.

Mas o tempo e o aprendizado transformam tudo. Amadurecem. Mas ele ainda era um pouco teimoso. Talvez bem menos teimoso agora.

— Eu confio no coração das cartas! — Hugo repetia sempre antes de começar o FNM. Ele repetia um lema do *Yu-Gi-Oh* em *magic*. Muitos *nerds* fazem isso.

Vira e mexe ele abraçava alguns amigos que fizera ali na loja, como o Bernardo, médico mineiro e amigo dele que amava *magic* também. Os dois sempre se encontravam para treinar e jogar. Um ajudava o outro com conselhos. *Nerd* é obrigado a ser de área tecnológica? Não pode ser de outra área? Olha o erro do politicamente correto aí. *Nerd* não tem cara, sexo, idade ou profissão. *Nerd* é *nerd*.

∎∎∎

Era a terceira rodada do FNM na loja, quando no meio do terceiro game contra seu adversário (estavam empatados em 1 a 1 e era o terceiro game decisivo), ele chamou o juiz:

— Antônio, por favor, tenho uma dúvida! Antônio!!!

O juiz veio. Cada jogador colocou o seu ponto de vista. O juiz decidiu, simples:

— Hugo, neste caso você estava certo. Mas vou advertir os dois: se discutirem de novo aqui, tomarão uma advertência. Pega mal para vocês dois. Aqui é diversão.

Milagre. Deus-Java ajudou. Não, aqui não era o trabalho. Os deuses do *magic* ajudaram. Milagre. Não. Os deuses de *magic* ajudaram sem ele saber.

O adversário era um jogador novato, mas em geral o Hugo quase sempre perdia a dúvida contra o juiz. Estava começando a aprender de fato o jogo. Acabou ganhando a partida.

Teimosia cede ao tempo, ao tempo da razão. Ele estava aprendendo. Mesmo sendo aos poucos.

No fim da noite, ele estava sorrindo. Duas vitórias e dois empates foi o saldo final da noite. Seu deck vermelho e branco estava consistente. Não era perfeito, mas dava para o gasto. Estava feliz.

Ali, naquela noite, Hugo renascia. Se reenergizava na prática. Era a experiência sobrepujando a teimosia excessiva.

— Eu precisava ter uma noite assim. Obrigado, meu Deus! — ele disse quando saiu da loja.

Era como tivesse encontrado um pouco de paz no coração. Era como tivesse perdoado algo ou alguém, ou a ele mesmo.

Ao sair, deparou com uma menina linda e discreta que havia jogado *magic* naquela noite. Ele, distraído, não havia reparado nela. Ela estava parada na porta da loja conversando com outros jogadores de *magic* discutindo algumas jogadas. Ele sorriu para ela, e ela para ele. Achou ela linda. Pediu licença. Ela o deixou passar. Os seus olhares se cruzaram. Ele era tímido quando se tratava de cantar uma mulher.

Foi para casa feliz. Era dia de *magic*. Era dia de mágica. Nosso segundo herói estava mentalmente vivo. Nosso segundo herói da história estava mentalmente inteiro e no jogo.

Capítulo 4:
Defeito Dois

"Nossas dúvidas são traidoras e nos fazem perder o que seria nosso pelo simples medo de tentar."

William Shakespeare, poeta, dramaturgo e escritor inglês do século XVI

• • • • • • • • • •

Corre, Flash, Corre!

Parecia que passava essa frase em sua mente. Sentia-se o *Flash*, mas ele não era o *Flash*.

ZUUUUUUMMM!

Sim, Felipe pensava que nos momentos de pressa precisa ser o *Flash*, rápido e preciso. Ou pelo menos assim pensava. Tinha de pegar aquele trem lotado do metrô.

Ufa! Entrou. Conseguiu...

Estava em São Paulo. Não era sua terra, onde morava com sua família, no Rio de Janeiro, mas a *Comic Con Experience* (ou CCXP) não podia perder. A primeira acontecera em 2015. Essa era mais uma nesse novo ano. Na primeira, ele não pode ir. Mas agora sempre dava um jeito.

Tinha ido somente para um dia. Sua esposa havia ficado no Rio e ele prometera que iria somente um único dia. Negociara com ela por dois meses, afinal, eles tinham os gêmeos, seus filhos amados. Tinham seis anos de idade. Ele, *nerd*, casou com uma mulher não tipicamente *nerd* ou *geek*. Amor não escolhe cara. Aproveitaria um dia de suas férias apenas ali, dava para fazer outras coisas nas férias com a família. Mas ali ele iria curtir cada minuto. Era uma sensação incrível estar ali na CCXP. Coisa de maluco. Ele era maluco. Ele era um *nerd*. Todos na CCXP eram, de certa forma, ligados a esse mundo louco e *nerd*.

Ele, que sempre teve um corpo mediano, não era nem magro e nem gordo, não teve dificuldades ao entrar no metrô, que estava um pouco cheio. Não era alto e nem baixo, e isso facilitava em situações específicas. Sua pele moreno claro às vezes chamava a atenção de muitas mulheres, que o achavam bonito. Não era galã, mas "tinha suas qualidades", como sua mãe dizia. Seus olhos azuis, em contraste com o cabelo bem negro, é que se destacam. O seu olhar, por assim dizer, era forte e penetrante quando estava sério. Muitas mulheres se seduziam com seu olhar.

Tinha ido com uma camiseta que mandara fazer: metade da camisa tinha o símbolo da *DC Comics*, e na outra metade, do lado do coração, o da *Marvel Comics*. Colocou outro camisão largo por fora da calça e depois colocou o tablet na mochila, juntamente com água e biscoitos. Ainda levava uma cueca reserva para emergência e um pequeno rolo de papel higiênico. Não podia sair desprevenido nessas viagens, mesmo curtas.

— Estou chegando à minha Terra-2! — falou para si mesmo dentro do trem. Era alusão a uma das "Terras" nas histórias da DC Comics. Era coisa típica de *nerd*, sempre fazendo alguma referência.

■■■

— Esse aqui é meu primo carioca, Felipe Girassol — disse seu amigo e primo, Duda, já dentro da CCXP, apresentando ele a outro amigo.

— Muito prazer. Felipe Lima. Girassol é meu nome do meio.

— Falaaa!!! Jeferson é meu nome, mano. Tu é DC ou Marvel? — perguntou o amigo do Duda, mais conhecido como "Zeca".

— Os dois, parceiro. Os dois — respondeu mostrando a camiseta. — "Vamo" nessa. Está muito "massa" isso aqui. Cheio demais.

A CCXP, no início, a previsão era de mais de 15 mil pessoas. No final deu cerca de 200 mil pessoas. Loucura máxima que só cresce a cada ano.

Ele olhou em volta. Era um mar de gente. Quadrinhos, editoras, lojas *geek* e *nerd*, muita gente fazendo *cosplay*. Até o pessoal da "Wizards of the Coast", dona do jogo "Magic: The Gathering", o *magic*, estava lá. Lançamentos exclusivos. Pré-lançamentos exclusivos de muita coisa. *Trailers*. Era o mundo *nerd* pulsando e gritando bem alto.

Mas ele fez uma escolha, depois de negociar muito. Era só um dia. Um dia muito feliz. As pessoas nem sempre se perdoam por escolhas erradas do passado. A marca de uma ferida muitas vezes fica na vida de cada um na forma de uma cicatriz social.

■■■

— Avante, Vingadores![1] — todos os três gritaram ao ver uma imagem do grupo Vingadores da Marvel na porta de um estande na CCXP.

Ora pareciam crianças, ora pareciam adultos. Pareciam, no fundo, pessoas apaixonadas pelo que mais apreciavam: histórias em quadrinhos, filmes, super-heróis, jogos e muito mais.

E assim eles foram passando de estande em estande. Olhando, comprando e tirando fotos. Ele somente tinha um dia. Era um paraíso. Precisa selecionar com cuidado.

Eles viam outros *nerds*, casais apaixonados e muita gente vestida de super-heróis e vilões. Era muita gente na CCXP. Era um mundo dentro de outro mundo.

De repente, pararam em um dos vários locais de alimentação dentro da CCXP e lancharam. Dois hambúrgueres para cada um. O do Felipe era sempre de frango.

---

[1] Referência ao grupo de heróis chamado de "Vingadores" criado pela Marvel Comics, que já teve várias formações. Essa frase é famosa quando o mesmo grupo "parte para a briga".

— Girassol, você não come carne vermelha, não? — questionou o Zeca.

— Ele não come... Está ficando velho. Ah! Ah! Ah! Ah! — afirmou seu primo Duda.

— Vocês nem me deixaram falar. Andei comendo mal. Trabalhando muito e tentando esquecer muitos dos problemas de casa. O médico recomendou que desse preferência à carne branca, por conta da minha ureia. Estava no limite. E minha esposa me fez prometer — Felipe observou.

— Promessa para a esposa é coisa séria! — afirmou seu primo Duda.

— Que parada é essa de problemas, mano? — perguntou o Zeca.

— Toda vez que meu pai e minha mãe vão lá em casa, falam do meu irmão, me cobrando que fique de bem com o malandro. Mimaram o queridinho. Alex pra cá, Alex pra lá... Ele faz as besteiras e ficam querendo que eu o ajude. "Orienta ele", diz minha mãe. Me enchem o saco só porque disse que não aturava mais. O cara é um vagabundo. Não trabalha, e quando trabalha, é demitido. Vive fazendo bico. Arruma qualquer coisa. O maluco "pega" meu carro sem minha permissão. Eu paguei por quase dois anos meu carro. Depois bate com ele, e eu que me dane. O prejuízo o seguro não cobre, porque não era eu o motorista. Aí é complicado.

— Primo, eu não sabia desses detalhes... Que vacilo dele! — disse Duda.

— E tem mais: só porque sou sério, tento fazer as coisas corretas, tenho de dar mole pra ele? Brincadeira! — afirmou Felipe.

— Eu não tenho nada com isso, mas veja, primo, vou ser sensato. O cara fez besteira, mas você não precisa ser tão radical. Tão sério. Tira uns dias de férias com a Verônica e as crianças.

— Hum... Acho que esse hambúrguer está meio passado... Esse "refri" está meio aguado... Cara, o teu primo tá certo. Pensa, mano — disse Zeca. — Trabalha em que, afinal? Informática, não é?

— Olha, sou o gerente e líder de projetos e também programador Java. Faço de tudo um pouco. A consultoria me aloca em vários projetos, e às vezes fico um mês fora. Depois fico de três a quatro meses no Rio de Janeiro. Fico alocado em diversos locais e viajando. Mas minha "base" é no Rio. Depende da necessidade.

— Saquei: você é o cara que comanda o projeto. Bate escanteio e cabeceia ao mesmo tempo. Saquei — afirmou Zeca.

— Meu primo é um maluco que adora o "Queen", certo?

— *We are the champions... we are the champions of the world.*[2] Ah! Ah! Ah! Ah! — Felipe saiu cantarolando a música com a comida na mão. Parecia um doido ao levantar da mesa. Ninguém reparou, pois ali a loucura saudável era normal. Estar ali tinha esse poder mágico. Era uma sensação de estar em outro planeta. Era como estar em outro mundo.

■■■

---

2 Em tradução livre seria: Nós somos os campeões... Nós somos os campeões do mundo.

Já havia passado por vários locais ali na CCXP, mas quando Felipe entrava em um estande, sempre selecionava alguma coisa boa para comprar.

Mas o que Zeca e seu primo falaram ficava ecoando na cabeça. Estariam eles certos? Será?

(...)

Encontrou!

Eureca ou o milagre *nerd* é o que tinha acontecido: as tirinhas de jornal do *Homem-Aranha* encadernadas em dois volumes pequenos editados. Coisa de colecionador mesmo. Comprou e saiu feliz. Era como se tivesse encontrado o seu elixir. Coisa antiga, mas tinha valor.

Parecia uma criança com os dois volumes na mão. Era seu lado criança falando alto. Gritando. Berrando alto. Todos que estavam ali eram apaixonados por aquilo. *Nerd* é um ser apaixonado. Mas cada um tem um jeito, mas uma coisa os une: a paixão por aquilo de que gostam.

■ ■ ■

Já era tarde, e a CCXP estava quase no final daquele dia.

Despediu-se de maneira sincera:

— Obrigado, galera, pelo dia de hoje — Felipe falou, com os olhos quase chorando, e abraçou cada um deles, repetindo a mesma frase.

Todos se emocionaram. *Nerd* também tem sentimentos como qualquer um.

Pegou o metrô próximo à saída da CCXP e foi para a rodoviária. O metrô estava cheio como sempre. O metrô em São Paulo era sempre cheio.

No metrô, ligou para a esposa, com havia feito duas vezes ao longo do dia:

— Amor, sou eu. Está tudo bem. Estou no metrô indo para a rodoviária. Relaxa. Logo estarei aí. Devo estar aí de manhã. São seis horas de viagem de ônibus leito. Um beijo. Um beijo nas crianças. Te amo. Te amoooooo.... Ah! Ah! Ah!... — Ria sempre que ficava feliz. Felipe era doido. Sempre foi. Mas ao mesmo tempo era sério quando se tratava de trabalho.

■ ■ ■

Felipe estava já dento do ônibus. Ele agradeceu a Deus por isso. Abriu sua mochila e começou a ler alguns gibis que comprou lá. Era muita coisa. Estava até um pouco pesada, mas o peso era de felicidade.

Começava a pensar em tudo que foi conversado.

Ele estava certo e eles errados, ou o contrário?

Devo perdoar? Dar uma de Super-Homem e Lex Luthor. Dar uma de Batman, que nunca matava o Coringa. Os heróis não matam. Alguns heróis também querem vingança, mas os heróis também querem justiça e de alguma forma perdoam. Perdoar também é fazer justiça.

Eram os heróis seres humanos ou os seres humanos eram heróis?

Na dúvida, optou para ler algo. Se deliciar com um quadrinhos era algo ótimo. Abria sua mente. Os heróis têm seus momentos de lazer, seja no final ou no meio da história. Ele merecia isso.

■ ■ ■

Defeito Dois

Entrou em casa depois de uma longa viagem. Era sábado de manhã, e ele nem acreditou.

A sua Verônica o beijou. A sua esposa o abraçou forte e falou:

— Te amo! Saudade. Você me abandonou.. Sempre essas revistas! — afirmou Verônica em tom carinhoso.

— Amor, saudade. Eu já te falei sobre isso. Quem mandou casar com um *nerd*? — Quando viu os filhos, que o abraçavam, seu olhar era quase de choro. Os moleques foram logo falando:

— Papai, o Caio deixou cair suco numa das suas revistas. Eu falei pra ele não ir beber lendo suas revistas — falou Daniel.

— Papai, eu não fiz nada. Eu sem querer bati. Desculpa. Manchou sua revista. Desculpa, pai. Não fica irritado. Da última vez eu fiquei de castigo. Foi sem querer — falou Caio com uma cara de triste e arrependido.

— Não vou punir ninguém. Vocês vão me prometer que não vão nunca mais manusear minhas revistas com comida ou bebida. Comam antes ou depois. Senão vou me aborrecer. Combinado? — Felipe falou com uma cara séria para os dois. — Eu falo sério, papo muito sério.

Os dois meninos se olharam, balançaram a cabeça em sinal de afirmação e saíram correndo gritando:

— Eu sou o Batman! Identidade secreta: Caio, o bilionário.

— Eu sou o Super-Homem, o Super-Daniel. Eba!

Felipe riu e pensou: os super-heróis se perdoam. Era assim que tinha de ser.

Nunca tinha pensado por outro ângulo: os super-heróis eram suas referências de uma vida que nunca tivera de fato. Os pais trabalhavam muito e haviam mimado seu irmão mais novo, Alex. Rir e perdoar faz bem à saúde. Nem sempre podemos perdoar, mas o tempo havia encarregado de ajudar. Tinha de recomeçar do zero com o irmão. Segunda chance é assim.

"Obrigado, Santo Vigia, pela luz cósmica", pensava sempre que tinha uma ideia boa. Evocar um personagem como o *Vigia*, que às vezes aparecia como coadjuvante no "Quarteto Fantástico", da Marvel, era uma saída doida, mas uma forma de pensar positivo. Ele tinha de avaliar.

Será um final feliz antes de a história ser resolvida? Disso ele não sabia. Tinha de pensar e já seria um passo. Nosso terceiro herói da história estava de energia renovada e em jogo.

Capítulo 5:
Versão Demo

"Por que tão sério? Vamos colocar um sorriso nesse rosto! Por que tão sério?"

Personagem Coringa no filme Batman, o Cavaleiro das Trevas

• • • • • • • • • • •

— Senhores, isto aqui não é a NASA e nem tampouco somos a "Liga da Justiça". Somos uma equipe de desenvolvimento. Sempre fazemos essa reunião das terças-feiras, de meia hora, com a equipe inteira para tratar de assuntos gerais e dar boas-vindas aos novos membros na equipe! — O gerente da empresa, Matheus Silva, de 57 anos, sempre tinha hábito de fazer isso.

A sala estava apertada. Eram cerca de 25 pessoas espremidas em uma sala não muito adequada. Mas todos estavam ao redor de uma mesa grande. Alguns estavam sentados em cadeiras que já estavam na sala. Outros trouxeram suas próprias cadeiras.

— Olha o cafezinho!!! Olha o cafezinho... E água para quem quer! Bom dia, gente! — A copeira, "Dona Mônica", como era conhecida, sempre trazia o café na garrafa térmica e uma garrafa de água mineral quando estavam em reunião. O sorriso e a felicidade eram sua marca registrada.

— Obrigado, Dona Mônica — falou Matheus de forma educada e carinhosa.

— De nada, "Seu Matheus". — Ela sempre retribuía.

E todos pareciam ávidos: o cafezinho sagrado da manhã era disputado de forma educada. E todos aproveitavam o minuto inicial para dar bom dia uns aos outros. Era sempre assim.

■ ■ ■

Depois de quase 20 minutos de reunião, Matheus apresentou de fato os novos "contratados" da empresa, ou os novos funcionários

— Bem, pessoal, vou agora apresentar os novos contratados. Temos dois novos: Kátia Rosana e Hugo Batista. É um prazer recebê-los na empresa. Cada um tem uma experiência específica que agrega valor a nossa equipe — colocou Matheus com toda felicidade e autoridade. — Se apresentem, por favor, para o pessoal, vocês dois.

— Oi, eu sou Kátia, sou da área de Qualidade e meu foco é testar. É muito bom estar aqui. O ar-condicionado está ótimo. Esta sala é ótima.

— Bom dia, pessoal. Sou o Hugo, e minha vida tem sido programar. Adoro e acredito que posso apoiar a equipe nos projetos.

Logo depois, Matheus deixou todos à vontade para conversarem e se conhecerem melhor por cerca de cinco minutos. Kátia, como era cadeirante, teve limitações maiores ao sair da sala. Teve de esperar que muitos saíssem. Antes que todos saíssem, Matheus avisou:

— Kátia e Hugo, acompanhem o Felipe, ele vai orientar e guiar vocês, e passar as atividades. Vocês vão ficar em um projeto pequeno, mas urgente.

■■■

Depois dos três, Kátia, Hugo e Felipe, conversarem na baia do Felipe, cada um foi para seu próprio canto (ou melhor, sua própria baia) e lá ligaram o computador, ou "estação de trabalho", como muitas vezes é chamada em TI. O problema é que os computadores de Hugo e de Kátia estavam sendo finalizados em termos de configuração pelo pessoal de suporte para que eles pudessem trabalhar. São senhas, permissões, *softwares* e diversos detalhes que não são tão óbvios.

A empresa sempre teve por política trabalhar com deficientes físicos. Segundo a direção, era para dar oportunidade a novos valores e fazer algo pelo "social".

O detalhe é que, quando estavam na baia do Felipe, eles viram as fotos dos filhos dele e se sentiram bem. Havia algumas poucas imagens de super-heróis impressas e coladas na baia. Metade da DC e metade da Marvel. E, para variar, um pequeno boneco de super-herói (ou "figura de ação" ou *action figure*, como é mais conhecido) do Capitão América, super-herói da Marvel, usando seu escudo como se defendesse de algo.

O detalhe é que os três, Felipe, Kátia e Hugo, logo de cara se identificaram uns com os outros. O Felipe estava usando uma camiseta verde com o símbolo do "Lanterna Verde" no peito, famoso herói da DC Comics. Hugo usava uma camiseta branca com os símbolos do "maná" do "Magic: The Gathering". Kátia usava uma camiseta mostrando os Cavaleiros do Zodíaco. Ainda iriam trabalhar com Marcelo, um analista de testes experiente e tipicamente tradicional, no projeto definido por Matheus. Marcelo era pai de família e tinha três filhos. Vivia para os três filhos. Era do tipo atleta, mas não era ligado em coisas *nerds* ou *geeks*. Mas ele adora filmes de super-heróis e de ação. "Filmes de super-heróis são bons", como Marcelo sempre dizia quando perguntado.

■■■

Pausa para um café ou água, se preferir. Mas você, *Caro Leitor*, precisa ter uma perspectiva maior. Pense nas palavras a seguir.

Era engraçado sem ter graça: imagine um silêncio enorme e a maioria das pessoas da empresa focada em suas tarefas e seu mundinho. Eram celulares ou *iPods* com fones de ouvidos e sempre conectados na tomada. O mundo "tec", ou de tecnologia, é assim. Esse mundo é composto de pessoas despojadas, como se saíssem da faculdade. Mas nada excessivamente informal.

Todos sempre davam, em média, uma pausa a cada uma hora, ou duas talvez. Era necessário. Tomavam um pouco de água, um café ou iam ao banheiro. Era cada um na sua, mas a "selva tecnológica" e empresarial era a mesma. Parar faz parte, senão fazia mal ficar muito tempo direto no computador. Os médicos sempre falavam isso. Mas a pressão era grande para não parar.

Chato? Não. Era o mundo tecnológico batendo como um coração. E quando as pessoas se falavam, saíam coisas estranhas. *Java, Selenium WebDriver, Microsoft, Google*, e assim vai. Poderiam ser coisas estranhas para alguns, mas hoje já não é tão estranho para muitos. A maioria conversava entre si só o necessário.

Também havia aqueles que trabalhavam em silêncio, como se a ausência de som fosse um complemento. Era a mente trabalhando. Focada.

Mas com todo mundo era tudo ao mesmo tempo. Celular, internet, família e trabalho. Na maioria das vezes, se parava para ver alguma mensagem no Facebook, Instagram ou Twitter. Ou mesmo, se possível, responder ao *WhatsApp*. A tecnologia incomoda às vezes se não for bem usada.

Se pudéssemos escutar um pouco das músicas que cada um ouvia, iríamos encontrar desde *funk*, *pop*, *samba* e até musica clássica. Cada um encontra sua fórmula mágica. Cada um na sua praia e no seu mundo. Muitos trabalham ouvindo noticiário.

Super-herói, desenhos, *anime*, *action figures* eram ícones de cada um para inspirar o trabalho. Não havia um padrão. Fotos de filhos e família também valiam nesse caso. Vale tudo. Era como um microuniverso à parte. Era uma partícula subatômica do DNA de cada um ali do lado de fora. Era um pequeno universo compartilhado de cada um.

Para Kátia, não podia faltar o "Seiya", seu tablet, que estava sempre na bolsa, e a caneca do grupo "Daft Punk", um grupo pop de música eletrônica, e, é claro, sempre algum adesivo dos "Cavaleiros do Zodíaco". Para Hugo, era mais simples. Um porta-retratos com a capa do jogo "Assassin's Creed" (jogo de computador) e algumas cartas de "Magic: The Gathering" coladas na mesa. Havia dado um jeito de instalar um jogo no seu computador e às vezes, na hora do almoço, jogava. Era um *hacker* nato. Hacker é um especialista em informática com foco em apoiar a empresa. *Cracker* é aquele que é um "hacker do mal". As pessoas confundem porque os jornais popularizaram o termo errado como "hacker" sendo alguém do mal. Até o pessoal de tecnologia usa o termo *hacker* em ambos os sentidos.

Caro Leitor, será que vamos entrar em uma dobra estelar e entender em qual dimensão estamos, ou vamos parar na mesmice chata do trabalho diário que nos sustenta? Não se perca no que vou falar agora: a tensão é diária. Você entenderá. A cobrança está no ar porque é diária, sutil e psicológica. A cobrança vem rápida quando você menos espera. É tudo para ontem. A pressão é constante. Não duvide. Você verá e entenderá.

■■■

A equipe formada por Felipe, Hugo, Kátia e Marcelo vinha trabalhando por quase 75 dias (projeto curto não quer dizer acabar no dia seguinte) fazendo coisas como: desenvolvendo o *software*, programando e testando (ou validando e verificando) o que foi programado ou desenvolvido. A equipe tinha de superar as dificuldades internas do projeto e apresentar resultados. Por outro lado, estavam todos tensos com a reunião emergencial convocada por Ricardo, o analista de requisitos que passara as necessidades que precisavam ser desenvolvidas no projeto. Era dele, ou melhor, da função dele, levantar, negociar e planejar com o cliente as necessidades do projeto de *software*. Quando o cliente queria algo novo, tinha de contatá-lo e negociar. Não era simples como pedir que uma faxineira fosse varrer o chão. Era algo mais complexo. Tinha de existir um planejamento, especificação e um entendimento do que se precisava realmente fazer. Todos acabaram se conhecendo bem no final do projeto. Eram vários projetos na empresa, e a coisa nunca parava. Acabava um projeto, você era alocado em outro.

— Olha só, Felipe, o usuário havia especificado como ele queria a nova tela de consulta na aplicação. Ele disse que está tudo aí no documento que enviou. Eu não achei, mas o usuário disse que falta algo. Esse usuário que me passou é detalhista ao extremo. Ele questionou por que enviamos por e-mail um *print* das telas do protótipo de como ficaria a alteração pedida e estava incompleto. Fala algo — afirmou Ricardo com veemência.

— Mas ele não especificou o que questiona! Não tem nada escrito no documento do que ele afirma faltar. Não estou achando — observou Felipe.

— Olha o documento, Felipe... Galera, ajudem a mostrar o detalhe aí. Está aí no documento. Eu só repassei o que usuário especificou. Eu anexei o documento enviado pelo usuário — reafirmou Ricardo.

Depois de dez minutos, Kátia achou algo:

— Será essa imagem pequena e desfocada no documento em anexo na página 59? O usuário simplesmente não escreveu. Ele mostrou. Vejam só.

Todos ficaram chocados.

Aí começou a primeira discussão com a observação de Felipe:

— Você, Ricardo, deveria ter filtrado isso. Tudo que está no documento deve ser "traduzido" e detalhado por você no que deve ser implementado. Vacilo seu!

Foram mais dez minutos de debate entre todos.

Marcelo ficara calado a maior parte do tempo. Só pensava "danou-se", como se repetisse uma imagem em *loop* eterno. Ele sempre se acovardava nessas situações ou era cuidadoso demais.

Kátia, Hugo e Felipe estavam quase com a mesma opinião, exceto Hugo, que completou:

— Eu só acho que o Ricardo errou, mas nós também temos corresponsabilidade nisso. Não podemos culpar ele somente. Sou obrigado a ser sensato. Estamos juntos no mesmo barco. O erro de um pesa em todos.

Todos concordaram. Mas cicatrizes ficam. Todos ficaram estressados ao final. O papo levou quase uma hora ao fim de tudo. É melhor nem contar o resto. Caras feias sempre aconteciam na reunião. Era inevitável.

Agora você percebeu "de leve" que a pressão é constante e diária?

■ ■ ■

Durante um dia "normal" de trabalho, eles ficavam concentrados e focados. Ainda mais depois da reunião que haviam tido. Mas às vezes era necessário quebrar o gelo.

— Galera, vou comer uma pizza aqui embaixo e de lá parto para casa. Essa reunião de hoje me deu fome. — Felipe sabia quebrar a tensão.

Já era final do expediente e todos já iam mesmo embora.

Kátia, devido ao acidente, já que ela era paraplégica, sempre se recusava a sair ou se encontrar com alguém. Era como se desejasse se esconder. Tomou coragem e falou:

— Eu topo! Vou avisar minha mãe, que ia passar por aqui para me apanhar depois.

Quando ela ligou para a mãe, ela ficou feliz. Dona Vera era um amor de pessoa. Tinha um grande coração. Aceitou na hora, mesmo já estando a caminho. Era uma oportunidade única para a filha "continuar a viver".

Depois, quando todos estavam no barzinho, os três se entreolharam. E cada um falou:

— Essa pizza é um trabalho para a menina superpoderosa aqui. Se bem que estou mais para *Robocop* — Kátia falou em tom de brincadeira.

— Essa pizza é um trabalho para o Enzo Auditore. — Personagem do jogo "Assassin's Creed". — Eu faço um "Path to Exile" — carta de *magic* que simulava o efeito de exilar algo —, e essa pizza vai direto para o meu estômago.

— Ah! Ah! Ah! Ah! Ah! Ah! Vocês são loucos. Sou mais modesto. — Felipe apontava para a camiseta que usava por debaixo da camisa de manga comprida xadrez. Ele abriu um pouco a camisa para todos verem a camiseta. Ela tinha o símbolo do Super-Homem.

Dizem que no Brasil acaba tudo em pizza. Digo que aqui tudo ali acabou com uma pizza "portuguesa". Ficaram cerca de uma hora apenas conversando, mas pareciam que se conheciam há anos.

Amálgama? Sim. Tudo junto e batido no liquidificador da vida e das relações humanas. Quem poderia adivinhar?

■ ■ ■

"Felipe, preciso de você aqui na minha sala. Pare o que está fazendo. Preciso de uma definição urgente sobre um assunto aqui." Era o texto do e-mail de seu chefe, o "regente" Matheus Silva.

Em um minuto, ele travou o seu laptop, fechou-o e o colocou debaixo do braço. Pegou um bloco. Sua caneta sempre estava no bolso junto com seu celular, que estava na opção de "vibro" (sem som, mas com vibração apenas). Conhecia um pouco seu gerente. O assunto devia ser sério.

Entrou na sala dele. Pediu licença. Sentou-se, colocou o laptop na outra mesa de apoio da sala dele (era uma mesa redonda). Foi direto ao ponto:

— Bom dia, chefe.

— Quem tem chefe é cacique, tenho nome. Aqui não é quartel. Tenho um desafio para você, é um pouco urgente, mas acredito que você consegue resolver. Mas preciso de sua avaliação como apoio para que eu possa decidir.

O chefe, ou melhor, o Matheus, o seu gerente, estava nervoso. O que tinha ali no momento era uma "Missão Impossível". Ele não era *James Bond*, mas procurava se esforçar. Aqui Batman virava Bruce Wayne. Tinha de estar focado. Seu chefe não gostava de repetir a mesma explicação duas vezes, salvo em caso de dúvida real.

— Desculpe, Matheus. É um hábito. Meu pai era do exército. Já está reformado.

— Ok. Vamos lá. Deixa eu te explicar desde o início.

Felipe sabia que quando começava desse jeito, a conversa ia ser longa. Tinha de ter paciência e anotar tudo. Não estava em alto-mar, mas talvez alguma tormenta estivesse por chegar.

Onde tudo isso iria parar? Nossos heróis da história estavam reunidos e, sem saber, tinham um desafio pela frente. Que siga o jogo.

Parte II:
Universo Alternativo

Capítulo 6:
Fator X

> "O inverno está chegando."
>
> Ned Stark, personagem de Game of Thrones

● ● ● ● ● ● ● ● ● ● ● ●

HUM! HUM!

— Meu Deus, Kátia, você gostou mesmo desse pão de queijo! — Hugo adorava brincar com Kátia quando estavam lanchando.

— Concordo com o Hugo, Kátia. Já é o segundo pão de queijo que você come e não oferece pra gente. Poxa! — observava Felipe com uma tremenda cara de pau de quem também queria.

— Ela não vai dar nem meio pão de queijo! — Hugo sempre afirmava com veemência.

Kátia estava de boca cheia. Ela amava pão de queijo. Estavam em outra cidade agora, e esse era um momento de descontração do novo projeto no qual foram alocados com urgência. Eles aceitaram ir pelo desafio. Por outro lado, não aceitar poderia significar demissão. Muitas empresas fazem isso no mundo da informática.

Para Kátia, ela estava sem o apoio da mãe para apanhá-la, pois estava em outra cidade. Era uma espécie de primeiro passo de uma nova vida. Mas era boa para fazer muitas coisas. Ela era rápida. Esse era um projeto de três meses, no máximo. Precisavam desenvolver uma parte de uma nova versão do sistema de um carro, ou melhor, de um *software* que ficaria gravado em um *chip*, que, por sua vez, ficava instalado dentro do carro. Havia outras necessidades que seriam explicadas em detalhe depois. Iriam trabalhar dentro da fábrica. Coisa de doido. E ainda iriam resolver muitos *bugs*, ou defeitos do mesmo *software*.

O que incomodou Kátia foi que a marca do carro relacionado ao chip era a mesma do carro que seu namorado dirigia quando ela ficou paralítica. O pior é que era o mesmo modelo e ano de lançamento do carro que continha esse *chip* problemático. O *chip* em si não era o problema. O problema era o *software* gravado no *chip*. Esse detalhe ela não contara ainda para Felipe e Hugo. Ela não se lembrava de todo o acidente, mas concluiu tempos depois que, se o carro não tivesse um comportamento aleatório no momento do acidente, seu namorado não teria morrido. Apenas *flashes* vinham à mente. Apenas *flashes* e nada mais. Mas aos poucos ela estava se lembrando e preenchendo as lacunas. Não queria se lembrar de tudo, mas a mente prega peças.

Eles tinham sido orientados para ficarem três meses em um hotel pago pela montadora. O café da manhã estava incluso na estadia. Eram rígidos com horário. Os três se ajudavam a maior parte do tempo, mas estavam em quartos separados. O hotel ficava a cerca de 20 minutos da fábrica, e por isso uma Van da montadora passava e apanhava eles no hotel. A Van os trazia de volta ao hotel sempre (ou quase sempre) ao final do expediente. O expediente começava às 7 horas e ia até às 17 horas, havia uma tolerância de meia hora na entrada. Era uma hora a mais todos os dias, já incluso o horário do almoço.

As refeições do almoço eram na fábrica mesmo. Era uma emergência, afinal. Depois, ou voltavam com a Van ou estavam livres para voltar de carona ou de táxi, de segunda a sexta-feira. Ir para lá aos sábados ou domingos seria exceção, e os gastos de extra de táxi seriam ressarcidos mediante recibo. O motorista da Van sempre fazia o mesmo trajeto, e como era mais de um veículo que fazia o trajeto, uma Van saía da fábrica a cada 15 minutos a partir das 16 horas até as 18h30 todos os dias. Algumas vezes eles optavam por ir e voltar de táxi ou de aplicativo, como o Uber. Quem tinha dificuldade com a Van era a Kátia, por ser paraplégica. Não havia um ritual certo. O único ritual era ter de ir trabalhar e, teoricamente, voltar. Na volta, às vezes eles pegavam a Van e ficavam no meio do caminho, perto de outro local a que desejam ir.

Já estavam lá há pouco mais de uma semana e resolveram voltar de táxi, que agendaram. Era uma sexta-feira, e se aportaram em uma lanchonete, onde estavam sentados comendo algo. Era muito próxima do ponto aonde desejavam ir: uma loja pequena, como a maioria das lojas *nerds*, que era um misto de quadrinhos e *card games* (ou jogos que fazem uso de cartas colecionáveis), como os três adoravam ir. Hugo tinha descoberto que teria torneio de "Magic: The Gathering" lá hoje. Afinal, era sexta-feira. Afinal, ele amava jogar o FNM, ou Friday Night Magic.

Kátia acabou de engolir mais dois pães de queijo e perguntou na maior cara de pau:

— Desculpa, Felipe, mas você ainda não nos contou o que o Matheus conversou contigo sobre o projeto quando te chamou para a reunião há quase três semanas. Estamos no cliente há vários dias e estamos apenas entendendo a aplicação e os seus problemas. Abre o jogo, *please*... Não enrola, vai! — Kátia fez uma cara típica de criança pedindo doce. Ela ainda abriu bem os olhos ao melhor estilo *mangá* ao falar (estilo de desejo japonês em que os olhos são bem grandes).

— Eu falo, mas só depois de sairmos da loja que o Hugo indicou. É um assunto longo e merece uma pizza — Felipe falou sério. Até demais.

— Grande líder do "Esquadrão Suicida" falou e está dito. Ah! Ah Ah! Vamos lá, gente, tomem logo esse café. Quero ir ao *Friday Night*! — falou Hugo para relaxar o clima.

Cada um riu do seu jeito, mas riu. O defeito de cada um equilibrava com a qualidade do outro. Era sempre assim, ou quase.

■ ■ ■

— Demais! Aqui tem bastante *mangás*. Pelo que estou vendo, tem mais *Shoujo* e *Shounen*. Amei. Pelo menos tem algo que gosto. Acho que todos estão fazendo a festa aqui, certo, meninos? — Kátia falou enquanto manuseava algumas as revistas de *mangás* japoneses. Disso ela entendia razoavelmente bem. Cada um estava em seu universo natural, que era dentro da loja de quadrinhos *nerd*, na qual haviam combinado de ir. Era a selva *nerd* espalhada pelo mundo.

Os *mangás* eram revistas em quadrinhos japoneses mostradas aqui da mesma forma que no Japão, onde a única exceção é que eram traduzidas para o português.

— Kátia, eu mal gosto de *Yu-Gi-Oh!* E você já vem me falando japonês! Eu sei que minha filha gosta de uma tal de *Sailor Moon*. Me explica aí? — perguntava Hugo com curiosidade.

— Existem vários tipos de quadrinhos japoneses, mas em geral se dividem em seis tipos. Você vai entender fácil: os *Shoujo* são do tipo onde a trama e o enredo são meio que "água com açúcar". São histórias românticas onde sempre tem um personagem feminino central. Como a *Sailor Moon*. Tem ainda os *Shounen*, com foco no público masculino jovem que adora aventura e lutas. São histórias que todo mundo adora. Como os "Cavaleiros do Zodíaco", "Dragon Ball", "Naruto" etc. Tem os *Seinen*, cujo foco é um público adulto e bem mais velho. São histórias mais sérias, sem muita fantasia. O *Josei* é simplesmente uma versão madura do *Shoujo*. O foco dessas histórias são mulheres adultas. Ainda têm umas classificações malucas focadas no sexo dos personagens, como *Shounen Ai* e *Shoujen Ai*. Essas são histórias de romances entre pessoas do mesmo sexo. Tem uma linha mais *light* de histórias. Por outro lado, as do tipo *Yaoi* e *Yuri* são também histórias de pessoas do mesmo sexo, mas têm um clima de "sexo mais pesado". Mais quente, sabe... Não sou fã dessas... Eu foco apenas nos tipos *Shoujo*, *Shounen* e uma ou outra *Seinen*. Os termos, depois que você começa a ler, vai aprender. Não se liga nisso, não... Leia o que gostar dos *mangás*.

— Eu gosto de "Dragon Ball". É muito legal. O Goku é um personagem fantástico. Adoro "Yu-Gi-Oh!". É demais. Eu jogo "*Yu-Gi-Oh!*". É muito parecido com "Magic: The Gathering". Mas adoro *games* também. Afinal, não desgrudo da tela do laptop. Amo *games*! — Hugo falava com paixão.

— Então se liga, "menino prodígio": os *mangás* você lê de forma diferente em relação a um quadrinho ocidental. Você lê de cima para baixo e da direita para a esquerda. É fácil. Veja essa aqui do "Naruto"... Você vai gostar! — Kátia falava com empolgação.

Hugo ficou encantado com a explicação. Não tinha como não entender.

— Opa, deixa eu levar essa e aproveitar pra pagar a inscrição do FNM. Trouxe meu deck Vermelho e Branco e meu "tapete" que havia mandado fazer. Agora, o pessoal daqui joga mais *Modern*[1] do que *Standard*. Na verdade, sempre trago umas cartas extras para transformar o meu deck de Standard em Modern, e vice-versa. Não sou bobo, não! — Hugo respondia indo em direção ao balcão para pagar tudo. Iria jogar *magic*.

O *magic* merece uma explicação, Leitor. Muitos não o entendem ou o acham complexo demais. Mas ele é fácil, se você desejar apenas se divertir.

Por outro lado, *magic* é um jogo onde sempre novas cartas são lançadas, em média, a cada três meses. Em *magic* existem vários formatos de torneio, onde os mais comuns são *Standard* (ou T2 ou Padrão), *Modern* (ou Moderno) e *Legacy* (ou Legado). A maioria das lojas incentiva o T2, pois abrange as últimas coleções (em geral as últimas). O *Modern* abrange mais de uma coleção específica. O foco vai desde a atual até algumas antigas, mas não tão antigas quanto as do *Legacy*. Por outro lado, o *Legacy* engloba todas as coleções. O fabricante, a *Wizards of The Coast*, também eventualmente bane ou restringe, por formato, algumas cartas que ela mesma lança, para que alguns decks não dominem o "ambiente" de jogo dentro daquele formato. Isso vale para cartas em qualquer formato. Cartas banidas em um formato podem estar liberadas em outro. Um exemplo é que às vezes uma carta banida no T2 pode jogar

---

[1] Em 2019, a Wizards criou um novo formato, chamado de "Pioneiro" (Pioneer, em inglês), que abrange um conjunto menor de coleções que o "Modern", indo até a mais recente. A coleção mais antiga do Pioneiro saiu em 2012, enquanto a do Modern data de 2003. Possui lista de cartas banidas.

Modern normalmente. E ainda tem um formato popular de cartas que tem feito sucesso, o *Pauper*. É composto apenas de cartas comuns e baratas. Vale qualquer carta do *magic* comum, mas algumas foram banidas também. Cartas incomuns, raras ou míticas não valem. Isso permite que qualquer um jogue o jogo, mesmo sem muita grana para investir nos decks. Cartas comuns são encontradas facilmente, as incomuns são menos encontradas, e as raras ou míticas são bem menos encontradas. Quanto menos encontrada a carta, mais cara ela é.

Em geral, os *decks* têm 60 cartas no *deck* principal (ou *main deck*) com um *sideboard* de 15 cartas (são cartas relacionadas como extras que podem ser trocadas por alguma carta no deck principal a partir do segundo game). Um jogador de *magic* tem sempre de usar no primeiro game o *main deck* original com 60 cartas no mínimo.

Um jogo é composto por no máximo três *games*, e quem vencer dois *games* em três *games* ganha o jogo contra o seu oponente (podendo ser dois a zero ou dois a um). O jogo contra um oponente tem tempo cronometrado (em geral, 50 minutos) e pode dar empate em um a um caso cada um vença um game, ou pode ser um a zero caso somente um jogador vença um único game. Como a partida possui um tempo determinado e os três *games* (caso ocorram), estes devem ser disputados até o limite do tempo. Alguns jogos são por demais longos, e acaba que o segundo *game* ou terceiro *game* podem não terminar.

Sempre que uma nova coleção é lançada, há um torneio de comemoração de lançamento daquela coleção: é o chamado "pré-release", onde cada jogador abre os pacotinhos novos (ou *boosters*, como são conhecidos) e montam um deck na hora do torneio com aquelas cartas lançadas. Nesse caso, o tamanho mínimo do deck é 40 cartas.

São muitos detalhes nesse jogo, mas quem começava a jogar se apaixonava por ele. O jogo ajuda em diversas áreas mentais, como atenção e raciocínio lógico. Nele você é, na prática, um mago que invoca mágicas, feitiços, criaturas e artefatos. Por isso o jogo é divertido. Você acaba "saindo" do mundo real e entrando num mundo mágico. O jogo encanta.

(...)

— E aí, Felipe, gostou da aula de quadrinhos japoneses que dei para o Hugo? Eu não sei muito, e o que sei é de tanto ler — Kátia falou com carinho. Dava pra ver em seus olhos.

— Olha, Kátia, eu gostei, mas a minha praia é mais quadrinhos da Marvel e DC. Fico sempre em dúvida entre os dois. — Felipe falava manuseando um exemplar de *Shazam*, uma revista em quadrinhos da DC com um super-herói conhecido como *Capitão Marvel*.

Eles estavam em seu habitat natural. A eterna selva *nerd*. A loja tinha uma geladeira, onde ficavam os refrigerantes e sucos. No balcão, o dono da loja vendia alguns biscoitos e salgados. A loja ainda tinha várias camisetas *nerds* para vender. Eles amaram essa loja. Estavam se sentido em casa. Era uma típica loja *nerd*.

Eles eram loucos? Não. Eram seres humanos que estavam se divertindo e praticando o seu *hobby* ou lazer com muita felicidade. Eram "distrações" que cada vez mais ficavam ainda mais famosas em todo o mundo, inclusive no Brasil. Era diversão levada a sério. São quadrinhos, jogos de tabuleiro como RPG (ou jogos de representação ou *role playing games*), *card games* (ou jogos de cartas como o *magic*) e muito mais. Esse mundo *nerd* é muito vasto. Vasto e louco.

■■■

— Vai, Hugo! Você consegue! — Kátia falou com entusiasmo.

PSIU!

Jogo de *magic* não tinha torcida. Era como no jogo de tênis. Era meio silencioso. A batalha era mental. Claro que havia o cochicho, mas era respeitoso e em baixo volume. Ninguém "de fora" podia ajudar os jogadores, e dúvidas eram com o juiz.

O dono da loja ficou feliz por vê-los ali, os três amigos, onde um deles era cadeirante e outro estava jogando. A loja tinha dois ajudantes, jovens: uma garota meio ao estilo *skinhead* com um *pearcing* no nariz, e o outro, um rapaz com cabelo ao estilo militar bem curto e sério. Susane era o nome da atendente, e o do rapaz, Diego. O dono, "Seu Eduardo", era sério e brincalhão ao mesmo tempo. Estava, pelo jeito, de bom humor naquele dia.

O Felipe havia passado a maior parte do tempo conversando com o Seu Eduardo e tirando dúvidas de algumas revistas. Seu Eduardo pelo jeito conhecia bem o que vendia.

— Mas não acredito que vocês são do Rio de Janeiro! Cariocas! — observou Seu Eduardo depois de saber de onde eram.

— É muito bom conversar sobre histórias em quadrinhos. Esse "Novos 52," você acha que deu certo quando foi lançado? — perguntou Felipe.

— Sim. Aqui na loja vendeu bastante. O pessoal não se liga muito aqui em outros *card games* além de *magic* e *Yu-Gi-Oh* aqui. O seu amigo Hugo é que parece feliz. Joga como se não jogasse *magic* há meses.

— Sim, ele se torna uma criança quando joga esse jogo. Se esquece do mundo. Muitas pessoas têm preconceito com esse lado *nerd* dele. Alguns acham que somos malucos ou crianças. Nossos pais e alguns amigos nem sempre entendem — falou Kátia, aproveitando para beber sua sagrada água.

— Pior é que você falou tudo, ninja Kátia. Às vezes somos chamados de malucos. Meu pai e minha mãe não entendem. Esse é o outro lado *nerd*. O "outro lado" que muitos não entendem ainda. Mas isso tem mudado bastante — afirmou Felipe.

— Sim! E digo mais, muitas mães vêm aqui na loja e trazem seus filhos por conta dos filmes de super-heróis, pois a crianças querem comprar as *action figures*, ou como eles chamam: os "bonequinhos". Eu coloco os termos, pois muitos pais não sabem que estão lidando com pequenos *nerds*. Esse é um mundo que está crescendo e evoluindo. A galera que gostava disso era chamada de "maluca" ou "que isso não daria dinheiro nunca". Mas isso tem mudado bastante. — Seu Eduardo sempre falava com convicção.

Parecia papo de botequim, só que era papo *nerd*. As suas "cachaças" eram super-heróis, *mangás*, *card games* e por aí vai. Era algo que, no fundo, fazia bem ao mundo, mas poucos percebiam isso. É melhor ser *nerd* do que ser bandido, ladrão ou outra coisa pior. Os heróis são, na maioria das vezes, exemplos de comportamento, estimulam muitas coisas nobres e boas. O mundo sempre precisou de heróis.

— Seu Eduardo, de que lado o senhor está nessa guerra? Marvel ou DC Comics? — perguntava Felipe de forma direta querendo debater de forma positiva.

— Eu sou mais a DC. Meu personagem preferido é o Batman.[2] Mas a Marvel não fica atrás. Acho que a Marvel ganha nos filmes que ela faz. São excelentes. A DC ganha nos *games* e séries de TV. Na prática, as duas editoras se revezam na liderança nos quadrinhos. Quando uma começa a fazer algo que dá certo, a outra começa a correr atrás, ao ponto da Marvel ter criado seu próprio estúdio, no qual o primeiro filme do estúdio foi o "Homem de Ferro", o primeiro, com Robert Downey Jr.! A DC está atrasada em filmes, mas as duas lutam de forma acirrada. A Marvel, por outro lado, tem personagens fantásticos. As duas editoras se equivalem. Estão vindo por aí sempre novos filmes, desenhos e séries de ambas as editoras. É uma briga eterna entre as duas.

— Show! O senhor está certo. Por outro lado, eu sou mais o *Homem-Aranha*. Eu cresci com ele praticamente. — Felipe deu um sorriso de felicidade.

— Seu Eduardo, desculpa perguntar, mas como o senhor começou com sua loja e por que esse nome de "Yellow Games"? — Kátia resolveu perguntar de maneira simples e inocente.

— Vejam: eu sou engenheiro mecânico e falo sempre: "você precisa fazer o que gosta". — Seu Eduardo falava sério e emocionado. — Eu trabalhei numa fábrica como engenheiro depois de me formar. Mas nunca me sentia em casa. Você precisa fazer o que gosta no fundo. Eu me sentia bem quando lia quadrinhos. Imaginava aquelas coisas de heróis vencendo seus inimigos e tudo mais. Depois de quase morrer por conta de um estresse, repensei meu trabalho na fábrica. Fui parar no hospital. Quase morri. Tive um ataque cardíaco por conta da merda da pressão arterial que subiu. Era cobrança demais e demissões quase todos os dias. Era um filme de terror. Me sentia mal por aquilo tudo. Aí peguei meu FGTS e juntei com um dinheiro guardado da minha esposa, que na época era minha noiva, e montamos essa loja. Logo depois nos casamos. No início era um misto de gibiteria com livraria. No início nem dava para pagar as contas. Sofri demais no início. Mas depois se ajeitou. Hoje a loja foca mais na gibiteria. Os *card games* e os *actions figures* (os "bonequinhos de super-heróis", como muitos falam) vieram depois aqui na loja. Foi sucesso. Ajudou bastante. O "Yellow" vem da música do Beatles "Yellow Submarine" (submarino amarelo). É minha música predileta. Amo os Beatles. Você não reparou que tem um submarino de enfeite na loja? "Jogos amarelos" ou "Yellow Games" é uma brincadeira. É uma brincadeira *nerd*.

— Que legal! — Kátia falou espantada.

— Seu Eduardo... — Felipe começou a falar quando Seu Eduardo interrompeu.

— Pare, por favor, de me chamar de "Seu". Só Eduardo. Fiquem tranquilos... E pelo amor de Deus, não canso de falar outra coisa também: nunca, nunca, nunca chame um *card game*, como Yu-Gi-Oh ou *magic*, de "carteado". É xingar o jogo. Jogos que valem dinheiro ou mexem com dinheiro são jogos de carteado, sobretudo jogos de cartas, como pôquer. Essa expressão antiga é ofensa aqui ou em qualquer loja *nerd*. Outro dia desses uma mãe disso isso quando trouxe um filho e criou um constrangimento. E outra: quando trouxerem alguém aqui que não é *nerd*, pensem no preconceito que sofremos e cuidado como falam. Alguém pode por apelidos pejorativos, como outra mãe, que chamou *magic* de "baralhinho". Sofro muito com isso aqui. Desculpe a franqueza. Precisamos nos policiar... Aqui, dia de sábado, é o dia que mães trazem os filhos menores. Mas com essa crise, diminuiu um pouco.

---

2 Batman, criado em 1939 pela DC Comics, completou 80 anos de publicação em 2019. É um personagem icônico da cultura pop que sofreu várias mudanças ao longo de sua vida. Foram feitos não somente quadrinhos, mas séries de TV e filmes no cinema.

— A gente sabe disso, Eduardo. Sofremos isso todo dia — Kátia falava sincera. — E meninas como eu?... Sofremos muito preconceito ainda. Mas temos de seguir em frente.

— Então pensem o seguinte: aqui é um pequeno paraíso *nerd*. Ah! Ah! Ah! Ah! Relaxem e se divirtam! Já viram esse *action figure*, ou bonequinho, como dizem, do Galactus? É bonito, não? — Seu Eduardo falava sempre dos itens novos da loja. Era marketing.

— Não é aquele vilão do *Quarteto Fantástico*? — Kátia perguntava de maneira admirada.

— Sim, isso mesmo. — Seu Eduardo falou orgulhoso do item. — Está R$550,00. É um item de colecionador. Muito bonito, não?

— Nossa... Isso é sonho de consumo. Um dia ainda vou ter um desses... . — Kátia sabia ser sincera quando tinha de ser.

Todos se entreolharam como se estivessem admirando algo lindo. O problema era que não era lindo. Era muito lindo. Cada vez mais os "bonequinhos" ficavam mais realistas e bem feitos. Ficavam cada vez mais lindos. Era um mercado quente abocanhado pelas lojas *nerds*. Sem contar as camisetas, quadros de capas de revistas em quadrinhos, chaveiros, anéis especiais, cordões e muito mais. A loja de "Seu Eduardo" era assim, como muitas delas. Cada um foi ali fazer alguma coisa. Loja *nerd* é uma "perdição" e templo ao mesmo tempo. É para muitos um pequeno paraíso.

Kátia resolveu continuar olhando os *mangás* da loja, e outras revistas de histórias em quadrinhos. Teve um pouco de dificuldade porque sempre tinha gente na loja, mesmo sem estar "tão cheia", era um pouco complicado. Ela era cadeirante, que mesmo sabendo se virar bem, tinha alguma dificuldade em espaços limitados.

Um rapaz tímido vestindo uma camiseta com uma imagem do Dexter parou ao seu lado procurando também *mangás*. Dexter era um personagem de desenho da TV. Era uma "criança gênio" que tinha um laboratório cheio de tecnologia no porão. Ele tinha uma irmã travessa e nada organizada chamada Didi. "O Laboratório de Dexter" é um desenho *cult* que ficou muito famoso nos últimos anos. Kátia olhou pra ele falou:

— Camiseta maneira, linda. Mas eu prefiro a Didi.

— Ah!... Carlos adora o Dexter. Atrás tem um desenho de um pedaço de pizza. É criativa. Carlos agradece pelo elogio. — Ele continuou procurando gibis, mas antes mostrou a parte de trás da camiseta.

Ele disse com um olhar romântico e profundo:

— *Non sequitur*. Carlos aposta que você só disse isso para que eu pudesse olhar para esses olhos lindos e hipnóticos.

— Que nada, às vezes sou meia "lesa". Eu estou fora de circulação, mas qualquer dia desse eu volto, Carlos. Virarei uma fênix que renasce das cinzas. — Ela observara que Carlos falou de si mesmo na terceira pessoa mais de uma vez.

Ele sorriu e depois não mais falou com ela. Em seguida, pegou duas revistas, pagou e foi embora. Tudo muito rápido. Ela comentou consigo mesma:

— Esse aí desistiu rápido. Dei um corte nele pelo jeito. Calça verde, não combina de jeito nenhum. — Ela observou que ele vestia uma calça de cor verde-escuro, mas que era bonita.

■ ■ ■

— Juiz! Por favor, juiz. — Era sempre assim quando Hugo tinha uma dúvida.

Novamente ele estava certo. Mas, no fim, ele aceitou a derrota, dando a vitória por 2 a 0 para o adversário. Ficou feliz. Acabou fazendo amizade com o oponente. Hugo fazia amizades com facilidade.

O deck do Hugo era mais para "*for fun*", ou "para diversão", do que para jogar sério. Os decks "sérios" focam mais nas vitórias do que na diversão. Ele amava jogar *magic*, perdendo ou ganhando. Tinha melhorado muito nos últimos anos, entendendo como montar um deck e como elaborar *sideboard*. Todo deck tem uma estratégia. Quem estava de fora não entendia claramente, mas o formato adotado no torneio era o suíço, o mesmo adotado no jogo de xadrez. Essa é uma regra geral no jogo.

Na primeira rodada, os confrontos são escolhidos de forma aleatória, mas a partir da segunda rodada, quem havia ganhado também joga contra quem havia ganhado, e quem havia perdido joga contra quem havia perdido. A vitória dá 3 pontos ao vencedor, o empate dá 1 ponto, e derrota dava zero pontos. Ou são 3, 4, 5, 6 ou 7 ou 9 rodadas, conforme o número de participantes. Naquele dia, seriam 4 rodadas, por conta de 16 participantes.

O *software* da "Wizards of the Coast", dona do jogo, organizava tudo sempre. Cada jogador recebia um DCI, que é como um número de identidade do jogador ou uma espécie de código que identifica cada jogador na *Wizards*. Se você já tinha um DCI, bastava informá-lo na hora do torneio para jogar. Jogadores que não tinham DCI recebiam um código novo de DCI escrito em um cartão para poder jogar. Cada jogador novo depois cadastrava seu nome, e-mail e outros dados no site da *Wizards* com o DCI que recebera.

Ao final, de presente, Hugo ganhou uma "carta promo", ou uma carta ilustrada, especial e promocional, que poderia ser dada pelo dono da loja a seu critério. As "cartas promo" são doadas pela *Wizards* aos lojistas como forma de estimular o jogo. O lucro dos lojistas está na venda dos *boosters*, os pacotinhos com 15 cartas sortidas, e no preço de inscrição para os torneios. O lucro também vinha da venda de diversos acessórios.

Hugo estava muito feliz e ainda comprou cinco *boosters*. Era felicidade pura em essência. Transbordava de alegria. Abrir *boosters* para *nerd* que gostava de *magic* era um dos grandes momentos que poucos entendiam.

Os três saíram felizes. Hugo por ter jogado *magic*, Kátia por ficar "namorando" vários *mangás*, e Felipe por ficar conversando sobre quadrinhos e por comprar algumas boas revistas. Com certeza voltariam outro dia. Quem teve problemas foi a Kátia ao sair. A escada rolante, onde mal coube a cadeira de rodas dela, já estava parada. A loja ficava num pequeno Shopping Center. Hugo teve que ajudá-la a descer. Eles eram assim, solidários uns com os outros. Eram "doidos" que acabaram fazendo amizade. Tinham aquele fator-X. Aquele amálgama que poucos percebem.

— *Cowabunga*! Pizza! — gritaram todos. Essa frase era a alma das "Tartarugas Ninja", desenho na TV e que depois virou filme no cinema, que havia se "apoderado" dos três naquele momento.

Saíram todos rindo. Era alegria pura. A noite tinha sido mágica até ali.

■ ■ ■

— A pizza de calabresa está ótima. Excelente. Mal saímos da loja e tinha esse barzinho excelente aqui perto. Seu Eduardo deu uma ótima dica — Felipe falou saboreando a pizza.

— Deixa de enrolar, Felipe. Conta longo o que Matheus conversou contigo sobre o projeto quanDo te chamou para a reunião há quase três semanas. Aceitamos confiando em você, Mr. Batman. — Hugo foi direto, sem rodeios.

— Felipe, pôxa, você é maneiro e competente. Fica ligado, o papo aqui é reto. Você não é o *Flash* para sair correndo e fugir do assunto. — Kátia era sempre carinhosa, mas falou com uma brutalidade que assustou os dois.

— Bem que eu queria... — Ele fez uma pausa silenciosa. — Estão certos. Não pude contar antes porque Matheus me pediu pra não contar sem verificar um pouco mais. Mas sozinho não consigo fazer isso.

— O que é então? — Hugo perguntou assustado.

— Olha, vou resumir e detalhar. Primeiro o resumo: o sistema que estamos avaliando em alguns pontos é um pedaço do código que vai embutido no *chip* que fica no automóvel e que ajuda a controlar diversas novas funções. Isso vocês já sabem. As melhorias são pano de fundo para resolvermos os defeitos, que têm aparecido de forma aleatória. O *software* que fica no chip está tendo um comportamento aleatório. Desconfia-se que o *software* foi modificado para dar erro por alguém.

— Pode parar: somos então detetives sem sermos detetives de fato? — Hugo perguntou sério.

— Um *hacker* do mal sacaneou o *software* e devemos descobrir a merda feita — Felipe respondeu calmo e sério ao mesmo tempo.

— Calma, Hugo. — Kátia era às vezes o ponto neutro entre os dois.

— Sim e sim. O problema é que, se chamar a polícia agora, a fábrica terá um prejuízo de imagem. Por isso há uma desconfiança de que um *cracker* bagunçou muita coisa. Não se sabe o quanto e quais as consequências. Mas iremos fazer uma investigação sob o ponto de vista de desenvolvimento e qualidade de *software*. O usuário chefe, o Sr. Abreu, sabe de tudo e pediu sigilo para meu chefe e para a equipe. Por isso não poderia contar lá dentro antes de entendermos um pouco o *software* e o ambiente. — Felipe completou preocupado. — Desculpas, gente.

— Tudo bem, eu mesmo às vezes confundo os termos hacker e cracker. Um *hacker* é apenas um profissional especialista em suporte, rede e desenvolvimento para apoiar a empresa. Um *craker* é um *hacker* do mal. O cracker quer se vingar ou ter algum ganho futuro com isso — observou Kátia, que nesses casos falava em tom de explicação, sempre com uma voz calma.

— Resumo detalhado: temos de fazer isso logo, senão a empresa perderá diversos contratos. É uma análise rigorosa.

— Mas por que nós fomos os escolhidos para esse projeto especial? — questionou Hugo com uma cara de assustado.

— Porque eu conversei com Matheus e decidi entre os melhores da equipe para esse projeto. Ele tinha sugerido outras opções, mas mostrei que as qualidades que cada um tinha se completavam com a do outro, e que era um bom desafio. O projeto é de curto prazo porque o que vocês fizeram na empresa qualificou vocês dois para isso. Vocês arrebentaram. O que vocês fizeram em pouco tempo e o resultado final mereceram o elogio extremo do cliente. Inclusive eu tive de analisar o *curriculum vitae* de cada um junto com o Matheus. Eu provei para ele que daríamos "liga". Tínhamos o fator-X... Sério, galera. A personalidade de cada um ajudaria na do outro. Chamamos até a psicóloga da empresa que entrevistou vocês antes de entrarem na empresa para confirmarmos a decisão.

— Uau! Já me sinto um professor Xavier dos *X-Men*! — Kátia sabia dar um tom leve ao trio.

— Excelente! Valeu mesmo, Felipe. — Hugo estava sendo sincero.

— Galera, eu sou chato e detalhista, mas sei reconhecer quando a coisa flui. Esse desafio, acredito eu, nos motiva mais ainda. Estou Errado? — Felipe perguntou de forma sincera.

— Concordo! — afirmou Hugo.

— Está certo — Kátia concordou.

— Eu sou o *Wolverine*. — Hugo era rápido.

— Eu sou a *Kitty Pride*. — Kátia também era rápida.

— Ok, você venceu. Batata frita. Ah! Ah! Ah! Sobrou o Ciclope, dos X-Men — Felipe respondeu sorrindo.

— Eu só não contei a vocês uma coisa, galera... — disse Kátia com a voz meio triste.

— O que é? — os dois perguntaram quase simultaneamente.

— A marca e tipo do carro no qual eu sofri o acidente e que me deixou paralítica é a mesma com a qual estamos trabalhando. Mesmo modelo, merda! Não posso afirmar nada e nem estou acusando... Eu não havia contado isso, meninos... É difícil contar. — Kátia teve dificuldades ao falar, claramente se esforçou para contar.

— Que droga! Agora ficou pessoal o assunto. Vamos descobrir o que o filho da puta do cracker fez. Banzai! — observou Hugo, sabendo quebrar o gelo.

Felipe e Hugo abraçaram Kátia, e ela chorou. Chorou mesmo. Chorou porque conseguiu desabafar.

Agora era pessoal descobrir o que o hacker do mal havia feito. Era como se descobrir algo de verdade fosse uma questão de honra para os três. Era o fator-X batendo em suas veias

Todos ficaram em silêncio por algum tempo. Quando Felipe sentiu que poderia falar, optou por disparar uma frase *nerd* hoje não muito usada:

— E lá vamos nós![3]

— O quê? — Hugo perguntou estranhando.

É do desenho animado de *Hanna-Barbera* de 1966, "Os Impossíveis". Eram um trio de roqueiros que viravam super-heróis. São da *Hanna-Barbera*, que tem outros heróis ainda, como "Space Ghost", "Scooby-Doo" e outros — observou Felipe.

— Nossa, meninos! Essa é velha. Amei. Lá vamos nós! — Kátia falou animada.

Havia uma áurea boa naquele amálgama entre nossos três heróis. Um inexorável amálgama que era evidente de se ver. Nossos heróis realmente tinham se encontrado como equipe. O jogo da urgência precisava ser jogado, e agora eles sabiam disso.

---

[3] Famosa frase dita no desenho animado "Os Impossíveis" quando o trio de super-heróis começava a ação.

Capítulo 7:
CONEXÃO MENTAL

"Assim que tiver eliminado o impossível, o que restar, mesmo que improvável, deve ser verdade."

Mr. Spock, personagem icônico de Jornada nas Estrelas

• • • • • • • • • •

Haviam parado em uma "parede". Logo na segunda-feira após um ótimo fim de semana, onde eles já haviam tentado de tudo naquele dia, nada até ali parecia funcionar. O "tudo" parecia não ter limites, a não ser a honestidade de cada um e suas ideias.

— Código, código, conte-me tudo e não me esconda nada. Cadê você? — Hugo programava, ou melhor, fuçava o código em busca de algo entranho.

— Amor da minha "outra" vida... Já te falei que não é assim que se trata o código. — Kátia sempre brincava com Hugo.

— O líder do Esquadrão Suicida informa a sua equipe: o Sr. Abreu está cobrando uma posição por e-mail. É melhor termos uma reunião com ele rapidinha em alguns minutos logo pela manhã. Nada de burocracia nessa hora. — Felipe alertou a todos, que trabalhavam ao seu redor, que a reunião seria em uma sala de reunião cedida, onde naquele momento eles estavam. Às vezes eles trabalhavam em uma baia qualquer. Quando queriam privacidade, iam para alguma sala isolada, como agora. Tudo dependia do momento.

— Acho melhor nos prepararmos agora. O papo vai ser aqui mesmo? — Hugo sabia que sim, mas queria confirmar.

— Eu já propus que fosse aqui. Tem algum detalhe que precisamos combinar antes para não bater de frente? — Felipe estava sério.

— Eu já tenho vários detalhes e duvido que vocês concordem, então não vou discutir agora. Lá vai um megarresumo: antes vamos ter que mexer nos *firewalls* e aprimorar a segurança do que estamos fazendo. A certeza que tenho é que, desde que começamos o trabalho, tem alguém criando mais problemas ou sabotando o nosso trabalho. O filho da puta deve ter continuado a invadir o mesmo ambiente. — Kátia sabia o que falava. Ele deveria ser, na prática, um *craker*, ou *hacker* do mal, iniciante. "Estava evidente", foi o que ela pensou.

— Bem que eu saquei que tem algo estranho com o código que ando investigando — observou Hugo, que tinha uma espécie de sexto sentido.

— Concordo com todos. Parece que estamos sendo vigiados pelo ladrão. — Felipe fazia uma cara de sério e de raiva ao mesmo tempo. Ele era assim nesses momentos.

Eles ficaram silenciosos naquele momento. Arrumaram um pouco a mesa para parecer menos bagunçada e prepararam outra parte da mesa (que era retangular e muito comprida) para o Sr Abreu, que era o usuário-chefe.

■ ■ ■

— O que vocês estão me dizendo é que o hacker deve estar ainda por aqui, invadindo a empresa e bagunçando o código? A situação é pior do que eu imaginava... São todas essas recomendações e problemas, escritos aqui nesse relatório detalhado? O que você acha, Júnior? — o Sr. Abreu questionou abismado. De forma antecipada, ele trouxe seu assistente e especialista em Banco de Dados para apoiá-lo. A conversa estava tensa e não tinha como negar.

— Olha Abreu, Sr. Abreu, eles estão certos. Vamos fazer o que eles falam antes de escalar o problema e poderemos descobrir o que o cracker, o filho da mãe, anda fazendo. É como se parássemos um sangramento para depois tratar a ferida em si. A situação está ficando difícil. — Júnior falava com tranquilidade.

— Está bem! Vamos seguir as orientações de vocês. O hacker deve ter usado talvez um programa *Exploit*... — dizia o Sr. Abreu quando foi interrompido:

— Desculpe, mas um *Exploit* é um programa malicioso que explora a vulnerabilidade do computador. Por isso o problema — observou Júnior, deixando o Sr. Abreu continuar em seguida.

— Certo. Continuando. E temos de colocar um IDS nos computadores onde fica o código. Estou certo? — Sr. Abreu perguntou olhando para Felipe, quando foi interrompido novamente pelo Júnior.

— Sim. Um IDS é um programa para detectar atividades não autorizadas no computador. É necessário todos entenderem os mesmos termos. Por mais que ache que não precise... — Júnior falou isso porque quem de fato parecia não saber era o Sr. Abreu, pois muitas vezes ele usava termos técnicos que desconhecia. — E temos que agitar isso logo antes que o *cracker* sequestre algo de fato e peça um resgate bloqueando algo usando um programa do tipo *Ransomware* — Júnior completou de forma sincera, pois algo assim é perigoso demais.

— E tem mais: ele deve ter usado uma *Trap Door*, o que é bem possível. Uma *Trap Door* é uma falha, ou uma "porta", escondida no meio do código para obter acesso futuro ao sistema, e isso é muito comum porque muitos dos *crackers* são ex-funcionários (ou alguém ligado a um ex-funcionário) que, quando são demitidos, querem se vingar. Temos aí um perfil, senhores, ou pelo menos uma possibilidade — Kátia falou com uma autoridade "técnica" e com uma firmeza. Estava confiante.

— Desculpe, mas eu não sabia... Desculpe... Eu pensei que a consultoria, a empresa de vocês, estava enrolando... A senhorita é muito boa. — Sr. Abreu foi sincero. Dava pra ver em seus olhos.

— Só porque sou cadeirante? Desculpa a sinceridade, mas só porque sou do sexo feminino? Já é difícil na nossa área por conta do preconceito. Eu não sou feminista e nem levanto bandeiras. Quanto mais sendo cadeirante... Está perdoado se me chamar de "Mulher-Maravilha". Ah! Ah! Ah! Estou brincando... A nossa empresa só mandou uma "menina maluquinha". Eu sou *hacker* e analista de testes, mas não uma *craker*. Por isso estou aqui. Afinal, um *hacker* é especialista em informática com várias habilidades — Kátia respondeu com muito bom humor.

— Sr. Abreu, a equipe enviada, nós três, foi escolhida a dedo sem preconceitos. Peço que acredite na gente. Eu sei que o senhor tem sofrido uma enorme pressão. Não demore no que vou lhe pedir. Preciso ver a lista dos funcionários demitidos, com o senhor ou com o Júnior, e que se demitiram de um ano para cá — Felipe falou calmo.

— Vamos atualizar as máquinas do pessoal com as últimas atualizações do sistema operacional, e atualizar o *firewall* naquilo que puder. As pessoas pensam que o *firewall* serve só para enfeitar, mas é para aumentar a segurança no computador. É uma barreira útil. Literalmente, uma "parede de fogo". Reconheço que a rotina de atualização anda meio atrasada e é apenas mensal e em apenas algumas máquinas. Pelo que entendi, vocês precisam criar uma armadilha para enganar o *hacker*, ou melhor, o *cracker*. O pessoal de suporte a rede de computadores tem de criar uma espécie de *Honeypot*. É isso mesmo? — perguntava de forma humilde o Sr. Abreu a todos.

— Isso mesmo, Abreu, eu entendo isso. O *Honeypot* é uma máquina, ou mais de uma, colocada de tal forma que coleta informações de quem a invadiu e de onde invadiu. É uma "máquina armadilha". Ela parece uma máquina real para quem a vê de fora, mas não é. Mas isso vai levar uma semana. Ainda tem o custo em si da máquina alocada — observou Júnior, que adorava interromper o Sr. Abreu sempre que podia.

— Acho viável, pois de certa forma aumentará a segurança interna. Estávamos errando nesse ponto há meses. Concordo. Eu não sou o gerente de desenvolvimento. Eu agrego várias áreas de TI aqui. — O Sr. Abreu falava com convicção.

— Obrigado por tudo, Sr. Abreu. Vamos adiantar ao máximo, mas é como andar em um carro sem estepe. O senhor precisa estar consciente — falou Felipe ao Sr. Abreu ao mesmo tempo em que agradecia apertando a sua mão, pois estava sentado bem próximo a ele. Educação é importante sempre em todo lugar.

— Vamos fazer o máximo. — O Sr Abreu respondeu também agradecendo da mesma forma com um outro aperto de mão. Depois ele se levantou e saiu da sala. Ele não perdia tempo. Era prático e objetivo.

■■■

Pode parecer loucura, mas toda empresa estava empenhada por conta de tudo que estava acontecendo. Já na sexta-feira pela manhã, tudo o que havia sido conversado na segunda-feira já estava providenciado. A área de suporte providencia tudo quando o Sr. Abreu determina, e de forma rápida. Era uma necessidade real e urgente. O gerente de suporte, que era pouco exigido diariamente, precisou estar a par de tudo em detalhes (quando era algo urgente, ele agia diretamente supervisionando a necessidade) e acabou acrescentando várias outras ideias, incluindo coisas que o próprio pessoal de suporte já havia pedido há tempos e a empresa não havia dado andamento por "priorizar outras coisas". Era uma simples desculpa para não dizer "falta de verba", ao invés de "priorizar". Quando não é urgente, sempre fica para depois, mas o "depois" pode custar caro. Como sempre, são desculpas corporativas péssimas que também os cidadãos escutam do lado de fora da empresa.

Mas Felipe tinha um último trabalho: listar os funcionários pedidos com o pessoal de RH e o Júnior, e conversar sobre os selecionados. Também a gerente do RH tinha de estar consciente de tudo. Mais um que agora sabe, pois o gerente de RH teve de participar diretamente de tudo. Eles três sentaram em uma sala isolada e foram selecionando e analisando os perfis um a um.

Havia cerca de 200 funcionários que se enquadravam nesse perfil. Mais da metade foi eliminado porque não era de TI, ou não apresentavam habilidades com tecnologia em seu currículo. Foram quase 60% eliminados, na realidade.

Do que sobrou, mais 24% foi também excluído porque eram usuários, e não programadores, analistas de testes ou analistas de suporte. Eram, na verdade, usuários de informática sem muito conhecimento técnico. Sobraram ainda 34. Então se optou por excluir aqueles que alegaram mudança de emprego, no caso para melhor, segundo eles próprios. Vinte e dois foram eliminados e daí somente sobraram 12. Chegou-se a 12 possíveis suspeitos.

Desses 12, 10 foram demitidos ou se demitiram porque brigaram (ou saíram insatisfeitos da empresa), e apenas 2 saíram sem dar explicações.

Esses 12 perfis precisavam de uma investigação detalhada. Algum deles poderia ser o *cracker* que estava prejudicando a empresa. Era um bom palpite.

Nem sempre esse é um caminho lógico, mas era necessário entender o perfil de cada um. Pediu-se um resumo dos dados e do perfil desses 12 profissionais, incluindo área de trabalho, qualificações e habilidades segundo o próprio setor de RH. Tudo foi enviado para Felipe através de um e-mail interno que foi criado para utilização na empresa. Esse era um trabalho de investigação. Poderia não dar em nada, mas daria no mínimo alguma visão dos problemas internos que motivaram o ataque. Talvez se pudesse ver alguma fragilidade evidente ou algum problema relacionado. Às vezes o ataque de um *cracker* pode ser motivado por roubo ou por pura vingança. Raramente, ou quase nunca, por justiça. Vivemos tempos modernos, e não tempos de "capa e espada".

Esse era um dos "poderes" do Felipe, ou uma de suas qualidades. Ele era detalhista ao extremo quando precisava ser. Sempre ficava atento aos detalhes, isso inclui até aquelas coisas que não notamos. Era seu sexto sentido falando mais alto.

■■■

Na sexta-feira ainda, Hugo fez uma descoberta "clara", mas nem um tanto óbvia. Programação era sua praia. Fuçou tanto o código, que descobriu uma *Trap Door* dentro do código que rodava no servidor, que por sua vez suportava diversas ferramentas de desenvolvimento. Era uma *Trap Door* clara. Era um arquivo do tipo ".DLL" que chamava um "serviço" (ou uma ação específica e parcialmente escondida). Aí tudo ficou mais claro quando ele percebeu o fato. Observou tudo ao analisar a ".DLL" sendo carregada e suas ações. Mas existiam outros arquivos que poderiam estar corrompidos pelo *hacker* do mal. Esse arquivo era um deles.

Era um "caminho de rato", por assim dizer, e com tantos detalhes, que para explicar teríamos de ficar aqui dois dias e mais meio livro falando. Não daria tempo para contar essa saga tecnológica de *nerds* e *geeks* por fim. Mas estava lá!

Não dava para descrever em detalhes o que Hugo percebeu. Afinal, indicava que o arquivo tinha sido alterado há pouco tempo. A data constava de uma semana atrás. Parecia que o *cracker* penetrava como queria na empresa. Parecia estar brincando de gato e rato. Será?

Depois de ficar eufórico e explicar por quase meia hora para Felipe e Kátia, que observavam atentamente o que ele falava, Hugo completou, por fim, de forma eufórica:

— Meu Deus! O cara era bom, mas nem tanto. Deixou pequenos furos, ou fez isso de propósito!

— Então o arquivo foi alterado há uma semana. Começamos aqui há cerca de duas semanas o grosso do serviço, e essa é nossa terceira. Ou o cara está aqui ainda e ataca à noite, ou já saiu da empresa e ataca de fora, que é o mais provável. Pode saber de nós ou não, ou ainda ter amigos por aqui que contam as coisas. É bem provável também. Ele parece que foi descuidado, ou fez isso de propósito, como você constatou. Deveria estar nervoso e com pressa para tentar encobrir os rastros mais grosseiros. Por isso você descobriu ao pesquisar em detalhe. É uma hipótese — Kátia concluiu imediatamente.

Parecia que haviam passado meses tentando descobrir algo do invasor, dado tudo o que concluíram, mas não foi isso. Agora estavam começando a descobrir pistas de verdade.

Será?

■■■

Tempo é cruel quando você está com pressa. Muito cruel.

Eles resolveram fazer uma reunião às pressas com o Sr. Abreu ainda na sexta-feira.

O tempo parecia correr ainda mais, e optaram por não enviar e-mail para o Sr. Abreu.

Eles avisaram o Júnior, que logo em seguida arrastou o Sr. Abreu para uma sala com todos.

Todos se sentaram na sala de reunião com as portas fechadas, literalmente. Menos Kátia, que se acomodou da melhor maneira na sala. Como cadeirante, ela tinha de ter habilidade com sua cadeira de rodas. Optaram por trancar a porta para não serem interrompidos. Abreu e Júnior pareciam assustados.

O computador do Sr. Abreu se conectava automaticamente ao roteador dentro de alguma sala assim que ele entrava, pois isso lhe dava acesso e controle ao equipamento para transmissão de vídeos no telão, que era o *datashow*. "Tudo tem de ter conexão *wi-fi*", como o Sr. Abreu havia exigido há tempos. Ele não tinha paciência para conectar e desconectar cabos.

Logo que Sr. Abreu entrou na sala, o datashow foi acionado e ficou transmitindo a imagem que aparecia em seu laptop. No caso, era um protetor de tela com a imagem de um grande "smile" (ou "sorriso" em tradução livre, que era um desenho simples de uma cara redonda e amarela sorrindo) e com a mensagem irônica: "Não mexa aqui, vaza".

No laptop do Sr. Abreu havia conexões "inteligentes" com vários objetos ou aparelhos na empresa. Era a *IoT*, ou "Internet of Things" ou "Internet das Coisas", que havia chegado à empresa como um todo. Eram conexões entre aparelhos quaisquer e a internet. Tudo estava conectado literalmente. Interruptores, geladeiras e milhares de outros objetos. Mas tudo tem sua vantagem e desvantagem, afinal, toda tecnologia cobra seu preço em algum momento.

Felipe foi o primeiro a falar.

— O hacker tem se infiltrado ainda nos sistemas. Fez isso semana passada — Felipe alertou com olhar preocupado.

— O que está falando é sério? — Sr. Abreu se indignou.

— Ele pode ter implantado várias coisas na empresa ou ter acessado de vários locais. Pode brincar conosco a qualquer momento ou danificar o que desejar.

De repente, as luzes se apagaram.

A sala ficou escura.

— Gente... Deve ser pico de luz, aconteceu alguma coisa. — Kátia não gostava de escuridão.

— Os geradores de emergência de energia devem se ligar a qualquer momento. — Júnior sabia o que era aquilo porque já havia acontecido várias vezes na empresa. Ou pelo menos pensava que sabia.

Mas não era falta de luz. Por de baixo da porta dava para ver que havia luz.

A luz do datashow se ligou sozinha, e lá apareceu uma imagem do smile estilizado que fazia lembrar agora o sorriso do Coringa, inimigo do Batman.

Uma risada ecoou do som que saiu do laptop do Sr. Abreu.

— Ah! Ah! Ah! Ah! Ah! — Era uma risada com som dada por alguém que não estava ali e não se podia ver, mas que todos ouviram. A risada era rouca. Era macabra.

Em seguida, apareceu escrito no datashow, abaixo da imagem do smile modificado:

Jeremias 16:17

Tudo levou cerca de dez segundos. Todos ficaram em silêncio naquele momento.

De repente, as luzes se ligaram sozinhas e todos se entreolharam chocados.

— A reunião acabou! Na segunda-feira após o almoço nos reuniremos de novo. Não tenho condição nenhuma depois de tudo isso. — Sr. Abreu ficou traumatizado. Ele tinha vários traumas que eram pouco conhecidos. Ele teve medo ali. Muito medo.

Aquele fato modificou tudo. A ameaça era real. Muito real. Mas Sr. Abreu estava encarando de frente aquele mal. A situação estava começando a sair do controle. Precisa pensar e se acalmar.

Kátia, Hugo e Felipe ficaram meio que paralisados após o Sr. Abreu e Júnior saírem da sala às pressas. Tudo era como um balde de água fria. Um choque térmico na mente. Era um tapa na cara virtual.

Eles estavam um passo atrás. Precisavam estar um passo à frente, mas parecia impossível. Algo bobo, como uma mensagem enigmática, pode ser tão impactante, que parece que estão lidando com algum supervilão. Pelo menos acreditavam que não era um supervilão. Por outro lado, nenhum deles tinha poderes de super-heróis. Mas o Batman também não tinha poderes e era um super-herói. Ele era um detetive, e esse parecia ser o caminho.

— Galera, a merda foi lançada no ventilador. A bosta veio à tona. Quando a guerra chega até você, é impossível prever. Esse filho da puta desgraçado é muito bom. Temos de descobrir quem ele é e o que quer. — Felipe falou tudo em um tom sério, quase hipnótico, que fica difícil não prestar atenção.

— Que tal começarmos pela mensagem, chefe supremo? — perguntou Kátia com certa ingenuidade.

— Finalmente estamos pensando juntos — Hugo falou entusiasmado.

"Jeremias 16:17" parecia ser algo da Bíblia. Hugo tratou de pegar emprestado uma Bíblia, saindo e voltando da sala bem rápido, que vira ao lado da secretária do andar, que indicava ser uma católica original.

Era um exemplar da "Bíblia Sagrada de Aparecida", impressa em cidade de Aparecida do Norte, mas era uma Bíblia e poderia ajudar muito. Estava na parte dos "Livros Proféticos", em "Jeremias". Era a profecia de um louco?

Estava escrito na página do capítulo 16, versículo 17: "porque meus olhos observam todos os seus caminhos, que não podem ficar escondidos diante de mim; nem se pode ocultar sua iniquidade diante de meus olhos".

Hugo leu tudo em voz alta e todos perceberam o óbvio: ele os via o tempo todo, o dia inteiro. Ele sabia o que fazia e estava brincando com eles. Kátia observou:

— O que é "iniquidade"?

— Significa pecado ou injustiça, ou comportamento imoral. Mas na Bíblia quer dizer falta de respeito às leis de Deus. Acreditem ou não, ouvi esse termo uma vez quando um padre falou numa missa. Perguntei para minha mãe e ela me mandou procurar no dicionário o significado. Isso quer dizer que ele acha que alguém cometeu um pecado ou uma injustiça. Por outro lado, reforça a ideia de um ex-funcionário da empresa.

— O cara pode ser um fanático religioso que acredita estar fazendo justiça em nome de Deus. — Kátia soube observar esse pequeno detalhe.

Será? O cracker fez uma nova jogada. O jogo mudou, *Caro Leitor*. O jogo está vivo e agora ficou mais misterioso ainda.

Resolveram almoçar. Pensar de barriga vazia é ruim. O próprio almoço ajudaria a relaxarem. Estavam todos tensos.

■■■

Felipe tinha 12 perfis que precisava analisar. Ele tinha de começar logo. O maluco do *hacker* havia deixado uma mensagem de que os estava observando. Era claro. Óbvio. O perigo era evidente.

Depois do incidente, todos tinham de manter a calma. Pensar logicamente.

Cada um aproveitou o fim do dia para continuar o que poderia fazer, e depois discutiriam os três entre si. Eles optaram por sair da sala e ficar em suas baias. O que eles estranharam era que dois desenvolvedores estavam em duas baias perto deles, trabalhando. Um era o Marcelo e o outro era o Magno. A dupla carinhosamente era chamada por alguns de "dupla MM", como eles mesmo ouviram, em referência a um doce conhecido. O Magno vire e mexe estava sempre perto deles concentrado e, às vezes, com um fone de ouvido escutando rock, como ele mesmo confessou para alguns colegas. O Marcelo estava sempre sem fone de ouvido, porém estava sempre concentrado e trabalhava de forma silenciosa. Os dois eram sempre requisitados.

Depois de algum tempo trabalhando, Kátia Rosanna preferiu ir ao banheiro. Tinha alguma dificuldade para fazer "suas necessidades", afinal, era cadeirante, mas sorte que a empresa estava preparada para deficientes como ela.

Hugo continuou analisando o código de vários programas e tentava fazer uma engenharia reversa, que era como descobrir o "possível" código a partir do arquivo binário. Dependendo do programa original, era possível fazer isso. Era como construir uma "planta de um prédio a partir dos escombros do mesmo prédio em ruínas". Difícil, mas não impossível.

Enquanto isso, Felipe ficou na sua baia quieto lendo os perfis, minicurrículos e tudo que pode recolher de informação de cada um dos 12 possíveis *crackers*.

Felipe optou por dar uma "analisada" geral e colocar tudo em uma planilha de informações. Era mais fácil para tentar achar alguma lógica no meio do caos.

Dos 12 perfis, quatro foram descartados ao pesquisar na internet, ou na rede social *Linkedin* (rede social com foco para contatos profissionais e emprego) ou no Facebook (rede social famosa em que muitos eram cadastrados). Essas pessoas já estavam em outro país trabalhando. No fundo, indicava que estavam procurando uma desculpa para serem demitidos. Um foi para o Canadá, outro, para os EUA, e dois foram para Portugal. No caso de Portugal é particular: é um mercado emergente de tecnologia para muitos brasileiros. A crise aqui acabou levando muitos brasileiros a irem para outros países.

Sobraram oito. Desses, dois mudaram de ramo e saíram de TI. Um pelo jeito gostava de cozinhar e abriu um pequeno restaurante. O outro virou músico e foi tocar em barzinho. Cada um é cada um.

Como ele descobriu isso tudo? Na verdade, foi tudo isso e um pouco mais usando o "poder do Google", onde se pode descobrir muito. Somente aqueles que não estão nas redes sociais (ou que pouco postavam) é de quem pouco ou nada se pode saber. Aquela velha nova frase "se não estou no Facebook, não existo" aqui é valida. Era uma estratégia de investigação.

Foram de duas a três horas correndo contra o tempo. Filtrou metade dos perfis selecionados, sobrando ao fim apenas seis.

Ele cansou, literalmente.

Somente havia um remédio para os três: comer uma pizza e passar na "Yellow Games". Jogar *magic*, perambular pela loja cheia de gibis e *action figures* (ou bonequinhos com figuras de personagens de jogos ou super-heróis) ou ainda, quem sabe, ver um *board game* que possa estar sendo jogado. Jogos de tabuleiro, ou *board games*, que fascinavam por demais Felipe. Esses jogos em geral tinham histórias variadas, mas tinham regras simples e claras com um objetivo. Alguns se baseavam em aventuras ou histórias de heróis. O objetivo desses era cumprir alguma aventura clara.

Felipe resolveu convocar a "tropa de elite dos doidos", como pensou, e ir para a loja. Todos toparam, pois já era o fim do dia. Parecia que iriam para o paraíso. Poucos entendiam que estar numa loja *nerd* era como estar num local onde a criatividade, a imaginação e o entretenimento tomavam conta de quem estava ali. Ser *nerd* e ir para um lugar desses era como parar no tempo e tomar um "café mental" de divertimento.

— Porra, já era hora, *hasta la vista*, problemas! — Hugo bradou após Felipe chamar ele e Kátia para irem. Bateram uma *selfie* simples, com os três juntos, e postaram no Facebook. Kátia adorava bater *selfies* e postá-las.

■■■

Era quase uma imagem de quadro. Burburinho e felicidade eram as únicas coisas naquele momento.

Poder-se-ia tirar uma foto. Não poderia... Era uma obra de arte aquele momento.

Mais de 15 pessoas na loja. Vamos colocar na melhor das expressões: parecia um quadro de *Renoir*, famoso pintor francês. Fazia lembrar seu quadro "O baile no moulin de la Galette". A felicidade reinava junto a uma boa diversão.

A entrada na loja de Kátia, Hugo e Felipe era simples: era como adentrar em uma imagem de felicidade, mas era apenas uma loja. Era tanta energia boa e com as pessoas felizes naquele momento, que não tenho palavras para descrever tudo.

Duas pessoas compravam no balcão. Muitas outras pessoas jogavam, afinal, a loja possuía boas mesas de madeira confortáveis. Além do mais, *card games* era algo que precisava de espaço para as mesas. Um casal comprava camisetas no canto da loja, pois lá vendia um pouco de tudo. Outras pessoas escolhiam ou apenas folheavam algum gibi para saber se a história interessava. Havia um pouco de tudo naquele universo.

A felicidade dos três amigos, Kátia, Hugo e Felipe, ao entrar na loja era evidente. Hugo gostava de cumprimentar a todos os jogadores. Kátia se enfiou nos mangás, e Felipe tratou de se acomodar e tomar uma garrafa de água, depois de pedir no balcão. O papo de Felipe com o Sr. Eduardo era como se encontrasse um amigo.

Meu Deus, menos de uma hora depois que os três chegaram começou o FNM de *magic*. Era tradição na loja.

Pessoas entravam e saíam. Era como estar em um pedaço de paraíso *nerd*...

Mas para todo "sim" existe um "não". Para todo amor existe o ódio. Para todo *Yin* existe seu *Yang*. Para cada paraíso existe um inferno.

Já eram quase oito da noite quando duas pessoas entraram na loja, aparentavam ter entre 30 e 35 anos. Um estava de camisa preta, e outro de camisa azul. Tudo aconteceu rápido. Um foi para o balcão, e outro foi para o fundo da loja, onde os jogadores estavam disputando o FNM. Tudo ocorreu em menos de dois minutos.

— Quem é o Eduardo, dono da loja? — o primeiro "indivíduo", de camisa preta, perguntou.

— Sou eu, dono da loja, em que posso ajudá-lo? — Seu Eduardo era sempre educado.

— Todos deitados no chão! Agora! — o segundo, de camisa azul, que estava mais ao fundo da loja gritou.

— Levanta as mãos, Eduardo! — o "indivíduo" de camisa preta falou gritando em tom agressivo.

— Perdeu, mano! Perdeu! Isso é um assalto, porra! Levantem as mãos todos! — o assaltante de camisa azul gritava.

Eram assaltantes. Ambos mostravam revólveres calibre 38. Todos na loja ficaram chocados. Atônitos. Paralisados.

Os criminosos gritaram que iriam ver as mochilas. Estavam nervosos.

Eles saíram vasculhando o que cada um tinha nas mochilas, tal como: decks, fichários, *boosters* (pacotinhos com cartas aleatórias), *booster box* (caixa com lacrada com 36 *boosters*). Foram pegando coisas "caras" da loja que poderiam ser revendidas.

Eles gritaram, de novo, que só queriam "magic", mas levaram também várias *action figures* que estavam na loja e eram caras. Eles sabiam disso. O irônico é que não levaram celulares, mas levaram algum dinheiro do caixa.

Colocaram tudo o que pegaram em duas mochilas bem grandes que levaram e uma bolsa de mão que estava em uma das mochilas.

— Porra, se alguém abrir a boca, leva chumbo! — Gritaram isso várias vezes.

Em três minutos, o quadro de *Renoir* se tornou como no famoso quadro de *Edvard Munch*, "O Grito". O sim virou não. A noite havia acabado. Era uma cena de terror real. Era a violência gritando.

Mas não havia acabado.

O assaltante de camisa azul gritou:

— Quem é o Felipe, o metido a "fodão"?

— E-e-eu — Felipe falou meio que nervoso e inseguro.

— Levanta as duas mãos, porra! — O assaltante falava com raiva.

Felipe levantou as duas mãos, e imediatamente o assaltante pegou um bilhete impresso que estava guardado numa das mochilas e que já estava preparado com um pedaço de fita crepe atrás. O assaltante colou o bilhete em seu peito, com relativa força, e depois falou:

— Vai te foder, zé mané!

Depois os dois assaltantes saíram acelerados, ou a passos largos, mas não correndo, porta afora. Nada podia detê-los. Tinha um carro quase na porta da galeria esperando por eles. Era um *Fiat Uno* azul metálico. Saíram discretamente da galeria. O segurança da galeria nem notou, pois estava lendo jornal e comendo algo ao mesmo tempo.

Depois de cinco minutos que os ladrões saíram é que o segurança da galeria foi avisado. O medo havia paralisado a todos por quase cinco minutos. Era puro medo.

Olhe bem, *Caro Leitor*, infelizmente é cruel a realidade da violência. Mesmo no ambiente *nerd* não podemos evitar. Assalto em loja *nerd* não é coisa comum e nunca foi, mas já aconteceu e pode acontecer em qualquer uma. Mas essa não era loja de rua, era sim uma loja que ficava dentro de uma pequena galeria. Mas esse caso não era comum. Era como um assalto encomendado. Os assaltantes pegaram coisas específicas.

A merda foi jogada no ventilador de todos naquela noite.

O que estava escrito no bilhete colocado em Felipe?

Jeremias 16:17

Colossenses 3:25

Ao ver o cartaz, Felipe concluiu que o *hacker* do mal sabia o que eles faziam e aonde iam. Poderia ironicamente matá-los a qualquer momento, se assim o desejasse, ou não.

Ele poderia estar brincando com as suas vidas, ou não. Ele desejava vingança e justiça com certeza. Isso foi uma atitude drástica dele. O jogo estava talvez em uma nova fase. Jogos vorazes talvez. Toda atenção agora era necessária.

■■■

Na realidade, depois que os assaltantes saíram, o Sr. Eduardo esperou por cinco minutos e chamou o segurança do pequeno centro comercial, que em seguida chamou a polícia. A noite tinha sido péssima.

— Pessoal, eu vou tentar minimizar o prejuízo de todos, somente peço compreensão. Não tenho culpa do assalto. Estou no limite financeiro. O que sei é que semana passada outra loja *nerd* havia sido assaltada e pelo jeito eram os mesmos assaltantes, pelo que desconfio. — Sr. Eduardo foi sincero.

— Galera, seria sacanagem o Sr. Eduardo pagar tudo de todos. Ele não tem culpa. — Kátia era sempre sincera.

Nem todos na hora concordaram, mas perceberam que ela estava certa. Foram embora e cada um levou um booster de brinde, de edições aleatórias que haviam sobrado na loja, e o FNM foi de graça. Ninguém havia pago ainda. Sorte que somente havia jogadores de *magic* na loja. Os outros clientes, salvo Felipe, Hugo e Kátia, foram embora momentos antes do assalto. Deram muita sorte.

Sr. Eduardo estava nervoso. Nunca havia passado por isso. Ele tinha problema de pressão alta, como já havia confessado.

Mas Felipe, Hugo e Kátia não foram embora. Ficaram tentando ajudá-lo e acalmá-lo. Era o mínimo que podiam fazer.

Um dos assistentes do Sr. Eduardo era uma "menina" (que não tinha nada de menina, pois já tinha quase 30 anos de idade) que tinha um piercing no nariz. Era simpática e muito maluca. Usava um cabelo tingido de verde. Eduarda, ou "Dudá" (isso mesmo, com acento agudo na letra "a"), era multitarefa. Competente. Mas aquela noite, estava chocada.

— Sr. Eduardo, se acalme. Deus tem mais para nos dar que o Diabo nos tirar. Tenha calma. Dudá, arruma um copo d'água, por favor. Senta aqui e vamos conversar. Olha a pressão... — Felipe sempre era o mais centrado.

O Sr. Eduardo tomou a água. Ele começou a falar:

— Meu Deus, o prejuízo foi enorme! Eu estava no limite financeiro! Filhos da puta. Levaram as cartas de todo mundo. Meu Deus!

— Se acalme. Pensa assim. Seus três mosqueteiros aqui vão fazer um rateio e tentar te ajudar. Quando der, o Sr. libera um FNM aqui, um gibi ali, uma água outro dia, e assim vai. Pensa assim: é um adiantamento em longo prazo. Eu mesmo vou lhe dar algum dinheiro que ainda tenho, e a galera aqui vai fazer o mesmo. — Felipe sempre tomava a iniciativa. Ele andava com muito dinheiro escondido em um falso bolso de sua calça. Fazia isso por precaução sempre que viajava.

— Isso mesmo, a gente vai ajudar o senhor. Fique tranquilo — Kátia falou com emoção que parecia saltar o coração da boca.

— Eu me comprometo a ajudar o seu sistema aqui da loja, sem contar o que o Felipe já falou. — Hugo sempre opta por olhar adiante.

— E mais: vamos contatar os outros lojistas de *magic* ou gibiterias da área e explicar seu caso para tentar lhe ajudar. Vamos pelo menos em duas lojas amanhã ou depois e ver o que podemos fazer. Nesse momento os lojistas já devem saber. Pela *web* a fofoca corre solta — Felipe falou com sabedoria.

Nesse momento, o fator-X, segundo a literatura "mutante" do X-Men (grupo de heróis mutantes da Marvel), parecia saltar de cada um dos três. Parecia haver uma conexão mental e única. Todos os três conseguiram acalmar o Sr. Eduardo e Dudá.

— Deixa eu procurar na web o que quer dizer "Colossenses 3:25" — observou Hugo.

— Não precisa. Esse pedaço da Bíblia eu sei de cabeça. Sou católico e tenho por hábito ler a Bíblia. Fala sobre vingança e quer dizer: "Quem cometer injustiça receberá de volta injustiça, e não haverá exceção para ninguém". Por que ele colocou o cartaz eu seu peito, Felipe? — Sr. Eduardo falou com espanto.

— Vamos te explicar detalhe por detalhe, mas pedimos segredo. Pedimos que Dudá não escute.

Depois que Dudá foi embora, eles explicaram tudo. O Sr. Eduardo falou ao final:

— *Hacker* filho da puta... Então ele está metido nesse assalto.

Tinham certeza que o *craker* pensava que estava fazendo justiça, mas uma visão de uma "justiça torta" provavelmente. A "justiça" do *craker* não foi com as "próprias mãos". Será? Mas o assalto à loja não foi justiça. Foi injustiça.

Qual preço a se pagar? Nossos heróis tinham pela frente um desafio. O jogo do perigo estava em andamento.

Capítulo 8:
Superpoderes

> "A vida não nos dá um propósito, nós damos um propósito para a vida."
>
> Flash, personagem da DC Comics

● ● ● ● ● ● ● ● ● ● ●

Era sexta-feira e já tarde da noite. Muito tempo depois do assalto, a polícia chegou. O Sr. Eduardo teve de fechar a loja e ir para a delegacia mais próxima.

Os três heróis, Kátia, Hugo e Felipe, resolveram ir para algum lugar "beliscar", por mais que não estivessem com muita fome.

Tudo era muito complicado.

Decidiram, por fim, depois de muita dúvida, comer algo em um barzinho ali perto mesmo. Kátia teve um pouco de dificuldade ao atravessar a rua. Teve de pedir ajuda ao Hugo, que sempre a ajudava.

O barzinho fica em uma esquina perto da loja. Estava literalmente lotado.

O mais estranho é que, durante o curto trajeto até lá, passaram por algumas lojas. Uma delas vendia brinquedos. Lembraram-se logo de um personagem de terror e também icônico do cinema.

— O nosso hacker parece um "Chucky". Nunca morre, o safado. Quando pensamos que ele nos dá uma pausa, ele reencarna e vem e nos fode de novo. Desgraçado. — Kátia parecia ser a mais sincera ao se lembrar do personagem principal do filme "Brinquedo Assassino".

Kátia nunca foi muito vaidosa. Era do tipo de pouca maquiagem e ir à luta. Mas aquela situação, "nem um dia em um SPA resolveria", como sua mãe dizia. Ela estava irritada com o ataque do cracker.

— Você falou algo que faz sentido. Parece que ele está sempre nos monitorando, o tempo todo e o dia inteiro. Algo tecnicamente impossível, pois o cara tem de dormir pelo menos. — Hugo sempre questionava.

— Isso pode ser verdade até certo ponto, pois nunca vi um ser humano não passar por ódio, raiva ou algo semelhante. Se ele deseja vingança, é um ser humano. Senão, ele é o que? Um ET? — Kátia sempre foi questionadora e esse era o jeito dela falar.

Felipe estava meio calado durante o trajeto. Talvez fosse o choque.

Chegaram ao barzinho e trataram de pedir algo para "beliscar".

■ ■ ■

O barzinho era de música ao vivo, porém, menos de uma hora depois que eles chegaram, o "show" terminou. Era uma pena, pois estava ajudando a acalmar todos.

Cerca de meia hora depois que chegaram, todos os celulares das pessoas ao redor deles começaram a tocar musicas aleatórias de forma alta, como se estivessem falando sozinhos e estivessem gritando algo entre si.

Logo depois, uma jovem que vendia rosas apareceu e gritava:

— Flores, olha o amor chegando. Recebo encomendas pela internet. Entrego onde o amor for nascer. Olha o amor em flores! Comprem flores!

Os três olharam e riram.

De repente, a jovem que vendia flores se virou e perguntou:

— A senhora é Dona Kátia Rosanna com dois "n"?

— Sim, sou eu... Por quê? — Kátia respondeu preocupada.

— Me fizeram uma encomenda e me pediram para entregar essa rosa para a senhora, com um bilhete que transcrevi a mensagem para o cartão. Uma das rosas mais caras que vendo. Pagaram com cartão de crédito tem cerca de meia hora. Tenho anúncio no *Facebook* e no *Twitter*. São as "Flores da Amélia". Minha mãe se chama Amélia e cultiva flores, e eu as vendo. Me chamo Lucia, prazer. — A jovem falava com uma simplicidade e educação, mas com muito carinho.

Lucia entregou a flor com o cartão e foi embora.

Kátia, que era uma romântica moderna, ficou emocionada com as flores. Soltou uma lágrima. Lembrou-se do namorado falecido que uma vez a surpreendeu com flores. Não podia deixar de se emocionar depois do ocorrido hoje. Ela era assim.

Ela abriu o bilhete e leu.

Jeremias 16:17

Colossenses 3:25

Coríntios 13:4-10

Ela não sabia o que era, mas o filho da puta do *hacker* tem coração? Pelo menos mandou uma flor, pensou Kátia.

■ ■ ■

Depois de mais de meia hora, conseguiram acalmar Kátia. Era um misto de raiva, saudade e medo. E então Felipe foi online e resolveu pesquisar essa nova informação na internet, mas amanhã, com certeza, ele iria comprar uma Bíblia. Talvez fosse uma iluminação divina.

O que viu como resultado de sua pesquisa para o novo versículo na charada foi:

4 O amor é paciente; o amor presta serviço; o amor é sem inveja; amor não se vangloria, nem se incha de orgulho.

5 Não age com baixeza, não é interesseiro; não se irrita, não leva em conta o mal recebido.

6 Não se alegra com a injustiça, mas se compraz com a verdade.

7 Tudo suporta, tudo crê, tudo espera, tudo vence.

8 O amor jamais se enfraquece; mas as profecias serão destruídas, o dom das línguas cessará e a ciência será destruída.

9 Pois nosso conhecimento é limitado e limitada é nossa profecia.

10 Mas quando vier o que é perfeito, será destruído o que é limitado.

Porra, o que ele quer dizer?

— O cara de pau do cracker tudo observa. Isso é fato. Redes sociais, notícias, compras com cartão de crédito. Tudo o que for tecnológico ele observa. O cara quer vingança ou justiça. Acha que está fazendo justiça. O cara tem sentimentos e tem paciência. É o que acho. Ele pelo jeito amava o que fazia e fazia com muita paixão. Quando a sua vingança se completar, ele vai foder com tudo o que puder. Ele tem respeito por você, Kátia, pois te mandou flores. Talvez ele não quisesse ter levado seu namorado à morte. Ou pode ser que ele esteja querendo nos confundir. Nem sempre é o que parece ser. — Felipe tentava analisar a situação de modo frio e calmo.

— Acho que o que tu falou faz sentido, mano — Hugo respondeu enquanto Kátia ficava calada.

— Temos de traçar uma estratégia. Primeira coisa é desligar nossos celulares. Ele pode estar nos monitorando por eles. — Felipe falava sério.

Todos desligaram os celulares e optaram por mudar de mesa, ficando em uma outra mais isolada e com menos movimento.

Eles traçaram, a partir daí, uma estratégia óbvia e simples. Evitar comentários dentro da empresa, e se assim precisassem, escreveriam pequenos bilhetes no banheiro e passariam para o outro no banheiro ou ao tomar um café. O café serviria como pretexto para entregar o bilhete. Conversariam fora da empresa, de preferência fora do expediente. Para isso, teriam que explicar ao Sr. Abreu fora empresa e combinar com ele. Teriam de contar tudo o que aconteceu. Comprariam também três celulares simples para poderem se comunicar. Seriam celulares que não fossem smartphones. Era para ligar, o que dificultaria a estratégia do hacker. Tudo seria debitado na conta de empresa e depois devidamente explicado. Mas eles mesmos também se questionaram se não estariam exagerando. O medo pode ser uma tática do *cracker*.

Combinaram de ir a algumas lojas de quadrinhos e *card games* nas redondezas para explicar o que aconteceu e ver se poderiam ajudar o Sr. Eduardo como haviam prometido. Só daria tempo de ir a uma ou duas lojas no sábado. Uma pela manhã e outra à tarde talvez.

Tinham de ir os três a essas lojas. Era moralmente o mais correto a ser feito. No domingo, pensariam em algo. E na segunda-feira, seria um novo dia.

O filho da puta estava encarando três pessoas determinadas. Muito determinadas.

Caro Leitor, mesmo sem superpoderes, eles tinham poderes. Como assim? Você entenderá.

Para todo Coringa existe um Batman. Você pode não ser um Batman, mas precisa ser um detetive às vezes. Aqui eles seriam um Batman da vida real. Para todo *cracker* existe um *anticracker*. Era necessário e óbvio descobrir a razão e a motivação do *hacker*. Eles não iriam desistir.

Era sábado de manhã e aproximadamente dez horas. Eles ficaram olhando do lado de fora como se estivessem admirando algo belo. Toda loja *nerd* era, no fundo, seu pequeno pedaço de paraíso. A loja "Cubo Mágico" era mais uma. O símbolo era o "Cubo de Rubik", também conhecido como "cubo mágico", um quebra-cabeças e símbolo do mundo *nerd*.

Nas redondezas da "Yellow Games", a loja "Cubo Mágico" tinha características próprias. Toda loja tinha. Mas era uma loja *nerd*, e isso não tinha como negar.

O seu dono era um jovem de 28 anos, pelo jeito muito organizado. Ele usava óculos e era um pouco "barrigudo", e, pelo que parecia, não estava muito alegre. Parecia muito preocupado. A loja não estava tão cheia, mas estava rolando um *board games* em uma mesa. Era um jogo de RPG, que é um jogo com alguém comandando uma aventura onde cada participante representava um personagem. Uma aventura de RPG poderia levar horas.

— Você é Daniel, dono do "Cubo Mágico"? Essa é Kátia, esse é o Hugo, e eu sou o Felipe. Podemos trocar uma ideia?

— Oi, tudo bem? O Sr. Eduardo me avisou pelo *WhatsApp* que vocês deveriam vir. Ele explicou por alto o que aconteceu. Nós, donos das lojas *card games*, temos todos os telefones um do outro. Segurança. Vivemos nos ajudando com pequenas coisas.

Eles se cumprimentaram.

— Me contem o que de fato aconteceu, em detalhes, por favor. — Daniel era muito educado.

Eles contaram tudo de forma mais clara e resumida possível, omitindo o detalhe do bilhete. Era algo que deveriam ter cuidado ao contar.

— Eu entendi. Aqui eu tenho um sócio, que gerencia a parte administrativa, e eu, o resto. Trocamos ideias e decidimos que vamos contratar um segurança, mesmo a loja sendo dentro do prédio comercial, precisamos ter cuidado. Mandei uma mensagem pelo *Facebook* e por email para todos os clientes cadastrados hoje cedo justificando a medida, dado o que aconteceu. E uma vez todos alertados, devemos ficar atentos. Dei orientação na portaria do prédio para avisar a polícia caso suspeitos assim entrassem no prédio. É a segunda loja assaltada em menos de 15 dias.

Daniel deu uma pausa na fala, e todos ali ficaram em silêncio. Menos a galera dos *board games*.

— O que posso ajudar em termos de curto prazo é deixar com ele uma caixa de *magic* a preço de custo, e depois ele me paga daqui a uns dois ou três meses. Avisei pelo *WhatsApp* que na segunda-feira eu mesmo levo lá na loja do Sr. Eduardo, talvez leve algo mais. Pouca gente sabe que a loja dele está lá há anos. Eu comecei nesse ramo jogando vários *card games* lá na loja dele. — E Daniel completou: — Sacanagem dos bandidos.

Deu uma pausa para beber um pouco de água. Eles somente escutavam.

— Pouca gente sabe que depois comecei a colecionar e vender cartas, como muitos fazem. Passei a vender em uma loja aqui no prédio que não existe mais. O cara dessa loja nem tinha um torneio de *magic* ou outra coisa, pois era uma loja quase falida. Quem arrumou pra ter o primeiro torneio lá foram dois malucos que encheram o saco do dono da loja até ele fazer um torneio. Um eu vejo pouco, pois o cara é discreto e pouco vem aqui, o Da Matta. O outro era um cara amigo meu que mora no Rio e que pouco vem aqui. Eu não sei como eles se conheceram, mas os dois malucos se uniram e fazem parte da era pré-histórica da loja... Ele conhece muita gente. Alexandre Coral.

— Mestre Coral, o homem do azul e do controle? — Hugo perguntou assim de surpresa.

— Sim, ele mesmo. Peraí, você conhece ele? — Daniel fez uma cara de espantado.

— Ficávamos jogando por horas e horas. Mestre Coral me ensinou muita coisa. Somos, no fundo, parceiros de longa data.

No *magic*, algumas cores representavam o que se poderia fazer. Decks baseados em geral em azul, por exemplo, eram decks que tinham como objetivo controlar o adversário e esgotar os seus recursos para depois ganhar o jogo. O exemplo oposto seriam decks baseados em vermelho, que tinha muitas "criaturas" de baixo custo de modo a ganhar o jogo rápido. Decks de controle e agressivos ou aggro decks estavam sempre em lado opostos. Existem cores que favorecem mais uma estratégia do que outra, mas existem decks agressivos com azul, por exemplo.

— Sim, ele mesmo. Peraí, você conhece ele? Maneiro... Bem, depois que a loja do cara fechou (já estava quase falindo), arrumei um sócio e abrimos a loja. E vamos expandir. Rumo ao infinito e além... — Ele riu.

Depois disso, ele resolveu mostrar a loja para os três. Pediu para sua assistente ficar ali no seu lugar por meia hora.

■■■

Loja *nerd* é tudo igual?

Não. Parece igual, mas não é. Uma vende mais gibis do que *board games* e *card games*. Outra foca mais em *card games* e só gibis. Outras focam mais em *board games*, livros *nerds* (de ficção científica ou de fantasia, como "O Senhor dos Anéis"), *action figures* e por aí vai. Muitas vendem camisetas e produtos *nerds*, como chaveiros, pôsteres e por aí vai. Até as livrarias famosas agora focam, no mundo *online* ou em lojas específicas ou em departamento, o público *nerd*.

Na loja "Cubo Mágico", o enfoque eram *card games*, *board games*, camisetas e alguma literatura *nerd*. Ele mostrava a loja com satisfação. O forte da loja eram *card games* e *board games*, com acessórios de todo tipo para jogar, tais como dados, tapetes (tapetes de borracha ou *playmats*) onde se jogava algum *card game*, blocos para anotar, *booster* de diversos *card games* para vender. Sem contar que a loja oferta isso tudo e ainda sempre tem bala, biscoito, refrigerante e água para vender. Era um negócio que atrai outro negócio. Algumas lojas têm máquina de café, para quem gosta de tomar um café ou capuccino.

Ao final da apresentação da loja, que levou uns dez minutos, Daniel perguntou:

— E aí, o que cada um gosta de fazer? Aqui é maneiro, sem contar o ar-condicionado e as mesas largas com cadeira boas. Imagina você ficar sentado horas e sair com as costas quebradas. Isso atrai o cliente. Já ouvi muito cliente reclamar de outras lojas por causa disso.

— Depende. Eu gosto de muita coisa, mas no momento estou numa fase de jogar mais *magic*. — Hugo foi logo o primeiro a falar.

— Eu me perco com os *animes* e nos gibis — comentou Kátia.

— O meu negócio são quadrinhos, seja Marvel ou DC, mas eu estava a fim de aprender um pouco desses *board games* novos. Mas deixa antes eu olhar um pouco a loja. Ando meio cansado. Por outro lado, joguei muito *War* no passado — Felipe falou em seguida. Ele amava jogar *War*, um *board game* de estratégia que todos tentavam dominar o mundo, onde cada território abrange uma área no mapa-múndi. É um jogo que ainda é muito vendido. Depois criaram outras versões do mesmo jogo.

— Vocês vieram ao lugar certo. Fiquem à vontade. O banheiro é ali no canto. Somente acho que você terá um pouco de dificuldade, Kátia. O torneio oficial de *magic* é hoje à tarde, porém os *board games* são o dia inteiro.

Kátia se enfiou agora nas camisetas que havia no funda loja. Queria comprar algo novo, mas não demorou muito. Foi direto aos mangás. Ela descobriu uma falha na organização da loja. Ela não organizava corretamente as poucas revistas que tinha. Observar falhas onde ninguém via era seu maior poder. Às vezes pequenas falhas podem se tornar grandes falhas. Um furo em uma parede pode se tornar um buraco enorme.

Hugo mergulhou na vitrine da loja, onde havia várias coisas. De cara se apaixonou por uma caneca toda branca com o símbolo do maná vermelho em *magic*. Ele era muito detalhista, e esse era seu maior poder, e viu que a loja tinha muitos acessórios de *magic*. Até coisa importada tinha. Ele sempre via algo além do óbvio. O dono tinha um enorme carinho por *magic*. Era fácil de entender.

Felipe resolveu ficar olhando a loja antes de se decidir. Ele ainda estava encucado com as mensagens do *hacker*. Estava faltando algo. Ele os estava observando, poderia estar muito bem ali ao lado deles.

Daniel ficou feliz por ter mostrado a loja. Quando de fato ele terminou a *tour* pela loja, viu vários jogadores jogando partidas amistosas de *magic*. Alguns estavam tristes. Hugo observou que ele ficava atento a quem jogava na loja, afinal, são todos seres humanos. Ele chegou para um deles e falou de imediato:

— Bezerra, fica triste não. Isso faz parte do jogo. Ganhar ou perder faz parte. Às vezes, até um problema externo tira a tua concentração, e acabamos fazendo uma jogada errada. Levanta a cabeça. A gente se ajuda sempre que possível. Deixa o baixo astral fora daqui. Usa o ambiente para recarregar as tuas baterias. Se está estressado, nem tente. Até cansaço atrapalha. Se divirta e curta com seus amigos. Na pior das hipóteses, aprendeu algo novo.

O rapaz deu um sorriso e prometeu não desistir. Todos precisam de um incentivo.

Hugo se virou e falou para o Daniel:

— Maneiro o que você fez. Legal.

— Pode parecer algo bobo, mas não é. Somos seres humanos. Precisamos uns dos outros. Se for olhar apenas pelo lado comercial, o lojista local precisa dar um incentivo, uma promoção ou algo. Um jogador desmotivado não joga e não vem à loja. No final, a loja fecha. Um depende do outro. Dar um incentivo é bom e todos ganham. Eu procuro conversar com muitos, e tento fazer com que não haja ninguém desmotivado. Posso errar, mas eu tento. No final, sem a loja, os jogadores e os *nerds* em geral não terão onde jogar com seus amigos, pois muitos vêm de longe se encontrar com amigos aqui. Se não ajudarmos, em longo prazo, o mercado pode entrar em colapso, e todos saem perdendo. É uma dependência mútua. Acho que não custa nada incentivar e até ouvir a pessoa.

Hugo concordou com ele. Nem tudo é só comércio, afinal "somos seres humanos", pensou ele.

■■■

Depois de quase uma hora sem se decidir sobre o que fazer, Felipe tinha ficado pensativo num canto folheando uma revista. Era o seu jeito discreto de avaliar e decidir o que fazer.

Algumas pessoas estavam numa mesa grande. Elas estavam divididos em dois grupos. Depois de ter ouvido o Felipe conversar com o Daniel, resolveram convidá-lo para jogar ali.

— Quer jogar aqui com a gente? — Um rapaz magro com uma camiseta azul foi simpático.

— Sei não, galera... Jogava muito *War*. Me contem aí? — Felipe perguntou curioso.

— Primeiro vamos fazer uma recapitulação. O que é um *board game*? — Ele resolveu começar do básico.

O rapaz continuou a explicação, estava animado:

— Um *board game* é um jogo de tabuleiro, como *Banco Imobiliário* ou *War* e até *Detetive*. Muita gente vem jogando sem saber. Virou febre. Esses jogos foram criados por designers de jogos independentes que resolveram criar novos jogos de passatempos. Existem vários tipos, como os chamados *Eurogames*, ou *board games*, que surgiram em 1980 na Alemanha, pois a indústria desse tipo de jogos estava em declínio nos Estados Unidos. Esses usam mecânicas quaisquer de modo que cada jogador faça algo, ou uma missão, conforme o jogo. Cada jogo usa um conjunto de estratégias que variam conforme o caso para executar seus objetivos. Dois famosos nesse caso são o *Terra Mística* e o *Five Tribes*.

— No *War* eu escolhia uma carta no início do jogo, que mostrava o meu objetivo, que poderia ser qualquer coisa, como conquistar territórios ou conquistar a Ásia, por exemplo. — Felipe estava bem eufórico.

— Exato, cada jogo possui peças que podem ser soldados, exércitos, construções, e por aí vai. Tem ainda os jogos do tipo *Ameritrash*, que, por conta das miniaturas, podem representam batalhas épicas. Usam muita sorte, daí os dados. Faz uso também de estratégia. Nesse caso, tem os famosos jogos *Eldritch Horror* e o *Arcadia Quest*. São ótimos.

— Legal. No *War*, nas batalhas usamos dados para decidir em cada batalha quem era o vencedor. — Felipe falava com muito orgulho quando o assunto era *War*.

— Agora ainda tem ainda os *Party Games*, que são jogos de tabuleiro que usam a sorte em sua quase totalidade. Nesse tipo de jogo, a galera joga bastante em barzinhos sem muita preocupação. Me lembro do *Drixit* e do *Quartz*.

— Ô maluco, veja se encurta a explicação aí. A gente sabe que você sabe, mas assim o cara ficará perdido — um rapaz que estava sentado falou de maneira alegre.

— De jeito nenhum — Felipe falou sorrindo.

— Aqui estamos jogando o *Eldrith Horror*. Uma turma que chegou atrasada formou outro grupo pra jogar. Chamamos a galera de lá de "exército do norte", e do lado de cá, de "exército do sul".

— Posso entrar? — Felipe perguntou.

— Eu vou comer algo rápido e você entra no meu lugar. Depois eu volto e reassumo. A galera te ajuda em caso de dúvidas.

O rapaz foi comer algo e saiu. Felipe sentou-se, e logo depois o pessoal explicou as regras enquanto ele começava a jogar.

Zoeira pura. O importante era a diversão. Ele sentiu que suas baterias estavam sendo carregadas.

■■■

Depois de participar um pouco do *board game* mais usado na loja por uma hora (o lanche do rapaz que seria rápido demorou bastante), Felipe ficou no canto da loja vendo camisetas. Estava feliz.

Depois de muito procurar algo de que gostasse, afinal ele merecia algo, viu uma camiseta toda preta com uma imagem do Chaves, que era também o nome do seriado mexicano e cômico que passava muitas e repetidas vezes na TV.

Na frente da camisa e abaixo da imagem de Chaves estava escrito "Não sou eu, é você". Demais, ele pensou. Atrás da camisa estava escrito:

    Jeremias 16:17

    Colossenses 3:25

    Coríntios 13:4-10

    Tiago 1:7-8

Que merda, ele pensou de novo. Estava chocado. Resolveu nada falar com o pessoal. A hora passou e já estava no meio da tarde, e precisavam comer de fato algo, e não ficar comendo besteira. Comprou a camiseta, embrulhou-a cuidadosamente e resolveu não mostrar ao pessoal ali dentro. Deixa eles se divertirem, ele pensou. De cabeça fresca a gente pensa melhor. Seu maior poder era, sob pressão, procurar manter-se frio.

Ele apenas perguntou quando havia chegado essa camiseta. Daniel respondeu:

— Ontem no final da tarde. Essas e outras camisetas foram entregues por um rapaz que faz para muitos lojistas de lojas *nerds*. Às vezes é mais de uma que ele entrega... Quem entrega é o Carlos, esse é o nome dele. Ele estava com uma camisa do Dexter e com uma calça verde. Ele é estilista formado e megalouco. Passa a impressão de que está com a mesma roupa de sempre. Ele aceita encomendas pela internet também. Quer o cartão dele? Anota aí. Não precisa pagar pela camiseta. Ele deixou de amostra e disse que quem pegasse ela poderia levá-la de graça. Estranho, não? Topei na hora.

E agora, *Caro Leitor*, onde iremos parar nesse jogo louco de pistas e imprevisível?

Capítulo 9:
AMÁLGAMA

"Eu acredito que há um herói em todos nós, que nos mantém honestos, nos dá forças, nos torna nobres. E finalmente nos deixa morrer com orgulho. Mesmo que às vezes precisemos nos manter firmes e desistir das coisas que mais queremos, mesmo os nossos sonhos."

Tia May, personagem da Marvel Comics no filme Homem-Aranha 2, lançado em 2004

● ● ● ● ● ● ● ● ● ● ●

— Que porra de filho da puta é esse, cara! — exasperou-se o Sr. Abreu na reunião logo na segunda-feira pela manhã.

O pior foi que logo de cara, no início da reunião de segunda-feira de manhã, o Felipe teve de fazer um resumão sobre o assalto na loja, as flores para a Kátia, e, por fim, contou sobre a camiseta. Para mostrar o texto que estava escrito nela, tirou o casaco que escondia a camiseta e se virou de costas. Estava ali a mensagem, e todos ficaram espantados. Todos menos o Felipe, por conta da mensagem na camiseta.

No sábado, depois de sair da loja, foram comer, e pouco conversaram sobre o assunto. Foram para o hotel e combinaram que cada um faria algo no domingo e que todos chegariam de cabeça fresca na segunda-feira. Cada um fez o que quis. Kátia ficara nas dependências do hotel conversando com vários amigos via internet e com a mãe, Hugo fora a uma loja em um shopping e voltara no fim da tarde, e Felipe fora a uma livraria local e voltara no meio da tarde. Todos almoçaram e jantaram juntos no hotel, como de praxe.

Nem tiveram estímulo (e tempo) para ir a outra loja *nerd* naquela segunda-feira.

O ultimo verso, "Tiago 1:7-8" significava, segundo uma exemplar da Bíblia que Felipe comprara no domingo na livraria, uma outra coisa importante:

> 7 Tal pessoa não deve pensar que vai receber alguma coisa do Senhor;
>
> 8 tem a alma dividida, inconstante em tudo o que ele faz.

Felipe concluiu de maneira simples:

— Aqui o foco é algo como inscontância. Ele quis dizer que, ao fazer tudo isso, estava dividido entre o bem e mal. Ao fazer justiça, ele pensava que estava fazendo o bem, mesmo através do mal.

Mas o pior ainda estava por vir naquela reunião.

— Júnior, não era para estar em casa por conta desse braço quebrado? — Kátia perguntou como se fosse algo sem importância.

— Sim e não — ele respondeu como estivesse se preparando para contar alguma coisa.

— Como assim? — o Sr. Abreu perguntou.

— Sr. Abreu, eu vim mesmo assim porque acho que o acidente foi muito louco. Peguei um Uber, porém o carro que o motorista estava dirigindo era um dos novos modelos aqui da fábrica. Sorte que eu tenho mania de cinto de segurança e resolvi colocar mesmo estando no banco de trás. Não me dei conta na hora. O rapaz dirigia bem, mas de repente o rádio não abaixava o volume, mesmo você clicando para abaixar, e simplesmente não saía de uma espécie de gravação que parecia uma pregação de padre, mas com uma voz meio robótica. De repente, parou em uma frase que ficou repetindo em todo momento. Parecia um tormento. Quando o motorista resolveu ir para o acostamento, menos de um minuto depois que ouviu a repetição, algo estranho aconteceu. O freio não funcionava, e o pisca-alerta do carro disparou junto com a buzina, pelo que percebi depois. Ao batermos no carro da frente, outro carro bateu atrás, porém o impacto foi tão forte, que o carro onde eu estava ficou amassado. Se estivesse sem cinto, teria saído voando e teria sofrido algum dano mais sério. O meu braço esquerdo bateu no teto do carro por dentro, por conta do impacto. Não cheguei a bater com a cabeça. Com o braço direito, protegi meu rosto. Puro reflexo.

— Não tinha imaginado — disse o Sr. Abreu com cara de espantado.

— O problema é que, por conta do acontecido, era para eu ter ficado em casa. Mas o que me fez vir hoje foi o que ouvi — afirmou Júnior em tom triste.

— O que era essa gravação, afinal? — Felipe manteve-se calmo ao perguntar.

— Era uma frase que se repetia com uma pessoa gritando: "Eles pagarão seus pecados pela corrupção perante Deus como a Bíblia diz em Romanos 6:23!" Imagina, repetindo essa frase toda a vida por quase dois minutos com alguém gritando. Enlouquece qualquer um. Eu cheguei a memorizar a frase. O resto foi sorte — dizia Júnior com muita raiva.

Felipe abriu a Bíblia que comprara e que estava na mochila. Era uma "Bíblia Sagrada de Aparecida", muito parecida com a da secretária. Achou o que procurava e leu em voz alta:

— Romanos 6:23 diz o seguinte: "Pois o salário do pecado é morte; mas o dom de Deus é a vida eterna em Cristo Jesus, nosso senhor". O filho do puta do *hacker* quer matar ou fazer com que a empresa se arrependa e está ameaçando quem entrar no seu caminho. Mais um pouco e vira caso de polícia. Porra, como o cara entra no rádio do carro e tenta matar o Júnior? Temos que descobrir os *bugs* e atualizar o *software* do carro mediante um recall.

— Pelo amor de Deus! Se isso vazar, poderá haver prejuízo de milhões, e muitas cabeças vão rolar. Não é o caso agora. Se descobrir os *bugs*, o recall é um prejuízo menor — Sr. Abreu falou com autoridade.

— Então temos que focar no *software* e tentar descobrir quem é o cara. Talvez ele queira nos desestimular e ganhar tempo.

Agora haviam chegado a outra parte do quebra-cabeça, e a equipe não parava de pensar. O que ele queria?

>Jeremias 16:17
>Colossenses 3:25
>Coríntios 13:4-10
>Tiago 1:7-8
>Romanos 6:23

Cada um nossos três heróis tinha muita a fazer. Ficar parado e chocado não iria adiantar nada.

Era como se houvesse uma bomba-relógio na cabeça de cada um.

■■■

Não havia jeito, eles precisavam acelerar tudo. A cada dia chegava algo novo.

Felipe resolveu voltar aos perfis que ele tinha selecionado. Depois, mais tarde, ele ligaria para o telefone do tal Carlos que lhe entregara a camiseta. Seria a mesma pessoa? Muito óbvio. Não achava possível.

Ele decidiu analisar os seis perfis que sobraram, um por um.

O primeiro suspeito do perfil tinha o nome de José Estevão. O cara havia saído da empresa por conta de uma desavença com o gerente de desenvolvimento, que se chama Trindade. Euclides Costa Trindade. Pelo que se soube pelas fofocas de corredor, o tal gerente de desenvolvimento era grosseiro e saía demitindo quem quer que fosse por conta de divergência de opinião e quem entrasse em seu caminho. O Estevão nem foi buscar o cheque da rescisão, e tiveram que depositá-lo em sua conta. O cara era muito bom e criativo, mas às vezes surtava e não ia trabalhar. E tomava alguns medicamentos controlados. Havia ajudado a empresa com soluções de *software* que ninguém esperava, e pelo perfil, ele tinha um QI acima da média. Mas, pelo que Felipe observou em seu currículo, era ateu. Ele também morava sozinho e não tinha filhos. Os pais moravam em outro estado. Era alguém solitário.

O cara do perfil seguinte se chamava Ignácio. Era filho de italianos e saiu por briga com o gerente após mandá-lo ir tomar naquele lugar, bem alto. Fez a rescisão normalmente e avisou que todos iriam descobrir que ele fora vítima de injustiça, e as câmeras de segurança mostraram-no pirado de raiva danificando o bebedouro mediante chutes depois de uma discussão com Trindade. Esse cara era judeu. Era bom programador.

O terceiro suspeito se chamava Tadeu e não tinha condições de continuar por conta do falecimento da mãe. Ele alegou que iria morar com a irmã em outro estado. Depois de receber a rescisão, mandou o gerente de desenvolvimento para aquele lugar. Outro caso parecido. Bom programador, mas cometia erros infantis, dos quais as pessoas sempre reclamavam. A psicóloga da empresa achou que ele tinha muita insegurança. Era católico e bom programador, e quase nada indicava ser ele um *hacker*.

O quarto era de uma moça de 22 anos que fora demitida por ser pega após ter sido avisada para evitar falar no telefone na hora do trabalho. Ela falava muito ao celular e a toda hora. Seu nome era Ranya. Era da geração do "não largo o celular", Felipe concluiu. Era péssima programadora. Ela se declarava espírita kardecista. Perfil pouco provável para um *hacker*.

O quinto perfil era de um cara de 43 anos, bem velho para a média da equipe, que fora demitido por ter falado mal da empresa nas redes sociais. Pelo jeito, não tinha papas na língua. Kalil era seu nome. Era bom programador e péssimo testador. Pelo que constava no perfil, era evangélico e tinha problemas de saúde. Felipe achou pouco provável que fosse esse.

O sexto perfil era de um sujeito que atuava em várias funções: analista de sistemas, programador e testador. Em todas atuava bem. Seu nome era Baltazar. Era católico e *nerd*, pelo que constava em seu perfil. Vivia estudando e fazendo cursos, e tinha muitas qualidades. Porém, novamente por conta de divergência de opinião com o gerente de desenvolvimento, ele se demitiu e foi embora. Parecia ser um bom candidato a hacker. A rescisão foi tranquila, pelo que pode perceber.

Felipe analisou tudo e, pela lógica, resolveu eliminar o terceiro, o quarto e o quinto perfis de sua busca. Ficou com o José Estevão, Ignácio e o Baltazar. Eram nomes bíblicos. O Ignácio era judeu, mas isso não o excluía.

Agora era procurar nas redes sociais indícios sobre eles, mas havia pouca coisa. Felipe teria de investigar em coisas bem antigas, mas não tinha todo o tempo do mundo, então a ligação para Carlos ficaria para depois, pois tinha de focar na busca.

■■■

Hugo resolveu mergulhar nos programas que estava analisando e descobriu uma outra DLL que havia sido alterada. Foi um trabalho detalhista. Quase estressante.

Existem alguns *softwares* que ajudam a fazer uma espécie de engenharia reversa, ou gerando um possível programa em alguma linguagem de programação (ou possível programa) que é fácil de entender a partir do código já gerado, que pode ser um arquivo de computador do tipo .EXE, .DLL ou outro. É como se um arquiteto criasse uma planta de uma casa já construída. O que se faz normalmente é um arquiteto projetar a casa em primeiro lugar, a partir do que ele cria uma planta ou um mapa esquemático de como a casa será, e a partir desse mapa a casa é construída. Projeta-se um *software* da mesma forma. Por exemplo, um analista projeta o *software*, mapeia ou projeta a interface e passa as especificações para o programador ou desenvolvedor, e depois alguém testa. E quem testa é testador ou analista de teste ou especialista de qualidade de *software*. As empresas vivem dando nomes parecidos a funções muito similares. Alguns especialistas em qualidade e testes se sentem ofendidos se forem chamados de "testador". Muitos querem ser chamados de "analistas de testes". Cada profissão tem as suas mazelas.

O programador escreve um programa de forma lógica a partir das especificações em uma linguagem de programação, como Java, Python, C++ ou outra. A partir daí, ele mesmo gera o programa codificado (ou código) para bits e bytes a partir da linguagem (em um arquivo) em que ele mesmo escreveu o programa. Ele cria um ou mais executáveis ou .EXE, e outros arquivos que forem necessários para o *software* funcione normalmente. Para tal, ele usa um compilador, que compila o código por fim. Tudo coisa de informática.

É uma merda fazer engenharia reversa. É um saco. É como tentar adivinhar qual foi o programa que gerou o código. Mas há estratégias para ajudar.

Hugo sabia que é ruim fazer engenharia reversa de código, pois o cara que criou pode modificar o código antes de este ser gerado, dificultando o trabalho de quem deseja fazer a engenharia reversa. Em geral, usam-se embaralhadores de código para esse trabalho, ou outras estratégias para dificultar, e o cara pode ter escrito em qualquer linguagem.

É um desafio. Agora Hugo estava tentando usar alguns decompiladores que tentam gerar um ou mais arquivos-fonte que podem ser lidos por programadores e que estão escritos em linguagem de programação. Ele estava indo bem, mas muitos arquivos que ele analisava indicavam estar ok. No entanto, a DLL que havia encontrado não estava, e ele sabia que os programas ali em sua maioria haviam sido criados nas linguagens de programação em *Java*, *Python* e *C++*. Isso era uma linha de trabalho. Em geral, a maioria era em C++. O malandro havia inserido embaralhadores de código e talvez alguma senha vinculada a algum usuário que não se sabia quem era.

Depois de quase três horas, Hugo fez uma pausa. Estava travado. "Estresse. Porra, que merda!", pensou Hugo.

Precisava jogar algum jogo. Sua válvula de escape era jogar algo. Isso é comum na área de tecnologia da informação. Por isso grandes empresas como o Google criaram áreas de lazer e dessestresse para os seus funcionários, para eles darem uma parada e se "recarregarem" em qualquer hora do dia. Trabalhar com tecnologia é um trabalho mental no qual se precisa estar de cabeça fresca. Arejada.

Foi na web, abriu o Google e resolveu jogar *Pac-Man*. Basta abrir o *Google* e digitar *Pac-Man* simples. Recurso escondido. Não estava a fim de jogar nada novo.

Enquanto jogava *Pac-Man* para se distrair, ele lembrava de como adorava ir a feiras de *games* e reuniões de vários amigos seus que ficavam jogando juntos vários *games*, como *Assassin's Creed*, *World of Warcraft* e *League of Legends*. Uma das coisas que mais adorava era ir às famosas feiras de *games*. Nem só de *card games* ele vivia. Era um *nerd* eclético.

Ele amava ir a feiras de *games* como a Brasil Game Show, que passou a acompanhar, seja no Rio de Janeiro ou em São Paulo, onde ela passou a ser realizada. Depois veio a GameXP, do mesmo grupo que organiza o Rock In Rio e a CCXP, porém essa era nova para ele.

Hugo se lembrava de ter ficado louco quando foi à sua primeira feira. Amou. Parecia um *flashback*. Estandes para todo lado, disputas entre times, novos *games*. Era Microsoft, Sony, Ubisoft e muito mais. Principais fabricantes de jogos e consoles. Ele ficou louco. As atrações mudavam de ano para ano.

Ele pensava sobre o fato de a indústria de jogos estar a todo vapor. Lembrou-se de que existem muitos brasileiros que trabalham como desenvolvedores e testadores de *games*, dentro e fora do país. É uma indústria que movimenta bilhões ao redor do mundo, e tem brasileiro ganhando o mundo com isso.

"Ainda vou abrir minha empresa para criar jogos. Vou ganhar dinheiro com o que gosto", pensou Hugo com muita esperança.

Os "eSports" ganharam o mundo. O "e" no nome vem de "eletrônicos", onde o significado era esportes eletrônicos. Eram competições e campeonatos de *games* ao redor do mundo que moviam uma enorme indústria. Países como Coreia do Sul e China possuem alguns dos melhores jogadores de eSports, como nos EUA. No Brasil, o incentivo a esse tipo de indústria tem aberto novas fronteiras. Muitas empresas, clubes e equipes de eSports têm investido em novos jogadores, abrindo ainda mais o mercado.

"Ai, que saudade de ir a uma feira dessas. Eu gosto de *games*, mas adoro *card games*."

Hugo tinha certeza de seus sentimentos quando pensava algo assim.

Mas era hora de voltar. Hora de tomar um café e voltar para o ponto onde tinha parado. Será que agora descobriria algo mais?

■■■

Kátia estava focada em retestar vários programas em potencial que poderiam servir como fonte de ataque para o *cracker*. Tentava descobrir coisas estranhas ou potenciais portas de entradas. Ela já estava há muito tempo ali. Já havia descoberto vários programas, e fez possíveis recomendações em um relatório simples. Seus testes e análises não eram profundos. Era como se ela analisasse de forma geral, procurando falhas padrão ou coisas mais comuns, de forma que até coisas relacionadas com segurança ela observava. Analisar tudo de tudo é impossível, mas algumas coisas ela resolvia analisar um pouco mais a fundo. Estava há várias horas direto no computador. Tinha de dar uma parada.

Como sempre, sua dificuldade era para ir ao banheiro, mas com jeito e paciência, ela resolvia. Ao voltar do banheiro, resolveu ir tomar um café, e ao chegar lá, ela viu uma garota, da mesma idade dela e que já vira antes. Foi direto a ela disse:

— Oi, meu nome é Kátia. Eu acho que já te vi fazendo *cosplay* vestida de Supergirl. Estou errada?

— Meu Deus! Estou ficando famosa! Sim. Eu estive em várias feiras menores e convenções em alguns estados, mas não faço esse *cosplay* tem algum tempo. Meu nome é Vânia Bonaparte. Tudo bom? Você também faz *cosplay*?

— Sim, faço. Quer dizer, fazia — Kátia respondeu feliz. — Em breve, depois de me adaptar 100% a minha nova condição, vou me reorganizar e voltar a fazer. Cadeirante. — Ela fez cara de séria.

— O mais importante é que você está aqui. Não parou. Tal qual a Barbara Gordon, que, ao ficar paraplégica depois de ser baleada pelo Coringa, deixou de ser a Batgirl, mas se tornou a Oráculo, ajudando a combater o crime usando computadores.

— Olha, você deve ter ganhado muitos prêmios com o tua fantasia *cosplay*. Tô certa? — Kátia tinha ficado curiosa.

— Que nada! O prazer era participar. Mas eu tentava — Vânia respondeu em tom triste.

— Meninas, desculpem eu me intrometer, mas o que é *cosplay* que vocês estão falando? É que estou aqui e de repente fiquei perdido — falou um rapaz que estava conversando com Vânia antes de Kátia chegar.

— Desculpa, Kátia. Não te apresentei. Este é Roberto. Ele faz parte da minha equipe de desenvolvimento. É que ele não é *nerd*. Mas gosta de tecnologia — explicou Vânia.

— Sem problemas. Prazer. Eu sou Kátia. Deixa eu te explicar. Posso?

— Vá em frente — respondeu Roberto.

— *Cosplay* é uma grande brincadeira, que hoje é levada a sério por muitos. É uma pessoa que representa um personagem a caráter. Se fantasia desse personagem. Não é somente botar uma fantasia. Em geral, é uma pessoa que ama algum personagem e resolve levá-lo a sério. Seja nos detalhes das roupas, dos gestos e no modo de falar. Aí entram super-heróis, personagens de quadrinhos, personagens de desenhos animados, incluindo aí os desenhos japoneses ou os *animes*. Vale tudo. Tem premiação e tudo. É levado a sério. No Japão isso é levado muito a sério. Faz parte da cultura deles.

— Que legal! Eu vi algumas reportagens sobre feiras *nerds* e vi um monte de gente fantasiada. Pô, não sabia, Vânia, que você é *cosplay*. Que bom! — observou Roberto com alegria, como se estivesse conhecendo algo novo.

— Tem concursos, inclusive. Cada coisa linda. Têm profissionais que vivem disso hoje. Construir uma fantasia não é barato. — Kátia falava com sabedoria.

— Sério? — E Roberto fez uma cara de espanto.

— Sério. E existe até gente especializada que trabalha nesse mercado. Os meus *cosplay* eram simples. O pessoal apelidava de "cospobre". Não tinha coisa mais legal do que você assumir um personagem. Era como fugir do estresse do mundo moderno. Você pesquisa e estuda sobre o personagem. Aí você monta a tua fantasia do personagem da melhor forma. Inclui maquiagem, corte de cabelo, peruca, gestos e atitudes do personagem. É muito legal. E não tem idade — Kátia falou com felicidade.

— Deixa eu explicar, Roberto. Lá fora existe uma segmentação nessa área. Tem gente que ganha dinheiro promovendo e agenciando festas, eventos e concursos *cosplay*. São os *promoters*. Isso existe em outras áreas. Tem gente que ganha dinheiro confeccionando e criando fantasias *cosplay*. São os *cosmakers*. E tem profissional que desfila buscando premiações em concursos. Esses *cosplayers* ficam muito famosos — Vânia procurou dar uma explicação.

— Porra, tô atrasado. — E Roberto falou com a certeza de que estava deixando de conhecer todo um universo.

— Eu já vi situações em que alguns *cosplayers* arrancam aplausos em que a galera ficava de pé. Uma vez vi uma *cosplayer* entrando de Malévola, personagem de Angelina Jolie no filme. A apresentação dela foi no palco de um teatro pequeno dentro de um clube, onde outros *cosplayers* se apresentavam também. Na hora de sua apresentação, eles mudaram um pouco o cenário e colocaram parte do filme. Teve efeitos especiais simples no teatro. Foi lindo. Foi uma verdadeira produção, e a pessoa estava tão idêntica ao personagem, que era impossível achar que não era Malévola ali no palco. Foi perfeito — Kátia falou com entusiasmo.

— Fico imaginando — Roberto confessou com certa curiosidade.

— Teve outro cara que vi uma vez que fez uma apresentação de um personagem do jogo *Call of Duty 2*, que é um jogo de guerra que emula a batalha de Stalingrado, na Rússia. Teve efeito especial com fumaça, sangue falso e muito mais. Foi uma loucura. Muitas apresentações têm algo teatral com muitos recursos. É algo apaixonante — Kátia falou cheia de orgulho.

— E não para por aí: tem época que desenhos ou filmes ditam a moda dos *cosplay*. Na época em que a série da Supergirl surgiu na TV americana, virou febre entre muitos. Com *Dragon Ball Z* e *Naruto*, a mesma coisa. É algo que tomou tal forma, que em muitas feiras de quadrinhos e *nerds* tem algo *cosplay*, seja com alguém indo fantasiado ou tendo a realização de concursos *cosplay*. É algo forte inserido nesse mundo *nerd* — Vânia falou também com muita propriedade.

— Então... — disse Roberto.

— Então é algo que você deveria ir assistir. Não pense que é um bando de gente maluca fantasiada que não faz nada. Não pense assim. Se no Brasil temos Carnaval, por que somente podemos ver gente fantasiada no Carnaval? O mundo *nerd* pode assustar muita gente, mas aqui ninguém morde ou mata. Eu já vi pais e avós se fantasiarem para acompanhar filhos ou netos aos concursos. É algo que contagia. Se você curte se fantasiar, vai curtir ver. Teve uma vez que eu mesma bati uma foto com um rapaz que estava fantasiado de Charada, personagem do Batman, em uma feira de quadrinhos. Tudo bem que o cara era um gato, mas isso era um detalhe. Muito legal. Eu posso te falar isso com sinceridade — Vânia falou de forma sincera.

— Nossa, Vânia! Foto com o Charada... Se ainda fosse com o Batman... O cara era um gato? — Kátia perguntou em tom de brincadeira.

— Nem te falo! Com um Charada daqueles, não haveria enigmas. Ah! Ah! Ah! — Vânia respondeu toda feliz.

— Ah! Ah! Ah!... Obrigado pelo papo. Eu acho que vou voltar ao trabalho. Beijos e um ótimo trabalho. — Kátia, que agora estava recarregada, decidiu voltar ao trabalho. Estava feliz. Trabalhar feliz é ótimo.

As pessoas felizes trabalham melhor. O Ministério da Vida adverte: felicidade faz bem a saúde.

■■■

Era o início de um novo dia. Era uma terça-feira, e os três precisavam se reunir e trazer as boas novas de seus progressos.

O Sr. Abreu também estava nessa nova reunião. Foi uma reunião rápida, ao melhor estilo Ágil (metodologia de desenvolvimento de *software* iterativa que é voltada para ciclos curtos de desenvolvimento onde havia reuniões curtas todos os dias logo cedo). Decidiram agendar a reunião para depois do horário normal de trabalho, por mais que em Ágil em geral se faça pela manhã. Eles precisavam mostrar o que concluíram até aquele momento, e esperar até o dia seguinte poderia custar muito caro.

Cada um apresentou seus resultados, e Kátia mostrou um resumo dos testes e do que detectou.

Hugo também apresentou seu progresso e mostrou que estava focado em poucos arquivos que precisavam ser decodificados.

O Sr. Abreu apresentou algumas coisas pendentes, como o *Honeypot* montado para tentar pegar o *hacker*. Ele avisou que sua máquina fora analisada e que eliminaram um vírus que permitia o acesso do *hacker*. E mais: a segurança dos *firewalls* da empresa foi aumentada, com novos *softwares* de proteção. A empresa agora estava se monitorando. O Sr. Abreu confessou que sentia falta do apoio do Júnior, mas em uma ou duas semanas ele deveria voltar. Assim ele esperava. Recomendações médicas o mantinham em casa.

Felipe optou por falar ao fim. Ele precisava contar o que havia descoberto. Havia três nomes que ele havia filtrado após várias análises, e o Sr. Abreu poderia dar mais alguma informação.

Os nomes eram os de José Estêvão, Ignácio e Baltazar.

— Esses nomes lhe dizem alguma coisa, Sr. Abreu? — perguntou Felipe.

— Felipe, o José Estêvão era meio "gênio", mas a impressão que tenho é que o cara pirou. Pelo que comentaram, ele foi internado pelos seus pais em uma clínica. Pirou por conta do estresse. O Ignácio, eu encontrei com ele 15 dias depois no mesmo shopping em que às vezes almoço aos sábados. Ele se dirigiu a mim, conversamos sobre sua saída. Eu soube do caso, e ele estava de saco cheio mesmo, pelo que deu a entender. O Baltazar era meio que puxador de saco, e por conta de uma divergência em termos de projeto, ele saiu. Acontece muito nessa área de TI — respondeu o Sr. Abreu com muita calma.

— Estou achando que o *hacker* não seria nenhum dos três. Não indica nada de forma evidente. Pode ser qualquer um ou estar relacionado a algum deles. Tenho outra pista do cara que entregou a camiseta na loja. Fiquei de ligar para ele e optei por analisar os perfis. Antes de ligar para ele, vou fazer umas pesquisas nas redes sociais — comentou Felipe em tom de quem estava realizando uma caçada, bem sério. De fato, era uma caçada.

— Pelo que vi na equipe de vocês, mesmo sem ter os resultados finais atingidos, somando os pontos que vocês levantaram, onde de certa forma vocês ficaram em risco, digo que estão de parabéns. Parabéns! Vocês estão saindo até baratos, por conta de estarmos evitando um prejuízo maior. Mas mesmo assim, temos de ir até o fim. Parabéns de novo. Por favor, descubram quem é o filho da puta do *hacker*, se possível, mas esse não é o foco principal. Já estou transmitindo por email elogios para vocês a sua empresa, que também foi recomendada — o Sr. Abreu falou sincero.

Todos ficaram surpresos com a afirmação colocada, e ele ainda completou:

— Vocês têm entrosamento, liga. Amálgama. Por outro lado, precisarei exigir mais de vocês, porque estou sendo pressionado. A diretoria quer resultados mais palpáveis. Os programas devem ser decodificados nos pontos em que o Hugo descobriu, para depois podermos acertar o código. Foco de curto prazo. Devemos descobrir o que andaram fazendo e devemos consertar logo. O *craker* pode estar desejando nos atrasar.

Caro Leitor, está na hora do safado do *cracker* entender que ficará cada vez mais difícil. Não se pode parar 100% um *hacker do mal*, porém, o que se pode fazer é desestimulá-lo, de forma que o preço, tempo e esforço sejam altos. O sacrifício poderá ser alto, mas quem tem o heroísmo em sua alma saberá o certo a ser feito. Felipe, Hugo e Kátia são assim. São heróis, e não super-heróis, mas sabem o que deve ser feito.

Era hora de um *Counter Strike*.[1] Era hora para um contra-ataque nesse jogo cheio de pistas onde nossos heróis estão sempre contra a parede. Hora de revidar e descobrir quem é ele de fato.

---

1 Famoso jogo de guerra onde você assume um papel de um atirador. É um jogo onde várias pessoas (reais) podem jogar ao mesmo tempo, de forma que duelam entre si em meio a uma guerra. São terroristas e contraterroristas duelando entre si (matando um ao outro mediante tiros virtuais). A primeira versão do jogo foi lançada em 1999.

Parte III:
POP!

Capítulo 10:
IR ALÉM

> "Eu sou o melhor no que faço, mas o que faço não é o meu melhor."
>
> Wolverine, personagem da Marvel Comics

• • • • • • • • • • •

Hugo vivia repetindo a famosa frase do personagem Wolverine, afinal, o que ele desejava era fazer o melhor. Desejava cada vez mais e mais fazer o seu melhor. O seu melhor não era o seu melhor. Podia ser melhor agora, mas o melhor de hoje pode não ser o melhor amanhã. Tudo pode mudar.

Ele precisava de algo que não desejava fazer. Tinha hora que, para combater um mal maior, ele precisava combatê-lo com um mal menor. Hugo sabia o que precisava fazer.

A coisa só estava piorando.

Eram aproximadamente 3 horas da tarde de uma quarta-feira quando a empresa sofreu um ataque *hacker* do tipo "negação de serviço", no qual tentavam sobrecarregar o site da empresa por excesso de acessos. O *Firewall* ficara mais forte. Isso era bom. Havia ainda um *Honeypot*. Tudo dificultava, mas não impedia o ataque, porque parecia que o invasor estava mudando sua estratégia.

Ataque por "negação de serviço" era um tipo de ataque onde milhares (ou milhões) de acessos eram feitos ao site da empresa, fazendo com que este não respondesse a quem desejasse acessá-lo. Era como se forçasse uma sobrecarga de acessos ao site, que "negava" qualquer coisa ou serviço que o site oferecesse. Os acessos eram feitos a partir de máquinas (computadores) "zumbis" ou máquinas infectadas com vírus que faziam uma única coisa: acessar um único site qualquer predefinido.

Em geral, os donos dos computadores nem sabiam que suas máquinas estavam infectadas. Se comparado de forma simples, era como tivéssemos uma panela onde cada gota de água nela era como um acesso. Milhares de gotas enchem uma panela, e quando são colocadas além do limite da panela, o que vier em excesso transborda, sendo desperdiçado. O site não consegue responder além de seu limite.

Parece que o *cracker* resolvera aloprar. Ficara louco?

O site da empresa ficou fora do ar, e logo que voltou, estava com uma mensagem grande, em que se podia ler:

A empresa mentiu. Os carros têm problemas.

E mais: pouco tempo depois, um vírus se espalhou pela empresa. Várias máquinas ficaram travadas. O caos se espalhou. Era um travamento simples sem perda de dados.

Mas Hugo avisou que, nesse caso, era melhor colocar um site simples, institucional e isolado do resto da empresa, ao mesmo tempo em que eram fechadas as portas de acesso à internet da empresa, de forma a rever tudo. Ou, em outras palavras, as conexões de internet eram retiradas por 12 horas para se acertar tudo. Era protocolo de segurança da empresa retirar o site do ar por esse período. O hacker deveria saber desse protocolo. Quem desejava algo externo deveria usar conexões pessoais, que, nesse caso, eram autorizadas. Mas somente para pesquisa e email.

O Sr. Abreu levou imediatamente essa e outras sugestões do Hugo ao suporte, por mais que a maioria delas já estivesse sendo implementada pelos especialistas.

Logo vários jornalistas ligaram para a empresa. A imprensa era o pior naquele momento, mas não era o Sr. Abreu quem teria de lidar com isso.

Mas Hugo estava travado. Precisava ligar para um amigo e se encontrar com ele. Um amigo hacker que iria ajudá-lo nessa empreitada do código.

Felipe falou com o Hugo e a Kátia sobre o que iria fazer.

— Se você confia nesse teu amigo, eu confio. Vamos enfrentar o mal com mal. Ele está indo longe demais — Felipe disse com certa raiva. Os seus olhos azuis ficavam mais azuis quando ele ficava com raiva.

— Então sugiro que eu e Felipe vamos em outra loja *nerd* hoje. Estamos devendo outra ajuda ao Seu Eduardo. Nós havíamos prometido — Kátia lembrou.

Todos concordaram e se dividiram em seus esforços. Não havia saída. Ir além se fazia necessário.

■ ■ ■

Hugo estava esperando no barzinho em um local que ele ainda não conhecia, mas que era conhecido por muitos *nerds* que ele havia sondado em suas redes sociais. Achou estranho isso.

Lá, ele aproveitou para verificar as mensagens. Sobretudo no *WhatsApp*. Viu que o Bernardo, seu amigo médico e *nerd*, havia enviado algumas mensagens. Eles dois sempre trocavam ideias sobre estratégias e cartas de *magic*. Quase sempre os dois jogavam em sua casa. Ele era o irmão que nunca teve. Um apoiava o outro. Nas mensagens, Hugo falou um pouco sobre o que estava passando, sobretudo sobre os problemas de trabalho. Ele mandou uma mensagem ao final:

Não se esqueça da saúde. Faça o seu melhor. Siga o seu sexto sentido.

O que ele falou fazia sentido. Esquecer-se da saúde, jamais. Seguiu em frente. Na prática, já estava seguindo seu sexto sentido.

Ele se lembrou da ligação que fez ao fim do dia de hoje para outro parceiro. "Pô, mano, estou precisando de tua ajuda. Você é um puta *cracker* do bem." "Hacker, fala direito. *Hacker* do mal é *cracker*. Eu sou do bem. *Hacker* apenas. Beleza, mano, você é um irmão e já me ajudou muito. Só que quem pode te ajudar é meu primo, que é mais foda que eu. Você vai ajudá-lo e ele te ajuda. Ele está aí na cidade onde você está agora." Ele combinou com o primo do amigo dele. Uma mão lava a outra.

Estava de volta à realidade. O primo de seu amigo chegou.

— Você é o Hugo? Prazer. Sou o Thomás, com "th" e acento agudo no "a". Coisa de mãe. Você me ajuda que eu te ajudo. Meu primo me disse que você pode me ajudar numa coisa inusitada que estou atolado há muito tempo.

— Vou te explicar tudo e depois você me explica. Posso pedir uma pizza? Eu pago. Bebe o quê? — Hugo falou com uma enorme esperança no coração.

Hugo ficou quase meia hora explicando de forma objetiva. O Thomás parecia que não estava prestando atenção. Mas estava. Ele estava com fome.

— Agora é minha vez. Escuta. Você vai até rir, mano, mas sou tímido pacas. Tem uma gata que amo demais. Mas ela é *trekkie* mais suave... Não muito fanática. Você sabe, né? É como são chamados os fãs de "Jornada nas Estrelas", tipo capitão Kirk, Spock... Você sabe, né? Ela é muito fã. Eu gosto mais de gibis e filmes *nerds*. Adoro séries. O problema é que a irmã dela, com quem estudei, é *warrior*, que é como são chamados os fãs de "Guerra nas Estrelas". Toda vez que me aproximo dela, a imã dela se mete no papo e me atrapalha com outra coisa. A irmã dela participa até de uma associação de fãs chamada de "Conselho Jedi". Chega a ser fanática quando se puxa o assunto. Aí a irmã da gata que eu gosto se aproxima e cria uma discussão, e ficam debatendo. Me fodo sempre. Porra, mano, o que faço? Buscar informação na web é fácil. Difícil é entender a filosofia dos dois, que tem coisas em comum e diferente. Aí alguém que seja ligado nessas paradas (ou um pouco) precisa ser meu orientador. Me ajuda, mano... Eu amo a gata... Porra, o teu lance eu posso te ajudar. Fica tranquilo, pelo que você contou para meu primo, tenho algumas conclusões e posso te ajudar a decodificar esses arquivos. É um filho da puta — Thomás falou com segurança ao mesmo tempo em que era um pedido de ajuda sincero.

São tantos termos, que a gente se perde, *Caro Leitor*, mas eu prefiro explicar de maneira simples para todos nos entendermos. *Trekkie* vem do título original em inglês, que é *Star Trek*, ou "Jornada nas Estrelas". *Warrior* vem do título original em inglês, que é *Star Wars*, ou "Guerra nas Estrelas".

Por incrível que pareça, Hugo podia ajudá-lo nessa questão simples. Existem filosofias por trás desses dois temas *nerds*. Falar dos dois é dar parabéns a George Lucas, criador de Star Wars, e a Gene Roddenbery, roteirista e criador de Star Trek. Gênios da cultura *nerd* que influenciaram milhões de pessoas. Muitos não entendem, mas eles transformaram e estimularam muitos especialistas, pesquisadores, *nerds* (e não *nerds*) a irem além e perseguirem seus sonhos.

Muitos *nerds* se tornaram donos de lojas *nerds*, outros foram trabalhar em engenharia da computação, ou muitos queriam ser astronautas ou no fim criaram produtos maravilhosos que mudaram o mundo. Não há limites. Você pode até não gostar de nenhum dos dois, mas é moralmente obrigado a aceitar um fato: ser *nerd* não tem tempo e nem idade. O fato é que os *nerds* têm mudado o mundo nos últimos anos. Vide Bill Gates, Steve Jobs e outros. Fique ligado, *Leitor*, senão você perde o bonde do tempo! Não tocar nesses ícones da cultura *nerd* é ofender meio mundo.

Parei, tomei um café com leite e vamos em frente! Servido?

■■■

Thomás explicou em detalhes como era a menina de que ele tanto gostava. Ele entrou em detalhes do que ela gostava de fazer, de sua cor predileta, e assim por diante. Mas teve um momento em que Hugo teve de interromper sua "longa" lista.

— Cara, veja, eu preciso te explicar um pouco de cada série e te explicar a filosofia. Te dar nortes... O resto é com você. Seja você mesmo e você pode conquistá-la. No fim, ela vai te olhar com outros olhos.

— Tá legal! Me explica aí então um pouco de cada um. Vou tentar entender. Eu amo aquela gata. — Thomás estava sendo sincero ao extremo.

— "Jornada nas Estrelas" é um clássico da ficção científica, ou *sci-fi*, como dizem na TV. É uma ficção que mostra algo grandioso. Uma grande saga sobre exploração espacial, tendo como foco a ciência em uma sociedade de futuro utópico — Hugo começou a explicar, passando tudo o que sabia.

Hugo deu uma pausa, tomou uma bebida e depois continuou:

— Por outro lado, em "Guerra nas Estrelas" temos uma fantasia. É, sobretudo, uma fantasia de "capa e espada". É um "capa e espada" tecnológico em outro mundo. Você poderia perguntar: mas então é ou não *sci-fi* isso aí? É uma questão sutil, mas essencial. Aqui temos elementos de tecnologia extremamente avançados, mas a tecnologia não é o foco dos filmes, pois a história está focada e centrada na jornada de um herói central, Luke Skywalker. Fica de olho: o sabre de luz é uma arma de muita tecnologia que de certa forma é também um artefato mágico. Se é mágico ou não de fato, eu não sei e ninguém quer saber. Em Jornada nas Estrelas, a ciência (ou uma quase ciência ou uma falsa ciência) faz parte do próprio contexto essencial dessa jornada. Em Jornadas nas Estrelas tem momentos em que existe um confronto entre a lógica e razão, com o bom senso imperando entre ambos. O capitão James T. Kirk representa o bom senso e a intuição. O Spock, que é vulcano do planeta Vulcano, representa a ciência e lógica. O médico Leonard McCoy da nave espacial Enterprise representa a emoção, o valor a vida. Os três viviam discutindo, mas sempre foram amigos. Esses três são personagens icônicos em Jornadas nas Estrelas.

— Peraí, deixa eu anotar... Eu preciso. Eu memorizo anotando. — Thomás anotou o nome dos personagens para poder gravá-los e outros detalhes. Muitas pessoas somente memorizam anotando. Cada um tem um método. O amor transforma. A necessidade de amar transforma.

— Beleza! Procure ver os filmes da série. Melhor: veja as séries. Existe um *box* com os DVDs das três temporadas da série clássica. São três "boxes". Mergulhe no universo. Mesmo com três temporadas, a série virou *cult*. É coisa para você parar e pensar que é valido até hoje. Depois vieram outras séries do mesmo universo, escrito pelo criador Gene Roddenbery. Como a "Nova Geração", se passando anos depois na mesma nave, mas com outra tripulação e uma nova nave "Enterprise". Vieram outras séries, mas aí o criador já havia falecido. Livros, filmes, desenhos e por aí vai.

— Meu Deus! Então dá pra ver porque a mina ama isso. As histórias devem ser demais! Icônicas e mágicas. — Thomás falou com um espanto que parecia estar descobrindo todo um mundo novo.

— Vou dar um nó na tua cabeça. Em "Guerra nas Estrelas", temos três filmes que formam a trilogia básica. Depois contaram em três filmes o que aconteceu com Darth Vader, o grande vilão da série até ele virar vilão. Então, o que fizeram foi lançar primeiro os três filmes do meio, depois os três que em ordem cronológica vieram antes. Agora a Disney, dona dos direitos, tem lançado os outros três e vários filmes derivados, ou *spin-offs*, como dizem. O Luke é filho do Darth Vader, o grande vilão e ícone pop, e tem toda uma saga por detrás de nosso herói. É demais. Não tem como não gostar.

— Filho dele? Por isso que a galera pira com essa história! — Thomás falou com estusiasmo extremo.

— Em "Star Wars" temos uma história bem grande e longa, com vários eventos acontecendo em paralelo e que precisam ser contados de forma bem simples e rápida. O ponto de sustentação dessa saga são os filmes do cinema. A partir dos filmes, existe todo o universo expandido, que é importante para a saga de George Lucas. O universo expandido engloba livros, desenhos para TV e outros filmes derivados, sem contar os milhares de produtos, como camisas, chaveiros, canecas etc.

— Por isso vejo tanta coisa vendendo de "Guerra nas Estrelas" — Thomás falou com espanto e paixão de não ter visto algo tão óbvio.

— Por outro lado, "Jornada nas Estrelas", criada em 1966, acontece em um futuro utópico onde a Terra faz parte de uma grande liga ou federação. A chamada "Federação Estelar". A maior preocupação acaba sendo a exploração (ou as descobertas), o que era a vontade do Gene Roddenbery. Ele afirmava que *Star Trek* era uma versão espacial da colonização do oeste norte-americano. Essa utopia fantasiosa é perturbada por eventos que são resolvidos em cada episódio da série, cabendo aos personagens questionar sua moral, suas decisões e suas consequências, sejam elas boas ou más.

— Porra, quer dizer que isso tudo estava lá, em uma simples série para a TV? — Thomás ficou espantado.

— Sim, e muito mais. É uma série que começou com um orçamento limitado e que mesmo sendo cancelada virou *cult*. Fizeram na década de 1980 filmes para cinema a partir da série original. Depois voltaram para a TV com a "Nova Geração", como te falei, e depois muito mais.

Deu uma pausa curta para mastigar um pedaço frio de pizza e continuar:

— "Guerra nas Estrelas" começou com um orçamento baixo. O primeiro filme da saga, que depois seria renomeado para "Episódio IV", foi o primeiro a aparecer no cinema e lotou as salas, criando aí uma legião de fãs. Aqui no Brasil as pessoas se aglomeravam para entrar no cinema quando os filmes saíam. O fato é que ambas as séries são carismáticas e arrastam uma legião de pessoas que se apaixonam e se identificam com os personagens. Existe, sim, uma briga entre a galera que ama uma e que não ama a outra, e vice-versa. A-m-o as duas séries. Somente não li ainda os livros do universo expandido de "Guerra nas Estrelas". Já vi muita coisa de "Jornada nas Estrelas", que é muito bom. Vi também os filmes e as séries em reprise na TV em canais fechados.

— Agora eu consigo entender por que as duas irmãs vivem brigando. São duas histórias e sagas maravilhosas, pelo que você me contou... — Thomás confessou como se estivesse concluindo algo que não é tão óbvio para muitos.

— Acho que o que falei vai te ajudar?

— Muito mais que isso, você me apontou a seta e abriu meus dois olhos! Agora é eu mergulhar. Porra, valeu! Agora vou te ajudar em dois pontos-chaves que você verá. Mas antes vamos comer outra pizza. Esse papo me deu ainda mais fome. Garçom, o cardápio, por favor!

O Hugo, que é meio "gordinho" (estava um pouco acima de seu peso ideal, na verdade), se destacava nessas horas. Quem o via de longe sempre o reconhecia logo. Era alguém de quem todos gostavam. Era um apaixonado pelo que fazia, e ajudar novos amigos fazia bem para ele. Ele era como um "gigante de bom coração".

Os dois riram como se criassem uma ligação de amizade natural.

■■■

— Me escuta bem, vou te chocar com o que estou concluindo aqui. É como pesquisa eleitoral: com 95% de chance de certeza. Captou a ideia? Não estou dizendo que você está atrasado, mas a tecnologia evolui de maneira muito rápida — Thomás falou com autoridade, mas em tom de suspense.

— O que viu a partir do que contei e depois de tudo que você ouviu aqui? — Hugo perguntou em tom de medo.

— Esse cara parece ou indica não ser humano — Thomás falou calmo, como se estivesse falando algo normal e comum.

— Porra, esse filho da puta é safado! Então o cara não é humano. É desumano — Hugo concluiu de forma simplória.

— Não. Ele não é humano ou indica não parecer humano. Já existem alguns assim na *Dark Web*, ou internet escura ou obscura, onde os servidores não são alcançáveis. Parece que estão vindo à tona agora. Não são humanos, logicamente. Mas foram criados por humanos.

— Ele é o quê? Um ET de outro planeta? — Hugo perguntou levantando os braços como se não estivesse entendendo nada.

— O *hacker* parece ser uma Inteligência Artificial (ou IA) criada por alguém para se vingar da empresa. Essa IA é uma *hacker* do mal. Ela aproveita outros vírus e falhas que foram colocados por alguém e vai aprendendo com seu criador, e depois passa a agir sozinha. Deve estar agindo a partir da *Dark Web*. Pode estar em qualquer lugar. Mas deve estar sendo apoiada pelo seu criador ou algum colaborador. Ela tem deixado rastros propositais, de forma que até as mensagens são como enigmas que foram deixados para trás. São para provocar e confundir. Lembra de um inimigo do Batman, o Charada? É mais ou menos como ele. Vários rastros, pelo que você me mostrou, indicam isso. Na *Dark Web* já tem acontecido isso, mas a galera não divulga — colocou Thomás com firmeza e autoridade.

— Estou meio que chocado. É uma IA mesmo? — Hugo fez cara de quem estava chocado.

— Você já leu o livro *Segunda Era das Máquinas*,[1] de Brynjolfsson e Mcafee? Saiu em 2015, mas os caras já no livro falaram sobre os efeitos das novas tecnologias e automação tecnológicas. O livro foi sucesso nos EUA. E já lançaram outro em 2017, mas não sei se será publicado no Brasil. Os caras andaram até em carros sem motoristas, e já naquela época eles viram o óbvio. — Enquanto falava, Thomás entrou na web e mostrou o livro a Hugo.

— O que isso tem com o nosso problema? — Hugo estava meio assustado. Muito assustado.

— Trabalhadores medianos, cujo trabalho pode ser automatizado, serão substituídos por alguma automação com graus de IA diversos, e nesse caso surgirão os trabalhadores do conhecimento, por conta da evolução exponencial da tecnológica desde 1950 — alertou Thomás. — A cada ano, a tecnologia "fica mais forte" e evolui mais ainda. É linda a sua evolução, mas traz consequências. É uma revolução silenciosa acontecendo e que cresce a cada momento. Robôs estão sendo criados para pensar e agir como nós. Ainda que hoje a utilização de IA esteja focada em assuntos específicos, isso está afetando o mundo inteiro. Mas não é somente IA, mas a evolução tecnológica em si. A automação industrial com IA tem tirado emprego de milhões. Mas novos empregos surgirão. Os trabalhadores que não se especializarem vão perder, a longo prazo, seus empregos, porque as tarefas repetitivas podem ser automatizadas. No Brasil e no mundo, já estão analisando, vendo e vivendo o impacto. Atendentes

---

1 O livro "Segunda Era da Máquinas" foi publicado em 2015 pela editora AltaBooks.

virtuais, robôs em fábricas, programas de *softwares* que criam outros programas, e por aí vai. A galera da parte econômica no mundo inteiro sabe das consequências. Não é balela. A IBM, a Microsoft, o Google e outras se uniram em uma frente para que todos percam o medo da Inteligência Artificial. O lance é que, da mesma forma que fazem para o bem, podem fazer para o mal. Pelos rastros e pelo que vi, é uma IA do mal alocada em alguma máquina que foi criada para foder o teu cliente ou alterar algo através de meios errados. É uma IA-craker, pela minha análise. Eu mesmo tenho estudado a IA há algum tempo. A IA tem impactos sociais, econômicos e morais. Você precisa ler mais. Ler somente livros de linguagem de programação pode ser ruim. Trava a gente para outras coisas.

— Você está certo. Porra, cara! Isso é loucura — Hugo falou com espanto.

— Vou passar uns programas novos que vão te ajudar a fazer a engenharia reversa do que você achou. Vou te passar outros que também vão te ajudar a rastrear melhor. Te ajudo mais, conforme você for precisando. Mas isso pode te ajudar a pensar diferente a parar esse programa — Thomás falou com orgulho.

Ambos acabaram de se descobrir como novos amigos. Amizades nascem assim.

Agora se concluiu quem o *hacker* era. O *cracker* não era ele. Ele era aquilo. Ele era uma coisa, um IT.[2]

O filho da puta era um programa, um *software* do mal. Será? Parece que estamos em *2001 Uma Odisseia no Espaço*, com Hal, o computador louco querendo ferrar todos. Mas não era. Os tempos mudaram. O mal era feito de bits e bytes agora.

Nem sempre vemos o mal mesmo quando ele está ao nosso lado. Admitir a verdade faz bem à alma, mesmo quando é uma verdade bem ruim. Essa é uma verdade, mas o fato que é a verdade de hoje pode ser a mentira de amanhã. A única certeza é a incerteza.

O oponente nesse jogo louco é outro. Seria ele um mal ou fruto de um mal?

---

2 Referência a genial livro de terror de Stephen King chamado "IT, A Coisa".

Capítulo 11:
ILUMINAÇÃO

"Existem grandes heróis entre nós. Eles não existem para nos fazer sentir pequenos, eles existem para nós sabermos o que nos torna incríveis."

Lois Lane, personagem da DC Comics no filme Liga da Justiça

● ● ● ● ● ● ● ● ● ● ●

    Felipe e Kátia entraram na loja *SpellBook Cards*, que é uma loja *nerd* também conhecida nas redondezas cujo dono também conhecia o "Seu Eduardo", dono da *Yellow Games*. Essa loja ficava em um prédio comercial, e sorte que tinha um elevador, senão teriam de subir as escadas rolantes, e aí ficaria bem difícil para a Kátia. Afinal, ela era cadeirante, e a loja ficava no terceiro andar. A loja tinha uma boa segurança por conta do porteiro do prédio e da porta blindada e com câmera de segurança, que ficava bem na porta da loja. Para entrar, tinha de tocar uma campainha e esperar. Uma pequena fortaleza, na prática. Era uma ilha *nerd* blindada. Entraram logo.

— Boa noite, queríamos falar com o dono da loja. Sou Felipe e ela é a Kátia — disse Felipe olhando ao redor e vendo que a loja estava cheia, mas era bem grande por dentro.

— Oi, sou eu mesmo — disse um rapaz magro, alto, de pele clara e cabelo tingido de azul e com aparência oriental. Parecia um jogador de vôlei saído de um *anime*. — Eu sou o William, William Sorato. Mas a galera me chama de Will, tipo Will Smith, aquele ator, sabe. Ou me chamam pelo último nome, Sorato. Em que posso ajudar? — falou ele, que estava atrás de um balcão enorme em forma retangular. Ele olhou para Kátia e continuou em seguida: — Aqui temos espaço para todos. Uma galera alternativa vem sempre aqui. Outro dia tivemos um deficiente que ainda tinha dificuldade em embaralhar as cartas.

Felipe continuou de maneira direta:

— Não é nada disso. É que acabamos que ficamos amigos do "Seu Eduardo", o dono da *Yellow Games*. Como presenciamos o assalto na loja dele, estamos indo em algumas lojas "irmãs" pedindo um material que possa ajudá-lo.

— São vocês!... Ele me falou que viriam três pessoas aqui. Enquanto isso, fiquei de pensar em como ajudá-lo. Hoje em dia, com o *WhatsApp*, fica tudo mais fácil, e ele me avisou logo. Mas vocês são dois... E o terceiro? — William perguntou meio que surpreso.

— Ele teve que resolver algumas outras coisas, aí eu vim com o Felipe — Kátia falou em tom meigo e carinhoso, mas em tom de quem estava esgotada. Hoje, depois de um longo dia de trabalho, ela estava cansada mentalmente.

— Eu só fui pensar nisso hoje. Vou mandar o meu auxiliar, o Fernando, na loja do Seu Eduardo levar algumas coisas em consignação. Ele vai vendendo, e eu fico com o valor original que paguei. O lucro é dele. Sem problemas. Peço desculpas. Eu sei que depois do assalto todas as lojas de *card games* das redondezas ficaram em alerta. Foi um susto geral — William falou com cara de preocupado.

— Te entendemos. Pelo que ficamos sabendo, o site "Portal Magic", que mostra artigos de *magic*, com cotações de cartas e artigos, foi atacado por hackers do mal também. O site ficou fora do ar várias horas — Felipe falou meio que assustado.

— Foi brabo. Quem fazia compras pelo Portal na hora do ataque teve enorme prejuízo. Alguns lojistas tiveram prejuízo de dez mil reais. Foi brabo. Pior é que vários outros sites foram afetados porque existe um cadastro interligado pelo Portal. Foi terrível. Vamos deixar isso de lado. Quero lhes mostrar a loja. É dever e honra lhes mostrar a loja. Fernando, assume aqui! — William saiu de trás do balcão e resolveu dar um giro pela loja. Fazia isso com orgulho.

William apresentou a loja, que na verdade ocupava um apartamento de quatro quartos amplos. Em cada quarto havia um ar-condicionado, com mesas amplas e cadeiras confortáveis. Havia vários pôsteres de personagens famosos de *anime*, como *Naruto* e *Dragon Z*. Ele apresentava cada coisa da loja com muito orgulho. A entrada da loja, na verdade a sala do apartamento, era bem grande, e lá ficavam uma maquina de café, gibis, camisetas e *playmats* (ou tapetes de borracha), que podiam usar para jogar *card games*. O pessoal podia jogar ou ficar conversando. "É uma sala mais linda que a outra", pensou Kátia. Era tudo simples, organizado com muito carinho e cuidado. Percebia-se que a loja era por demais limpa. Existiam vários cestos de lixo espalhados pela loja estrategicamente. Sem contar que lá se vendiam lanches e eventuais bolos ou doces que eram ofertados na loja, e isso inclui alguns petiscos predefinidos. Na prática, você se divertia e tinha tudo ao seu alcance, sem ter de sair da loja.

Pelo que o William explicou, o foco da loja eram torneios de *Pokémon*, *Yu-Gi-Oh* e de *magic*. Todos eram torneios de *card games*. Havia na loja pouca coisa de *board games* e gibis para vender. Ele explicou que fazia um marketing constante nas redes sociais com promoção. Ele sabe que uma loja que faz pouca ou nenhuma propaganda nas redes sociais terá enorme dificuldade. "O Seu Eduardo faz pouca propaganda nas redes sociais, e daí partem suas dificuldades, afinal, não dizem que a propaganda é alma do negócio?", pensou Felipe.

— A crise está aí, e sem contar que a concorrência aumentou. O lojista precisa se reinventar. Hoje o marketing nas redes sociais é fundamental. Até a lojinha da esquina faz marketing nas redes. Mas eu penso além. Por isso tenho aqui um espaço aberto para a galera alternativa, encontros ou só para quem tem um amigo que deseja jogar um pouco. Três das salas da loja eu organizo com torneio. A pessoa pode sentar onde quiser, mas a quarta sala é livre. Tem até uma placa que coloquei escrito "Sala livre de torneios oficiais". A única exceção são os torneios de lançamentos de alguma coleção nova, como em *magic*, que ficam muito cheios. Estimulamos discussões e encontros de uma galera que curte discutir sobre séries e filmes. Vendo cerveja, mas a galera que for jogar torneios oficiais eu peço que não beba. Tudo tem seu lugar e hora. Tem avisos pela loja inteira. O pessoal respeita. E em vários pontos da loja existem tomadas para você recarregar seu celular ou ligar seu computador. O *Wi-fi* da loja é liberado.

— William era por demais organizado e também bem claro no que explicava.

— Oba! Vou recarregar meu celular e o Seiya na sala livre — Kátia falou toda feliz.

— Seiya? — perguntou William com cara de preocupado.

— Seiya é meu tablet. É como eu chamo ele... Está com bateria fraca — Kátia falou feliz.

— Então gosta de *anime*, pelo que vejo. Que legal. Eu também gosto. Dá para perceber. Adoro *anime* — William falou apontando para o seu cabelo azul.

Todos os três riram. Felipe e Kátia resolveram ficar na loja por mais algum tempo. O que eles iriam perder?

■ ■ ■

— Porra, por que a galera gosta mais dos *Simpons* do que do *South Park*? Tudo bem que são duas séries animadas maravilhosas. Os *Simpsons* estão há mais de duas décadas e meia. A galerinha do South Park está há mais de duas décadas. Por que o preconceito? Me expliquem direito sobre cada uma. Eu vejo pouco esses desenhos na TV — falou um rapaz de camiseta listrada todo tatuado que debatia em uma roda de amigos sentado em uma mesa ao lado de Felipe e Kátia.

Os dois amigos, Felipe e Kátia, resolveram escutar mais atentamente. Um fez sinal para o outro para prestarem atenção. Ambos sorriram. Parecia algo animado.

— Deixa eu explicar — falou uma menina afrodescendente toda animada. — Amigo, veja os Simpsons. É uma série que retratada a família média americana, de trabalhadores e operários. Se passa em uma cidade pequena. O pai é um idiota. A mãe não. Eles têm três filhos, um bebê, um menino e uma menina, que vivem brigando um com o outro. O bebê é uma gracinha. Tudo se passa ali. Fazem críticas sociais do sistema político e da sociedade americana. E já teve um filme no cinema. É para você refletir e pensar.

— Agora estou começando a entender — falou o rapaz de camiseta listrada.

— Agora *South Park* é supercriativo. São as aventuras de uma turma de amigos (e alguns não tão amigos) em uma pequena cidade. Os amigos são, na verdade, crianças. Eles são as estrelas do desenho. Os personagens secundários são os adultos. Pelo amor de Deus, eles criticam tudo. Religião, sistema político, filme de terror, preconceito, terror, mudança de sexo. Eles não têm limites. E teve episódios onde até Jesus e Papai Noel saíam matando... E teve até um episódio com um personagem que era um cocô. Teve outro episódio em que acontecia uma festa com a figura do "Diabo", representado ali por uma espécie de demônio avermelhado. Imaginem... Teve outro episódio que era uma guerra entre o céu e o inferno. Outra que foi sobre viagem no tempo. Eles fazem a crítica da crítica, e não existem fronteiras de sexo, religião ou país. É para pensar e refletir mesmo. Não quer dizer que essas duas séries não são "coisas de *nerd*". É chamar a gente, que somos *nerds*, de idiotas. — A menina afrodescendente falava com convicção. Afinal, ser *nerd* não tem fronteiras de sexo, religião e cor de pele ou raça.

— Deixa eu explicar uma coisa: tem cara que não gosta de *South Park* e gosta dos *Simpsons*, e o contrário. É como torcida. Eu gosto dos dois. Se você acompanhar as séries um pouco, vai ver que são ótimas — interrompeu um outro rapaz, de camisa azul, que depois continuou. — É sacanagem chamar isso de desenho infantil. Os dois são para adultos. São geniais.

Felipe e Kátia não conseguiam ver todos na mesa de debate. Alguns estavam de costas e não dava para ver todos. Alguns estavam mais calados que outros. Cada um comia algo, enquanto dois deles jogavam *Yu-Gi-Oh* de maneira que ainda participavam do debate.

— Agora duvido que chamem de "séries para crianças" as séries de TV em *live action*,[1] como *Flash*, *Arrow*, *Super-Girl* e *Demolidor* e outras. E tem muito mais — disse um dos jogadores de *Yu-Gi-Oh* que estava de camisa preta.

— Exato. Duvido. Fazem o maior sucesso — falou a menina afrodescendente, que continuou: — *Arrow* é uma série que traz as aventuras do Arqueiro Verde, um arqueiro milionário e justiceiro. Um *Batman* atualizado. *The Flash* traz o herói velocista como nunca vimos antes. *Super-Girl* é a prima do Super-homem. São as aventuras dela na Terra. Todos da DC Comics. Séries como *Demolidor* e *Luke Cage* em *streaming* pago que você pode ver via web. Isso virou febre. Sem contar a série *nerd Big Bang Theory*, que fala sobre amigos *nerds* que dividem um apartamento. É uma febre boa. As séries são muito boas. Eu gosto do *Flash*. Não perco um episódio. Sem contar a *Super-Girl*, que também não perco. Ainda tem outros que não vejo, mas dizem que é bem legal, como o *Doctor Who* e *Lendas do Amanhã*, que é outra equipe de heróis que viaja pelo tempo da DC. Eventualmente séries são canceladas, mas outras são criadas. O mundo dos heróis possui muitos personagens.

— *Non sequitur*. Carlos está com vontade de comer uma pizza. Carlos tem uma preferência por séries antigas. Ele compra muitos DVDs de séries antigas. Quase não tem efeitos especiais. Séries como *Batman* e *Shazam* antigas lá pelos anos 1940 ele adora. Carlos gosta de séries das décadas de 1930, 1940, 1950 e 1960. São ótimas. Muita gente não dá valor, mas essas séries de TV são excelentes. Carlos ainda gosta de séries antigas como *O Túnel do Tempo* e outras mais leves, como *A Feiticeira*. Pode não ser tão *nerds* de "raiz", mas são ótimas.

Kátia reconheceu a voz. Era do mesmo rapaz que encontrara na *Yellow Games*. Ele estava de costas e a camiseta dele tinha um logotipo dos *Jogos Vorazes*, o filme, nas costas.

— Carlos, é você? Não vai me dar um beijinho? Vem aqui — Kátia falou bem alto. Felipe não entendeu nada.

■■■

— Oi, *Princesa de Marte*.[2] O seu John Carter fica feliz em vê-la. Tudo bom? Que bom que você está por aqui! Aqui é bom pra jogar e bater papo. Lá na *Yellow Games* é bom para ver gibi. Gostou da minha camiseta? Estilosa. Carlos ficou feliz. — Carlos já havia se sentado à mesa. Sempre, pelo jeito, falava na terceira pessoa. Era sua marca.

— Eu sou Kátia, Kátia Rosanna. Olha, sua camiseta é muito bonita. Onde você comprou ela? Este é Felipe, amigo meu.

Felipe e Carlos se cumprimentaram com um aperto de mãos.

— Acho que Carlos vai beber água. — Ele abriu a sua mochila e pegou uma garrafa d'água.

— Essas discussões são um tédio às vezes. O ar-condicionado aqui é bom, né?

---

1 Termo que se refere a gravações de filmes, séries ou novelas que misturam efeitos especiais e atores que interpretam, como a Super-Girl voando. Os efeitos especiais são acrescentados à cena gravada após o ator atuar.

2 "Princesa de Marte" é o nome do livro icônico de Edgar Rice Burroughs, o primeiro de uma série de vários livros sobre as aventuras de John Carter em Marte. Nesse romance, uma fantasia científica, o herói se apaixona por uma princesa de Marte, no qual se casam ao final. Virou filme em 2009. O autor é conhecido principalmente por ser o criador do também icônico personagem Tarzan.

— Menino, me responde a pergunta. Me conta onde comprou essa camiseta maneira e aquela do Dexter. São lindas. Vai, me conta. — Kátia estava sendo carinhosa como Felipe nunca vira. Carinhosa mas direta, era o estilo Kátia de ser.

— O Carlos fabrica elas. Ele tem uma confecção em casa e faz para quem pedir. Carlos faz assim: de manhã ele trabalha nas camisetas, e de tarde ele entrega conforme os pedidos. E no tempo que sobra, Carlos vai fazer o que gosta. Mas no fim de sua jornada, o que ele deseja é encontrar sua Princesa de Marte. — Carlos falava tranquilamente enquanto mostrava ter um tique nervoso, que era ficar brincando com um pequeno dado que tirou do bolso.

— Você é o cara que faz as camisas e que atende em várias lojas *nerd*? És tu artista das camisas? Parabéns! Eu ia ligar pra você. Peguei teu telefone — falou Felipe espantado, como se tivesse se esquecido de algo. Felipe era para ter ligado para ele.

— Exato. Carlos é um artista que faz tudo com paixão. Fazer arte nas camisetas é algo único para ele. Ele ama fazer isso. — Carlos falava com felicidade.

— Queria te perguntar uma coisa: você soube do assalto na *Yellow Games*? — perguntou Felipe.

— Sim, Carlos soube. Que merda!

— Estávamos lá. Vivemos tudo. Depois eu comprei uma camiseta com uns dizeres bíblicos, e a mesma estava na loja *Cubo Mágico*. Daniel me disse que foi você que a deixou lá — afirmou Felipe enquanto tirava da mochila a camiseta. A mochila dele parecia o cinto de utilidades do Batman.

— Sim. Exato. Essa não tem a cara do Carlos. Mas esse foi um pedido por encomenda que achei bem estranho. Encomendaram essa camiseta via web, e me pediram para entregar na loja junto com as que sempre entrego. — Carlos contou tudo com cara de espanto. Era estranho perguntarem sobre isso.

— Carlos, conta pra gente quem fez essa encomenda. Achamos que era um recado endereçado a nós e que corremos risco de vida. *Please?* — Kátia pediu com tanto carinho, que até o Felipe estranhou.

— Se minha "Princesa de Marte" pediu, eu respondo. Mas tem um preço. Depois Carlos quer levá-la para jantar em um barzinho *nerd*. É novo e fica aqui perto. É todo em temática *nerd*. Tem muitos desses em São Paulo e outras cidades, mas esse é novo por aqui. Juro que depois levo você de volta pra casa. — Carlos pediu com cara de apaixonado.

— Aceito! Anota meus telefones e contatos aí — respondeu Kátia. Parecia que estava pintando um "clima" entre os dois.

Felipe só olhava com cara de espanto. Kátia passou todos os contatos. Telefone, e-mail, contato do Facebook. E Carlos passou os dele. Parecia algo impossível alguém que aparentava ter problemas e ser meio tímido se apaixonar por ela. Mas ela tinha qualidades, bastava saber ver essas qualidades.

Depois de trocarem informações de contato, Carlos contou:

— Quem pediu para o Carlos foi uma cliente muito pouco usual. Às vezes posto via correio alguma encomenda, como camiseta especial. Foi uma cliente que aparentemente mora aqui nessa cidade e que se anuncia no Instagram. É ruiva e tatuadora. Tem o corpo todo malhado. É também *camgirl*.[3] Achei estranho. Os pedidos que ela faz são pedidos de camisetas com imagens de *anime*. São camisetas com jeito *nerd*. Ela se exibe em vários vídeos com seu marido, mas ele não é *camboy*. Te passo o contato dela em instantes. Ela não faz programa, tipo "sexo pago".

A informação passada por Carlos era realmente incrível. Ele podia ser o que fosse, mas não indicava ser o *cracker* safado. E poderia ser de grande valia, já que conhecia muita gente nessas lojas *nerds*. Era um pequeno herói escondido.

— Porra, meu! Que loucura. Precisamos fazer contato com ela e ver onde isso vai nos levar. Obrigado pela ajuda. Eu acho que você nem precisava pedir algo em troca. Acho que ela ficou apaixonada por você — disse Felipe apontado para Kátia.

— Isso não é justo — Kátia respondeu para Felipe.

— Por que vocês não aproveitam que não está tarde e vão lá jantar? — perguntou Felipe. Todos riram. O ambiente ali na loja era legal.

"Mais uma pista levando a outra. O filho da puta do *cracker* armou uma teia", Felipe pensou ao mesmo tempo em que olhava com felicidade para Kátia. Ela precisava de um pouco de romance. *Nerd* precisa viver como qualquer pessoa. Amar faz bem à saúde.

■■■

Carlos saiu da *SpellBook Cards* com a Kátia, e optaram por pegar um táxi que pudesse deslocar os dois. A dificuldade foi colocar a cadeira de rodas de Kátia na mala do carro. Gentilmente, Carlos a ajudou e embarcar no táxi carregando-a para dentro do veículo, e foram para o restaurante.

Felipe optou por ficar mais um pouco na loja e pesquisou pela *camgirl* ruiva e tatuadora com informações fornecidas pelo Carlos. Foi muito fácil. Seu nome no Instagram era *@Lumen_tatu135*. Pelas fotos, era uma ruiva linda e tinha um estúdio de tatuagem. Seria ela o *cracker*? Resolveu segui-la na rede social. Ela estava online e havia acabado de postar uma transmissão ao vivo.

Ela era *nerd* de carteirinha. Gostava de vários *animes* e de *games*, e o marido dela também. Ela era muito atualizada.

Felipe ainda tinha um trunfo: o celular e o número do *WhatsApp* dela. Resolveu colocar o fone de ouvido e ligar para ela. Afinal, o que haveria a perder?

Ligou pelo *WhatsApp* fazendo uma conexão em vídeo. Um veria o outro. Tocou um pouco até que ela atendeu:

— Oi, meu nome é Felipe, e quem me deu teu contato foi o Carlos, o das camisas. Desculpe entrar em contato contigo. Como pode ver, estou na loja *SpellBook Cards*. Tudo bem?

---

3 Camgirl é o termo usado para modelos (mulheres ou garotas) de webcam, ou modelos que geralmente se exibem nuas na internet fazendo uso de uma câmera. Em geral usam contas específicas, e clientes pagam por isso. Muitas gravam vídeos (e os exibem) ou realizam serviços sexuais (nem todas fazem isso) mediante pagamento em dinheiro, bens ou serviços. Outras só querem se exibir em troca de fama e audiência na web. Muitas também têm milhares de seguidores e fãs. O termo camboy é o mesmo para homens que fazem o mesmo. Muitos são também nerds.

— Oi, querido. Muito obrigado pelo contato. Não sei se ele te avisou, mas eu não faço programas. Ou você vê pela web eu me exibindo ou faz alguma tatuagem no meu estúdio. Quem faz as *tattoos* é meu maridão, Enzo. Eu sou a Lúmen, que quer dizer "luz" em latim. Amo meu nome. Em que posso te ajudar?

— Te peço desculpas, mas preciso que você me ajude com uma informação. Foi você quem encomendou a camisa com as frases bíblicas e pediu para entregar lá? Pode me ajudar a saber o porquê? É que a camisa está aqui comigo. É linda. Pediu para fazer e entregar lá na loja. Já estava até paga. Saiu de graça. — E Felipe mostrou a camiseta em suas mãos.

— Meu Deus, foi você que ficou com a camiseta! Coisa de doido! Olha, na verdade não fui eu que encomendei. Um outro cara me contatou por email e me pediu para fazer o serviço. Pagou o triplo de uma tatuagem normal. Deu instruções exatas. Pagou inclusive com depósito em conta-corrente. Depósito não identificado. Eu quase não aceitei, mas devido à crise e pelo fato de estar apertada financeiramente, me vi obrigada a aceitar. Afinal, era somente uma camiseta — respondeu Lúmen com sinceridade.

— Desculpe, mas você pode depois me repassar esse email? Eu queria agradecer a pessoa. Depois me passa o endereço do teu estúdio, que eu gostaria de fazer uma tatuagem. Será minha primeira. — Felipe tinha de dar uma desculpa para obter mais alguma informação. — Já estou te seguindo no Instagram. Parabéns!

— Obrigada. Claro, te passo, querido. Vou postar aqui mesmo o email e o endereço. Olha, desculpa, tenho de ir. Beijinho. — Lúmen se despediu e em seguida encerrou a chamada.

Em poucos minutos, ela enviou tudo.

"A porra do *cracker* é mais esperto do que pensei. O cara nunca aparece e parece estar jogando xadrez. Mas eu vou achar ele", Felipe refletiu ao pensar sobre as pistas. Felipe não sabia é que o *cracker* não era quem ele imaginava ser.

Capítulo 12:
Vida Digital

"Toda mentira contém uma verdade e toda verdade contém uma mentira."

Shu, personagem do jogo Suikoden II

• • • • • • • • • • •

A quinta-feira começou com os nervos à flor da pele. O tempo estava contra eles agora.

— Vai tomar no cu, *cracker* filho da puta! Estou puto ao extremo com essa merda. A porra da imprensa pressionando a empresa. Por mais que não seja eu a tratar com a imprensa, a pressão está grande. — O Sr. Abreu estava estressado ao extremo. Falava bem alto na sala de reunião.

— Calma, Sr. Abreu. Eu sei que o seu nível de estresse está alto — Felipe disse em tom baixo e calmo.

— Desculpe, estou desabafando. — Parou e por alguns segundos e ficou em silêncio. Todos ficaram. Depois ele continuou: — Eu já tive três reuniões de diretoria para tentar conter os estragos, com os diretores e os principais gerentes. O que fizeram publicando a notícia com o ataque hacker ao site foi terrível, mas acho que conseguimos conter os estragos com a mídia. Mas internamente a pressão cresceu. Temos no máximo 15 dias, senão haverá demissões. Inclusive vocês poderão ser cortados, por mais que estejam fazendo um ótimo trabalho. Agora é hora de resultados. O que têm de novidades?

Felipe, Hugo e Kátia contaram o seu progresso. Hugo falou por último, afinal, ele havia pedido para falar nesse momento.

Quando Hugo falou que o *hacker* era uma IA, ou inteligência artificial, os três ficaram chocados.

— Como assim? — questionou o Felipe.

— Acreditem ou não, mas uma galera que também é *hacker* do bem me afirmou que na *Dark Web* já tem vários programas especialistas para ficar prevendo comportamento e atacar alvos previamente determinados. Uma IA pode aprender com os erros, fazendo uso de *machine learning* (ou aprendizado de máquina), que nada mais é do que um *software* especialista que armazena dados históricos para gerar padrões de comportamento. Pode ser até mais de uma IA especialista trabalhando em conjunto. Alguém a criou, e ela fica atacando a empresa aqui, encontrando falhas e tentando enviar novos vírus. Mas deve ter um criador humano, pois quem a criou a deixou rodando em algum lugar. E deve ter alguém do lado de fora que pode estar colaborando.

Houve um silêncio estranho por alguns segundos por parte do Sr. Abreu. Todos estranharam.

— Então quer dizer que um ex-funcionário pode ter criado esse filho da puta e deixou ele aí de propósito para nos foder. Quem diria. — O Sr. Abreu se colocou de forma bem objetiva.

— Se o que está indicando for isso mesmo, tem mais de uma pista que reforça isso. O serviço da camiseta com os dizeres foi encomendado a uma *camgirl*, que por sua vez encomendou o serviço ao rapaz que fez a camiseta e deixou na loja. Parecia que sabiam que iríamos lá. Por que isso? O detalhe é que foi feito um depósito não identificado na conta da camgirl. Então existe alguém colaborando com essa IA. — Felipe sabia o que estava falando. Depois de uma breve pausa, continuou: — Dos suspeitos que trabalharam aqui na empresa, restaram apenas José Estevão, Ignácio e o Baltazar. Como o senhor já falou dos três anteriormente, o que concluí de forma lógica é que quem seria o nosso *cracker* mais suspeito é o José Estevão. Vou pesquisar forte sobre ele na web e nas redes sociais. Se ele estiver por aqui na cidade, tenho permissão para visitá-lo, se for o caso, Sr. Abreu, em nome da empresa?

— É evidente! Faça o que for necessário. Porém, não percam o foco principal. Quero foco no código e ver o que conseguem. Quanto ao resto, vamos analisando caso a caso e gerenciando. Está combinado? — Sr. Abreu foi bem enfático.

Felipe estranhou o fato de ele pedir para não perder o foco, mas todos concordaram com a orientação dada pelo Sr. Abreu. Agora era hora de mergulhar e focar os objetivos. Em tecnologia, em geral, é assim.

Kátia resolveu fazer algumas considerações antes de terminarem a reunião:

— Antes mesmo que "ataquemos", preciso lhe explicar algumas coisas, Sr. Abreu. — Todos se entreolharam, e depois ela continuou: — Mesmo o senhor vendo nossas análises iniciais, eu preciso te explicar que uma IA pode atuar tanto para o bem como para o mal. Uma IA, hoje, tem melhores resultados quando a mesma for criada para objetivos mais focados. Algo genérico que sirva para tudo hoje é impossível. Um exemplo simples seria dar respostas a ameaças ou realizar (ou controlar) tarefas como analisar temperatura dado uma série histórica que se modifica todo dia. Por outro lado, já se especula que pessoal do mal, como terroristas, possa usar uma IA. Um exemplo disso seria criar vírus e outras coisas inteligentes que se espalhem e que prejudiquem o sistema financeiro. Outro exemplo do mal seria o uso de drones inteligentes que poderiam atuar como espiões ou portando armas e disparálas quando necessário. Até mesmo carregando uma granada. Por isso que aqui no Brasil já houve uma proibição de uso e venda de drones não autorizados pela Aeronáutica.

O Sr. Abreu explicou que andou lendo muitas coisas sobre IA. Todos estranharam o fato de ele confessar algo. Mas ele desejou ouvir mais do que a Kátia tinha a falar.

Ela deu uma breve pausa antes de sua longa explicação sobre IA. Ela acreditava que compartilhar conhecimento é fundamental. Todos fizeram um silêncio respeitoso. "Entender o inimigo é importante para derrotá-lo", pensou Felipe.

Ela recomeçou:

A busca por uma IA se acentuou ou cresceu com a revolução computacional, e mais precisamente se iniciou com um personagem importante da TI: Alain Turing, que em 1937 publicou um artigo que traçava o conceito de "máquina lógica de computação". Esse artigo foi um marco na pré-história do computador, de tal forma que essa máquina foi denominada de "máquina de Turing", portanto, servindo de base conceitual para os primeiros computadores. Alan Turing, por conta disso, em 1950, tentou responder uma das questões mais importantes: as máquinas podem pensar? Turing propôs de maneira simples um experimento que procurasse confirmar ou não esse fato. Esse experimento foi chamado de "Teste de Turing".

IA teve primeiramente uma explosão tecnológica, pois pesquisas e discussões sobre IA se iniciaram na década de 1930. Entre o final da década de 1960 até meados da década de 1980, tivemos o termo conhecido como "AI winter", ou, em tradução livre, "inverno da IA", por conta da falta de interesse dos governos dos EUA (grande incentivador inicial), que deixou de financiar projetos nesse sentido.

Posso dizer que entre meados da década de 1950 até meados da década de 1960 houve um interesse grande no tema por conta da chamada "guerra fria" entre EUA e URSS, com foco específico em automação e tradução instantânea, tudo por conta da espionagem. Os resultados de máquina e softwares de IA eram lentos, se comparados com os tradutores (pessoas em si) especializados. Porém, no período do inverno da IA, continuou-se as pesquisas. Com o surgimentos da Web em meados da década de 1980 e consequente explosão da internet nos anos seguintes, fez com que as pesquisas de IA fossem compartilhadas e incentivadas. Todos começaram a olhar IA com outros olhos.

Acrescido da explosão recente do poder computacional dos chips, do surgimento da Computação em Nuvem, do Big Data e do poder de compartilhamento de informações, dados e de processamento fez com que a partir de 2010 houvesse um novo e grande interesse em IA, surgindo assim produtos, softwares e soluções de todos os tipos que fazem uso de IA.

Veja um impacto mais imediato da Inteligência Artificial nos negócios das empresas em geral:

> A área de vendas das empresas tem passado a registrar e analisar não somente os dados dos clientes, mas também todo o histórico de comportamento de comprar, escolhas e seleções de cada cliente, fazendo, assim, análise para prever de forma inteligente como vender mais o que cliente procura.

> A área de serviço de atendimento ao cliente passou a fazer uma classificação automática de casos de atendimento, diminuindo a dependência do atendente ou, mais ainda, aproveitando a experiência de comunidades de autoatendimento de forma inteligente, sem contar o uso de chatbot, que veio para revolucionar o serviço de atendimento.

> A área de marketing tem utilizado análises preditivas para prever comportamento e tendências de mercado ou grupos de clientes, analisando de forma mais segmentada e profunda o perfil dos clientes.

Hoje, cada vez mais especialistas mostram e afirmam que a união das qualidades humanas, com apoio ou suporte da capacidade computacional, levará o homem a novos patamares. E qual nova área tecnológica está no meio dessa nova união: a Inteligência Artificial.

No Brasil, somente entre 2016 e 2017 se começou a discutir o impacto da IA. Fora do Brasil já se discute há vários anos o papel de IA, estando, portanto, em um estágio mais avançado.

Um exemplo típico e recente de IA é uso de chatbots, que são programas que tentam substituir o atendente "físico" (uma pessoa) em muitas ações e dúvidas que são repetitivas, sobretudo agora, quando é acessado via internet.

Outro exemplo de uso de IA são os carros inteligentes, ou carros sem motorista (ou autônomos), que já existem em muitas cidades nos EUA e que a indústria automobilística mundial está levando a sério. Quem dirige e controla o carro é uma Inteligência Artificial.

De certa forma, pode-se dizer que a IA saltou da ficção científica para o mundo real.

Ao fim da explicação, o Sr. Abreu agradeceu:

— Obrigado pela explicação. Gostei muito. Muitas coisas eu já sabia devido a minha leitura e pesquisa. Extremamente útil, mesmo assim. Aí eu me pergunto: aquele filho da puta de programa safado pensa ou tem sentimentos?

Talvez esse seja o grande dilema da Inteligência Artificial. Muitos a veem como algo benéfico, mas muitos a veem com um medo apocalíptico, como se uma IA fosse dominar a tudo e a todos. Alguns romances já abordam o tema.

Fato é que alguém criou alguma coisa e tem por objetivo fazer algo que não é muito legal no fim das contas.

■■■

Nossos três heróis fizeram uma reunião a portas fechadas.

Depois de algum tempo, eles chegaram à conclusão de que não poderiam perder tempo falando e tratando de coisas nos próximos dias que não fossem sobre o assunto em questão. Hugo e Kátia focaram na reengenharia do código com os novos *softwares* que o amigo do Hugo arrumou.

Felipe ficou no perfil de José Estevão. Resolveu fuçar as redes sociais, incluindo os amigos dele nas principais redes sociais. Poderia haver alguma pista. Mas estava difícil.

No primeiro dia, que foi parte da quinta-feira, mal conseguiram lidar com as ferramentas novas de reengenharia. Hugo teve de ligar para seu amigo Thomás, que lhe mandou várias instruções.

Felipe nada encontrou, mas foi listando várias coisas. Colocava os nomes e fatos em uma lista e tentava encontrar algo. Quem sabe algum padrão, ou alguma ligação.

Resolveram ficar até bem tarde na empresa, todos, sem exceção. Hugo e Kátia, juntos, conseguiram fazer engenharia reversa de dois arquivos chaves. Deu trabalho, mas foi possível ver onde o código original tinha sido substituído.

Voltaram o código desses programas para a versão anterior mais recente das alterações, pois sabiam o ponto onde estava o erro agora.

Felipe resolveu montar uma árvore de relacionamentos na mesa. Ele colou com fita crepe várias folhas de papel A4 e foi montando uma espécie de árvore de relacionamentos para ver quem poderia ser quem na lista de amigos ou de contatos do José Estevão. Poderia haver redundâncias ou coisas em comum. Ele estava cansado mentalmente, e isso dificultava.

Todos chegaram aos cacos no hotel que os hospedava. Comeram vários sanduíches que pediram no jantar. Na área de TI, Tecnologia da Informação, é comum acontecer isso. E essa situação não era uma exceção.

No segundo dia, que já era sexta-feira, Hugo e Kátia já haviam destrinchado todas as rotinas de código que estavam codificadas ou bloqueadas. Ele viu inclusive que alguns arquivos estavam travados com um perfil de um usuário que não existia. Ele descobriu a senha desses arquivos. A nova estratégia de engenharia reversa estava funcionando. Hugo e Kátia iriam agradecer ao amigo secreto de Hugo que ajudou.

A senha desses arquivos era <**Ecos333@!**>. Hugo achou estranha a senha e fez uma anotação mental do fato.

Kátia resolveu que, ao voltar o código na versão anterior antes do travamento, eles iriam testar o código juntamente com o todo resto. Iriam voltar no fim de semana para testar. O saldo havia sido positivo.

Na verdade, todos iriam voltar no fim de semana. Não tinham tempo a perder.

Eles analisaram e precisavam voltar no sábado e domingo. Não havia como evitar.

Felipe pouco havia avançado. Mas conseguiu perceber que o José Estevão tinha muitos "amigos" nas redes sociais e que poucos respondiam de fato a ele. Teve uma namorada. O cara escrevia muitos programas. Mas era evidente: o homem gostava de IA e era nosso possível suspeito.

Já era fim do dia, e o que iriam fazer? Todos estavam cansados. Mas Kátia parecia estar ainda elétrica e com alguma de energia. Ela resolveu dar uma sugestão interessante.

— Minha sugestão é simples. Vamos à outra loja *nerd*. Uma nova. Tenho uma sugestão e uma indicação do Carlos.

— Você não quis nos contar até agora como foi no barzinho *nerd* com ele. — Felipe estava curioso para saber.

— Surpresa! Na loja eu conto. Ah! Ah! Ah!... Ele vai estar lá nessa loja. É nova e tem um visual legal por dentro. Aceitam?

■■■

— Boa noite, em que posso ajudá-los? Eu sou o Marcus, Marcus Ericsson. Sejam bem-vindos à "Caverna Mágica do Dragão" — disse um rapaz que devia ter uns 30 e poucos anos, alto, com cerca de um metro e oitenta de altura. Usava uns óculos "quadrados" com lentes grossas. Tinha um rosto de viking e usava barba, e ainda era meio calvo. Parecia um gigante *viking* gentil.

— Sim, viemos aqui indicados pelo Carlos das "camisetas". Ele já está por aqui? — Kátia falou liderando os três. — Eu sou a Kátia, e eles são Felipe e Hugo. — Ela apontou para cada um ao falar seus nomes.

— Ah, sim! O Carlos... Ele daqui a pouco deve estar aqui. Ele mandou mensagem pelo *WhatsApp*.

Marcus imediatamente saiu de trás do balcão e cumprimentou a todos com satisfação. Era, pelo jeito, muito gentil. Continuou:

— Essa é minha loja, mas tenho outros sócios. Deixem-me mostrá-la. Não é muito grande, mas temos um grande carinho por quem vem aqui. Queremos ser um espaço *nerd* alternativo. Outras lojas seguem um caminho similar. Queremos ser diferentes sendo nós mesmos. — Marcus sabia se colocar com muita educação.

A loja ficava dentro de um espaço universitário, e ao mesmo tempo buscava ser alternativa. Na loja, ao entrarem, perceberam que ela tinha espaço para cerca de 50 pessoas ficarem sentadas. Era como se fosse uma grande sala, bem dividida. Tinha um grande balcão, típico de lojas *nerds*, onde os produtos ficam bem arrumados, sempre com duas ou três pessoas atendendo a todos ali. Tinham uma máquina de xérox que deveria atender aos estudantes locais. Tinha, ainda, várias camisas *nerds* e da universidade sendo vendidas ali. Muitos *board games* também eram vendidos.

Nas paredes, havia quadros de diversos personagens de *magic*. Na verdade, eram quadros com reprodução de cartas de *magic*, que continham, cada uma, algum personagem famoso de *magic*, como Chandra, Gideon e Jace. E mais, o teto era todo coberto com souvenires variados que enfeitavam o espaço aéreo. O "pé direito" da sala, o espaço entre o chão e o teto, era muito alto, e coisas foram colocadas ali para que o ambiente pudesse ficar mais bonito. Era como se você estivesse em outro sistema planetário ou em outro mundo. Algo meio "espacial" tinha ali. Havia diversos *banners* espalhados, ou cartazes grandes pendurados nas paredes, com alguns eventos *nerds* em destaque. As mesas eram muito bem iluminadas por conta de lâmpadas "rebaixadas" através de um extensor que vinha do teto. Tudo era para que todos que estivessem ali se sentissem em um ambiente agradável e que desejassem voltar sempre.

Ao entrar, eles sentiram uma energia boa. Algo que emanava "uma certa" tranquilidade. Era algo "zen".

— Aqui ficam vários produtos *nerds*; ali, "estações", ou melhor, computadores, para quem desejar acessar a internet e não tem computador em casa ou não anda com um laptop — falou apontando para dois computadores (sem local para sentar) para quem desejasse acessar a internet. — É muito útil. Foi um pedido da universidade. Aqui fica a maquina de café, chocolate e *capuccino*. — Apontando para um canto escondido da sala. — Aqui temos uma geladeira, para quem desejar beber algo.

— Muito legal. Oba. Aqui tem *capuccino*! — Hugo falou com entusiasmo.

— Sim, e sem contar com as mesas bem largas, que dão para quatro pessoas, e nos cantos tem pontos de tomada para você poder carregar seu celular. Isso é um sofrimento de todos. E sem falar no ar-condicionado, que funciona muito bem — Marcus falou com orgulho da loja. — Muitos alunos da universidade vêm apenas para conversar aqui e se aproveitam do espaço da loja. Queremos fazer aqui um ponto *nerd*. Temos torneio de *magic* quase todos os dias, Yu-Gi-Oh! e Pokémon. E *board games* aos sábados. E eventualmente tem um pessoal de *D&D* [1] jogando aqui. Hoje, daqui a pouco, teremos um *Friday Night* de *magic*. Mas acho que, por conta de um outro torneio grande de *magic* que terá aqui na loja amanhã, estamos com menos público hoje. E fazemos sempre marketing e divulgação no *Facebook*, *Instagram*, *Twitter* e no *WhatsApp*, no qual temos mais grupos.

— Muito legal! — Felipe falou encantando.

— As camisetas do Carlos vendem muito por aqui. Ele cria cada coisa linda! Fiquem à vontade, tenho que dar atenção um pouco à galera que está no balcão me chamando. — Marcus voltou para detrás do balcão, que estava ficando cheio de pessoas pedindo coisas, e, pelo jeito, a suposta atendente que estava lá agora, uma mulher da mesma idade dele e que parecia com o Marcus, não estava dando conta.

Os três se acomodaram em uma mesa que estava vazia, e logo houve uma meia disputa para colocar o carregador. Carregar o celular é um sofrimento moderno. Para a Kátia poder "estacionar", Felipe tirou uma cadeira, e ela pôde se colocar à beira da mesa com a sua cadeira de rodas. Às vezes nem parecia que ela a usava. Ela era muito autossuficiente quanto ao uso de sua cadeira de rodas. O mais legal foi que, quando entraram na universidade, eles observaram que a mesma tinha muitas rampas e acessibilidade para cadeirantes. Ela se apaixonou logo de cara pelo local. A indicação de Carlos foi ótima.

Após eles se acomodarem, Hugo tomou a iniciativa da conversa:

— Vocês souberam que hoje houve de novo outro ataque hacker, ou melhor, de cracker, ao site "Portal Magic"? O que eles ganham com isso? Só pode ser vingança.

— Não sei, Hugo, mas acho que quem tem feito isso fez de propósito e sabe o que faz — Felipe se colocou em tom de preocupação.

---

1 Mais conhecido como "D & D" ou Dungeons and Dragons. Famoso jogo de RPG.

O que eles logo observaram foram duas garotas jogando e outras duas conversando ao lado delas. As duas garotas estavam jogando algum *card game*, o que era algo pouco comum na visão deles, mas agora tudo tem mudado com o advento do chamado "empoderamento feminino". Isso é importante para a sociedade. Espaço igual. Perto da mesa delas, vários homens jogando. *Card games* é um universo, infelizmente, preponderantemente masculino. E pelo jeito, machismo nesse meio rola solto ainda.

— Meninos, vocês viram ali ao lado? Duas garotas jogando — Kátia falou com muito orgulho.

— Duas meninas não. Uma garota e um garoto trans. Uma transexual *nerd* — Carlos falou de surpresa, dando quase um susto na Kátia.

— Carlos, você chegou! Que ótimo. Menino pontual. Estava ficando preocupada — Kátia falou com um sorriso no rosto.

— Carlos estava com saudade da "menina maluquinha". Carlos teve muito trabalho hoje. — Carlos quase sempre falava de um jeito diferente.

Todos riram com o jeito carinhoso com que ela o tratava, e vice-versa. Carlos foi logo pegando uma cadeira vazia e se acomodando ao lado de Kátia. Ele falou:

— Aqui vocês podem ter certeza que vêm garotas e "trans". Aqui tem torneios com uma galera bem nova sempre. O lance é aquilo que vocês sabem, o mundo *nerd* é muito machista. Mas aqui é diferente. Até com quem é trans tem preconceito nesse mundo *nerd*. Tem muito *nerd* machista. É loucura. Tiro de preconceito pra todo lado. Mas nessa loja já tivemos até campeãs de torneio, uma garota. É que o que sempre falo: mundo *nerd* não tem sexo ou idade. Mas ainda há muito preconceito. É uma merda. Eu já vi, em um grupo que jogava *magic* em um shopping toda semana, uma transexual *nerd* ser constrangida a tal ponto, que ficou impossível ela continuar jogando lá. A menina era supersimpática e gente boa. Adorava górgonas.[2] Um bando de babacas que tem preconceito e não assume. Muitos amam outras garotas trans e muitos garotos e não assumem o fato. Aqui na loja tem bissexuais assumidos. Carlos já teve até uma namorada anã. O que importa é a pessoa por dentro. Acho que hoje o Carlos está mais para *Punho de Ferro* [3] do que para *Coragem, o Cão Covarde*.[4] Todos convivem na boa aqui. Nas redes sociais, já vemos grupos *nerds* LGBT e grupos de *magic* LGBT. O mundo muda e temos de mudar com ele, sem perder a alma pelo que gostamos. Aqui é um espaço bem legal.

— Falou o "cavaleiro da justiça". Sábias palavras, Carlos — Felipe enalteceu as palavras do Carlos, que eram sábias e verdadeiras.

Ninguém riu. Todos amaram as palavras de Carlos. Sábias palavras.

Caro Leitor, você pensa que o mundo *nerd* é perfeito? Porra nenhuma. Existe, sim, muito preconceito dentro de falsos conceitos. Aqui a história, eu avisei lá atrás, não tem espaço para enrolação. Aqui é tiro, é a laser e na lata. Eu avisei que você iria navegar pelo mundo *nerd*. Não disse que você iria sonhar um sonho *nerd*. *A verdade está fora*, como se diz na série *Arquivo-X*.

■■■

---

2 Górgonas são seres mitológicos que fazem parte da literatura grega. Apresentam-se como um monstro do sexo feminino com grandes presas e possuem, no lugar dos cabelos, várias cobras. Têm o poder de transformar em pedra quem olha para elas. A mais famosa das górgonas foi Medusa.

3 Herói da Marvel que luta artes marciais.

4 Desenho animado que conta as aventuras de um cão que se assusta facilmente e é medroso que vive em uma fazenda no Kansas, nos EUA. O cão enfrenta monstros, alienígenas, cientistas loucos, zumbis e muito mais.

Eles resolveram ficar por ali mesmo na loja. O estresse estava tomando conta de todos. Precisavam de algo para relaxar, se tivessem tal oportunidade. A noite de sexta-feira prometia ser longa.

Hugo resolveu jogar *magic*, para variar. Ele amava esse jogo. A cada nova rodada, ele trocava de mesa e de oponente conforme o torneio ia acontecendo.

Antes de iniciar o torneio, ele resolveu ligar para a filha. A sua Juliana Flor. A sua flor. Ela era a sua fonte de energia para quase tudo.

Carlos e Kátia ficaram por ali mesmo, na mesa, conversando e meio que namorando.

Felipe, ao ver Hugo ligando para a filha, ligou também para sua esposa. Saudades dela e dos filhos. Tinha de saber deles. Podia parecer que ele não ligava, mas, na prática, todo dia de noite ele ligava para ela. Ele aproveitou e matou as saudades ali mesmo na frente de todos. O amor estava no ar. Amor *nerd* estava no ar, e por que não?

Quando, no início da noite, os estudantes foram embora, ficaram somente duas pessoas tomando conta da loja, os jogadores e nossos heróis. Quem estava no balcão eram o Marcus e sua irmã e sócia, Sofia, como se descobriu depois. Ele ficava circulando entre as mesas e vendo jogos, conversando. Ao fim de cada rodada do torneio de *magic*, que levava cerca de 50 minutos, ele informava os resultados no computador e anunciava quem iria duelar contra quem na nova rodada. Seriam quatro rodadas naquela noite. Em uma dessas rodadas, Marcus sentou-se à mesa onde estavam Felipe, Carlos e Kátia.

— E aí, pessoal, tranquilo? Obrigado por terem vindo hoje aqui. Eu sempre gosto de conhecer um pouco de quem vem aqui na loja. É legal porque a galera sempre tem ideias e colabora para melhorar o todo. — Marcus foi bem educado ao falar.

— Eu amo *anime*! Essa rimou! Sinto falta de algo assim aqui — Kátia falou rindo.

— Você já conhece o Carlos, vamos pular minha parte. — Carlos sempre falava na terceira pessoa e mudava de assunto de forma aleatória. Coisa de doido.

— Eu sou apaixonado por quadrinhos. Marvel e DC. Adoro os filmes de ambos, e acho isso demais. Gosto de conhecer e entender um pouco da história dos quadrinhos. Estou sempre lendo algo a respeito. É como se fosse conhecendo minha própria história. Sou apaixonado por quadrinhos. Sinto falta aqui de um pouco de quadrinhos. Amei o espaço aqui — Felipe falou com o coração naquele momento.

— É que, no fundo, temos uma limitação de espaço, e procuro fazer o melhor, dadas essas restrições. Mas acredito que, assim que pudermos, faremos um espaço para quadrinhos e mais livros *nerds*. Temos alguns poucos livros *nerds* à venda. A loja tem crescido. Mudamos de outra loja menor dentro da universidade para essa aqui. Crescemos em 30 por cento em termos de espaço. O crescimento foi espantoso. Nem acreditamos. Sabe o que é isso? Existem muitos *nerds* sem espaço, e aqui é um espaço *nerd* que fizemos com muito carinho — Marcus falou com orgulho.

— Sabe o que me faz lembrar isso? O início dos quadrinhos dos super-heróis, e a briga entre DC e Marvel — Felipe falou com a autoridade de quem se lembra de que muitas vezes a "história" se repete.

— Como assim? Conte pra gente. Precisamos de um pouco de aula *nerd* — Marcus pediu com orgulho.

— Carlos acha que ouvir um pouco de história *nerd* faz bem à saúde.

— Felipe, você é bom nessas coisas. Conta pra gente. Queremos ouvir — Kátia falou de maneira séria.

Ele resolveu contar um pouco do que leu. Parecia um filme passando em sua cabeça.

O mundo dos quadrinhos que conhecemos hoje começou de fato no fim da década de 1930 e início de 1940. A icônica revista Action Comics 1, publicada em 1938, foi um marco. Era o Super-homem na capa. Ali, naquele momento, o mundo começou a se transformar. Claro, outras histórias em quadrinhos eram publicadas antes.

O fato é que o homem sempre perseguiu o mito do super-herói, ou do herói. Antes de 1938, séculos antes, vieram os heróis gregos e romanos. Deuses e lendas sempre estiveram entre nós. Livros de heróis ou de aventuras de heróis vieram, e coisas que nos marcam até hoje, como Tarzan, criado em 1912, são ícones. Com o advento do rádio, outras coisas vieram, como radionovelas, como o Besouro Verde, em 1936, que depois na década de 1960 virou série de TV.

Entre o final do século XVIII e início do século XIX, tivemos uma pequena guerra entre jornais. Era o surgimento das chamadas tiras de quadrinhos nos jornais. No início dos anos 1930, o formato atual de revistas, ou livros com poucas páginas, foi instituído.

Os criadores do Super-homem, Jerry Siegel e Joe Shuster, já haviam tentado vender o personagem, sem muito sucesso, antes. Depois de conseguirem vendê-lo, por US$130,00, para a "National Allied Publications", viram em pouco tempo a Action Comics passar a vender quase meio milhão de exemplares já no sétimo número. Depois essa editora iria se fundir com outra, a Detective Comics, e virar a DC Comics que conhecemos hoje. A "Detective Comics" publicou o Batman antes de se fundir e virar a DC.

Daí em diante, foi uma avalanche de sucesso de heróis e das editoras. Entre 1930 e 1950, esse sucesso ganhou o nome de Era de Ouro dos Quadrinhos. Daí em diante, até 1970, temos a "Era de Prata". Desse período até meados da década de 1980, temos a "Era de Bronze". Daí em diante, até hoje, temos a chamada "Era Moderna".

Em 1938, depois do sucesso de Super-homem e Batman, John Goodman, dono de uma pequena editora, a Timely, resolveu publicar uma revista que fez muito sucesso, a revista Marvel Comics, cujo primeiro número vendeu na época 80 mil exemplares. Ao fazer uma reimpressão da mesma revista, vendeu 800 mil. Isso mesmo!. A revista continha personagens como o Anjo, KaZar e o Cavaleiro Mascarado. Pouco tempo depois, estourou a Segunda Guerra Mundial. Estava nascendo aí a guerra entre a Marvel e DC. Era briga por vendagem e por uma fatia maior de mercado.

Heróis como Namor vieram na época pela Timely. Em 1940 veio o Capitão América número 1.

A DC sempre foi uma editora mais certinha. A Marvel era do tipo "do caos vem a criação". O Quarteto Fantástico, que surgiu em 1961 na Marvel, foi criado para concorrer com a Liga da Justiça da DC. Como podemos ver, o mundo dos heróis evoluiu muito. Mais heróis e mais aventuras. Stan Lee[5] e Jack Kirby foram criadores de muitos heróis da Marvel. Hoje são ícones de nosso tempo. São criadores de parte de nossos sonhos.

---

5   Stan Lee faleceu em 12 de novembro de 2018 em Los Angeles, Califórnia, EUA, durante a elaboração da presente obra.

A DC, na verdade, tinha um lindo portfólio de super-heróis. A DC era como carro de luxo que todos gostavam. A Marvel, no início, tentou copiar a DC. Depois ela encontrou seu caminho. Ela representava o moderno e o novo. A DC era como uma grande empresa, burocrática e muito tradicional. A Marvel, com seu caos criativo, aproximou suas histórias do mundo real. Isso conquistou os leitores. Aí ela cresceu e ultrapassou a DC nas vendas.

A DC, depois que a Marvel se tornou uma ameaça, tentou copiá-la. Depois uma passou a copiar a outra e disputar roteiristas, desenhistas e até criar personagens que eram similares aos da outra, de maneira "sutil". Até o mercado de quadrinhos era cada vez disputado loja a loja. Essa disputa não para até hoje, com ambas brigando nas vendas. Na década de 1970, ambas representavam cerca de 90 por cento do mercado quadrinhos.

Em 2018, juntas, Marvel e DC, representavam cerca de 77 por cento do mesmo mercado. Outras editoras surgiram, como a Image, e criaram seu espaço. Hoje, o que vemos são dois gigantes corporativos brigando.

Nas décadas de 1960, 1970 e 1980, tivemos desenhos e séries na televisão, filmes no cinema e super-heróis sendo descobertos por todos. Nos anos 2000, a coisa ficou mais séria, com os filmes da Fox dos X-Men. Aí, em 2008 veio o Homem de Ferro, que mudou de vez a indústria de filmes como um todo. No mesmo ano, estreou o icônico filme "Batman: O Cavaleiro das Trevas". A concorrência era quase que direta.

Fazer filmes de super-heróis era realmente um ótimo negócio. A Marvel foi vendida para a Disney em 2009. Virou negócio. Vieram cada vez mais filmes, novas histórias, novos mercados, como quadrinhos online e jogos com super-heróis. A DC embarcou nas séries de TV e nos desenhos.

Cada um encontrou seu caminho, mas sempre disputando o mercado de quadrinhos. Mas no cinema, acredito que a Marvel venceu. Nas séries de TV e nos desenhos, a DC venceu. É uma disputa quase eterna entre esses dois gigantes.

O mundo de hoje não é mais o mesmo com os super-heróis. Sempre precisaremos de heróis e super-heróis para enfrentar a realidade louca de todo dia e nos motivar ainda mais.

Ao fim da explicação de Felipe, todos na mesa estavam chocados e felizes com a pequena aula. Se eles estavam ali, era por causa desses fatos. São fatos que transformaram o mundo e a todos ali naquela mesa. Somos, os *nerds*, frutos desses fatos.

■■■

— Mais uma rodada. A próxima é a última, galera. Vamos ser objetivos e não ficar enrolando e dar os resultados logo. Conversem, mas joguem! — Marcus falou alto para todos ouvirem.

Se deixar, a galera que joga no *Friday Night Magic*, o FNM, fica conversando e se esquece de informar os resultados de cada rodada, e ao fim ia ficando bem tarde para todos saírem. Sair excessivamente tarde era bem ruim. Mesmo eles estando dentro da universidade, com toda segurança, era sempre ruim. A maioria das pessoas, quando saía da loja, a universidade já estava fechada, e os seguranças deixavam um a um sair conforme a necessidade.

De dentro dos portões, as pessoas pediam um carro pelo Uber ou um táxi por alguma cooperativa, e cada um ia para seu destino quando o carro desejado chegasse à porta da universidade.

— Marcus, vem aqui, por favor — Felipe chamou de novo o Marcus, que voltou à mesa. — Quanto vai ficar aqui essa loucura? — Felipe falou e apontou para as bebidas.

— Te peço que venha aqui no balcão, pois tenho tudo aqui no computador.

Felipe levantou e foi para o balcão e pagou tudo em seguida, inclusive a participação do Hugo no torneio. Ele convidou o Marcus para o novo point *nerd*, o barzinho todo *nerd*, que não ficava muito longe dali. Iriam todos em caravana e dividiriam o transporte.

— Claro que vou! Peço a vocês que esperem a última rodada terminar por completo. — Marcus, pelo jeito, ia sempre a muitos compromissos, sempre depois que a noite ali acabava. É sexta-feira, e todos gostam de se divertir.

Não demorou, e todos já estavam fora dali. Todos foram para o tal barzinho *nerd* ao qual Kátia e Carlos foram outro dia. Afinal, pelo jeito, eles estavam namorando de fato.

Marcus se lembrou de algo. Antes de fechar a loja, voltou para pegar. Na volta, entregou para o Carlos um envelope lacrado e falou:

— Olha, Carlos, vieram aqui à tarde e pediram para te entregar. Já estava quase esquecendo.

■ ■ ■

— Maneiro, mano. Demais aqui! Amei, cara — disse Hugo de forma sincera ao chegarem ao bar.

O barzinho era, na verdade, um restaurante como qualquer outro, mas a temática era *nerd*. Drinks, lanches, decoração, enfim, tudo no estilo *nerd*. *Board games* para você jogar ou comprar. Miniaturas, revistas e muito mais. Até os gerentes estavam vestidos a caráter, como se fizessem *cosplay*. Uma garçom estava meio de *Luke SkyWalker*, personagem de *Star Wars*, e a garçonete estava com uma roupa estilo Supergirl. O bar tinha um nome engraçado: *Nerd & Geek Space Bar*. Soava como algo que tentava ir além da mesmice.

Carlos e Kátia contaram que aquele era um barzinho que não tem por objetivo apenas vender comida ou bebida, mas também ser um entretenimento *nerd*. A ideia era a de que os *nerds* se sentissem em casa. Barzinhos como aqueles estavam se proliferando.

O bar *nerd* ficava no segundo andar de um prédio (ou uma sobreloja, na prática). Havia uma escada como entrada, o que dificultava o acesso de Kátia. Porém, eles permitiram o acesso ao bar por um elevador simples e velho que vários cadeirantes usavam. Solução simples e prática. O mundo precisava se transformar. Existe um super-herói cego, o Demolidor, da Marvel, o chamado "Homem sem Medo". O mundo precisa vencer seus medos esquecidos. A acessibilidade para cadeirantes é um deles.

Todos se apaixonaram pelo local. E claro, lá estavam as camisetas criadas pelo Carlos para vender, que eram muito procuradas. Ele vendia para vários estabelecimentos e lojas *nerds*. Estava começando a ganhar um bom dinheiro.

— *Non sequitur*. Carlos fica feliz por vocês estarem aqui. Esse é um dos barzinhos que ele mais adora. E agora, com sua Princesa de Marte presente, ele ficou mais feliz ainda. Marcus, você esqueceu de contar que você incentiva ou tenta fazer uns encontro de *games* com uma galera que joga *WoW*[6] na loja. A galera se reuniu em um domingo na sua loja pra jogar, conta essa história pra gente. Acho legal você divulgar isso — Carlos falou com todos já acomodados na mesa.

Marcus, na hora, acabou de beber um suco e respondeu:

— Sim, lá incentivamos isso às vezes. Lá na loja, buscamos essas alternativas pra galera jogar em grupo e também buscamos novas alternativas de diversão dentro do mundo *nerd* para oferecer, mas sempre inovando e escutando o retorno de todos, na medida do possível. É o nosso lado idealista.

— Como é que vocês fizeram no caso do *Wow*, afinal? Fiquei curioso — perguntou Hugo, que gostava do jogo.

— Tentamos outro dia escolher uma tribo[7] no *World of Warcraft*,[8] e com alguns laptops aqui na loja que a galera trouxe jogamos. Ficamos quatro horas juntos jogando, e foi legal. Não somos jogadores profissionais, mas tentamos jogar o melhor possível. O lance é que a diversão é garantida. Vale a pena — Marcus respondeu com muita sinceridade.

— Anota aí os meus contatos, e te ajudo com várias ideias. Eu gosto de jogar *WoW* e também o *Assassin's Creed*. Agora, os livros dos dois jogos são ótimos. Li quase todos! — Hugo parecia ter encontrado um local de referência naquela loja *nerd*.

— Galera, agora vou provar o "Petisco do *Spock*"[9], que é uma batata frita com queijo cheddar em cima e pão de alho temperado e um molho da casa. Vou viajar nessa. Quem vai? Tudo aqui parece ser bom — disse Felipe, todo feliz.

(...)

Antes de eles de irem embora e pedirem o Uber, Carlos resolveu abrir o envelope que Marcus havia lhe entregado. Ficou assustado com o que viu e passou para Kátia, dizendo:

— Santo holocausto![10]

Ela leu e depois passou o bilhete para Felipe. Havia mais uma merda no ventilador. Mais um recado do *cracker*. Seria mentira ou verdade o que ele quer dizer agora? O jogo só acaba quando termina, e não havia terminado.

---

6 WoW é abreviatura de World of Warcraft, jogo de RPG online. É o mais famoso jogo de RPG pago. Franquia de sucesso, cujas aventuras viraram livros e um filme. E também é um eSport, ou esporte eletrônico.

7 O WoW foi lançado em 2004 e chegou a ter, em 2010, cerca de 11 milhões de jogadores ativos. É um jogo online de RPG, no qual, ao entrar, você escolhe uma personagem, humano, anão, elfo etc., e uma tribo (ligada a sua raça/personagem). Você cumpre missões com sua equipe ou só, e vai subindo de nível. Dependendo do nível, você pode (e deve) comprar mais recursos do jogo. Os níveis iniciais são grátis.

8 O WoW é MMORPG, ou "Massively Multiplayer Online Role-Playing Game", ou jogo de RPG para multijogadores online de forma massiva. É um jogo para milhões de jogadores jogarem ao mesmo tempo. Possui vários servidores ao redor do mundo para suportar os milhões de acessos.

9 Spock é o personagem icônico da famosa série "Star Trek", ou Jornada nas Estrelas, interpretado pelo famoso ator Leonard Nimoy, falecido em 2015.

10 Famosa frase de Robin no seriado "Batman" que foi ao ar na TV americana entre 1966 e 1968.

Capítulo 13:
Defeito Perfeito

"Uhhhhh, pra que serve esse botão?"
Dee Dee, personagem feminina do desenho animado Laboratório de Dexter

• • • • • • • • • • •

Felipe resolveu já no sábado, no meio da manhã, na empresa, mostrar o bilhete. Na prática, eles ficaram na sexta-feira somente duas horas no barzinho *nerd*. Tinham de voltar para a empresa no sábado e quem sabe talvez domingo. Eles optaram por fazer isso. Tudo era urgente.

Aos fins de semana, cada um fazia o que queria, mas esse era um fim de semana diferente. Tinham de testar partes do sistema que conseguiram salvar com a reengenharia. O que foi sabotado pelo craker (que tudo indica que era uma IA) foi retrocedido para a versão anterior da sabotagem. Junto a eles estava um programador da equipe da empresa, que nesse caso foi o Afrânio Motta. Ele conhecia bem o sistema. Também viera um analista-usuário experiente (era, na verdade, um analista de sistemas que conhecia muito bem o sistema do ponto de vista de quem o usa, o sistema que fica dentro do chip), o Caio Almeida. Ambos ficavam à disposição para casos assim. Era tudo ordem do Sr. Abreu.

Em TI, é comum, em casos emergenciais ou em casos de entrega de sistema ou de validação, a equipe de desenvolvimento ficar mais horas trabalhando para verificar se o sistema está correto.

Quando se fala de "verificar" e "validar" um sistema, se está falando de forma simples em "testar" o sistema. Qualquer sistema com pouco teste corre o risco de ter muitos problemas que deveriam ser logo corrigidos e detectados pelos testes que deveriam ser feitos. Testar é, em TI, tão importante quanto desenvolver o sistema e projetá-lo. Um sistema lindo e maravilhoso pode cair por terra se for mal testado e entregue para uso cheio de erros e problemas. Isso é TI. Existe uma teoria que afirma que problemas de *software* são como baratas que você mata colocando inseticida. Às vezes você pensa que matou todas, mas existe sempre alguma escondida que você não vê. Em *software* é assim, é impossível exterminar todos os defeitos ou *bugs*, pois sempre existe algum problema escondido que não vimos ou não se manifestou. Muitos se manifestam muito tempo depois do *software* entregue. O que os especialistas em testes fazem é realizar um amplo e profundo plano de testes para eliminar o máximo de defeitos antes de entregar ou liberar o *software*. Vão desde problemas simples aos mais complexos. Sai mais barato resolver tudo antes da entrega do *software*. Um erro descoberto depois de entregue sai caro para todos.

Hugo levara do hotel um livro para ler, o famoso *Jogos Vorazes*. Estava tentando ler algo. Precisava.

Kátia chegou com um estilo meio japonês na maquiagem e no penteado do cabelo. Como ela tinha os olhos amendoados, realçava o seu lado *anime*.

Felipe levou uns gibis que não havia lido ainda para a baia onde trabalhava. Mas antes, já na empresa, ele optou por mostrar o bilhete para o Hugo:

> Jeremias 16:17
> Colossenses 3:25
> Coríntios 13:4-10
> Tiago 1:7-8
> Romanos 6:23
> Mateus 10:26

Consultou a Bíblia que trazia na mochila e leu em voz alta o que o novo versículo trazia:

— "Não os temais, portanto; porque nada há de oculto que não seja, um dia, revelado; não há de secreto que não venha a ser conhecido."

— Acho que não deveríamos ficar pensando nisso agora. Pode estar apenas querendo nos atrapalhar — Hugo foi bem franco.

Todos então optaram por focar os testes. Tinham muitos testes pequenos a fazer. Não haveria como testar todo ao sistema.

Chamaram Caio e Afrânio e iniciaram os testes, e depois de algum tempo, estranharam a presença de outra pessoa, que falou a eles:

— Bom dia. Vocês são Felipe, Hugo e Kátia, certo?

— Sim, somos. Eu sou Felipe.

— Eu o sou o Euclides Costa Trindade, mas o pessoal me conhece como Trindade, gerente de desenvolvimento, e estou aqui para verificar se os senhores estão precisando de algo — disse Euclides em tom arrogante. Ele era de estatura mediana, cerca de um metro e setenta, cabelos grisalhos e pele meio amarelada. Mas estava de paletó e gravata.

Finalmente eles estavam conhecendo o gerente que se desentendera com os suspeitos que saíram da empresa, segundo a análise de Felipe.

— Até o momento, não. Mas qualquer coisa, nós passamos a informação ao Caio ou Afrânio, que eles lhe repassam. Acho que está tudo encaminhado — disse Felipe.

— Tudo bem. Bom trabalho. Estou por dentro do que está acontecendo. Abreu me passou. É um problema que precisamos tratar em curto prazo. Estar sábado aqui é uma exceção. Caio e Afrânio são da minha equipe e de minha confiança — observou Euclides com imponência.

Hugo não gostou muito desse gerente. Tinha algo errado nele.

■■■

Eles fizeram os testes, rotina após rotina. Aparentemente, estava tudo correto.

Resolveram então fazer alguns testes fora do roteiro orientado pelo Afrânio. "Olhar por outro ângulo", como dizem durante os testes. Usavam a curiosidade de uma criança para realizar esse tipo de teste. Mas de repente, tudo começou a dar errado. Justamente o arquivo que foi codificado, cuja senha era <**Ecos333@!**>, parecia corrigir problemas piores. O erro causado pela substituição mascarava erros graves que já existiam no *software*.

Caio e Afrânio ficaram assustados, especialmente Afrânio, que era um desenvolvedor experiente e não contava com encontrar tantos erros. Na época em que aquela versão fora lançada, Afrânio estava em outro projeto, e fora realocado para este projeto depois que os desenvolvedores que saíram se desentenderam com Euclides.

Eles tinham pedido comida pelo telefone para um restaurante na hora do almoço. O tempo parecia passar rápido, e já eram quase quatro da tarde quando Caio falou:

— Senhores, a situação, em vez de melhorar, ficou pior. Os testes que vocês fizeram mostram que o sistema estava ruim antes. O tal do hacker, ao invés de piorar, tentou salvar. É a conclusão óbvia, e não vejo como. Pelo que me lembro, na época, por conta de uma série de problemas de filosofia de projeto, o Trindade garantiu que entregaríamos um sistema minimamente estável para ser instalado nos chips que vão nos carros. Vamos verificar se esses pontos que testamos foram testados. Eu tenho acesso ao diretório onde todos os testes estão.

Todos ficaram em silêncio. E em cinco minutos, Caio descobriu. Pelo jeito, ele era muito organizado. Aí ele falou novamente:

— Não testou. Não consta da planilha de testes, nem das pendências de testes. Puta que pariu! Os testes não foram realizados. Iriam levar mais de uma semana, pelo que me lembro, na época. Entregaram sem realizar todos os testes, pelo jeito. Vou falar com o Euclides e verificar se ele registrou pelo menos as evidências desses testes. Alguém deveria ter testado. Vou pedir na segunda-feira para acertarmos todos os erros das rotinas que foram corrigidas pelo hacker. Desculpem, mas algo está acontecendo. Falarei imediatamente com o Abreu. Nem comunicarei ao Trindade antes de conversar com o Abreu. Tecnicamente, comunicarei ao Trindade na segunda.

— "Não os temais, portanto; porque nada há de oculto que não seja, um dia, revelado; não há de secreto que não venha a ser conhecido" — falou Felipe.

— O quê?... Não entendi — falou Caio.

— O hacker nos avisou através de uma mensagem codificada entre hoje e ontem que, de fato, iríamos descobrir a verdade. Não tivemos tempo de analisar, mas com isso agora, consegui entender o que era. Instalaram às pressas um chip contendo um *software* defeituoso nos carros. Pelo que vejo, o *hacker* não era um *cracker*, era um *hacker* anti-herói. Não sei... Mas é isso que vejo — concluiu Felipe.

Todos se entreolharam. Por ordem do Caio, que na prática era o chefe ali, resolveram ir embora e encerrar o dia. Ele iria conversar com o Sr. Abreu antes. Era a decisão mais coerente.

O que os três iriam fazer? Felipe, Hugo e Kátia sabiam. Ainda dava tempo.

Mandaram uma mensagem pelo *WhatsApp* para Seu Eduardo da "Yellow Games" e verificaram que a loja, por conta dos torneios na tarde de sábado, iria ficar aberta até às 19 horas. Pediram um Uber e foram logo embora para lá.

■ ■ ■

No Uber, os três deram o destino. Resolveram conversar um pouco. A cadeira de rodas da Kátia foi na mala do carro. Ela foi entre os dois rapazes, que sempre brincaram com ela chamando-a de diversos nomes de super-heroínas. O assunto sempre era algo *nerd*. Mas de repente, de uma hora para outra, Felipe falou de surpresa:

— Galera, então o *hacker* tentou salvar o *software*. Os acertos dele minimizaram o problema. Mas não resolveram de fato.

— Vocês não se tocaram? A senha. Agora que saquei. A senha dizia tudo — Hugo falou o "óbvio" que veio em sua mente. Nem sempre o óbvio é tão óbvio.

— Que senha, menino? — Kátia ficou curiosa.

— Lembrem. A senha do arquivo era <Ecos333@!>. "Ecos333" é uma abreviatura e uma brincadeira com o nome do gerente. O gerente se chama Euclides Costa Trindade. Letra "E" de Euclides, "COS" de Costa, e "333", que faz lembrar Trindade, onde há três números três. O @ geralmente se usa no meio do endereço de e-mail. E "!" enfatiza que é isso mesmo. É tipo "olha só, idiota, presta atenção, foi o Trindade". Aposto que o endereço do gerente deve ser parecido com a senha. Ele está nos dizendo quem é o culpado. O *hacker* estava tentando salvar a empresa e percebeu as consequências do problema. Agora, existe, sim, uma Inteligência Artificial na jogada. Ela está envolvida de alguma forma. Isso reforça quem foi o culpado de fato. Tudo era poder. Agora temos de chegar até o final. Haverá talvez alguma reação desse gerente. O cara parece o Lex Luthor, inimigo do *Superman*. Lex estava sempre tramando algo — observou Hugo com muita calma.

— O cara está mais para o Doutor Destino, inimigo do Quarteto Fantástico. Tem cara de louco.

Kátia começou a chorar. Todos ficaram em silêncio e fizeram carinho na cabeça dela. Ela é uma vítima viva do problema. "Poderia ser pior", pensou ela.

Chorava de raiva pelo filho da puta do gerente. Mas precisavam ter certeza. Não existe mal que se esconda para sempre. Não existe defeito perfeito que não possa ser descoberto. Tudo é uma questão de tempo.

— Chora não, dona. Os seus amigos estão tentando animá-la — disse o motorista do Uber.

— Isso mesmo. Seu... — Olhou o nome do motorista no aplicativo que estava à mostra no *smartphone*. — Alberto. O senhor está certo — falou Felipe com muita calma.

— Obrigado. Mas, olha... Eu escutei os senhores, mas sou uma pessoa simples que está assim para poder sobreviver. Eu era motorista de táxi mesmo. Mudei para o Uber por conta da necessidade, mas quando der eu volto. A gente tem de se adaptar — contou Alberto com um jeito simples e carinhoso de falar.

— É a vida. A necessidade provoca a mudança — concluiu Felipe em tom pensativo.

— Isso mesmo. Desculpem perguntar, mas como ainda faltam alguns minutos, eu queria saber. Nunca entendi direito. Se puderem me explicar na visão de uma pessoa simples, agradeço. — Alberto fez uma pausa e continuou: — Vocês são *nerds*? O que é *nerd*? O que é ser *nerd*? Vejo filme de super-herói às vezes, e hoje vejo todo mundo falando dessa coisa de super-heróis e jogos. Filmes e agora feira de *games*. Fico maluco. Eu tenho um filho que acho que é *nerd*. Não sei lidar com isso.

Kátia parou de chorar e resolveu explicar como se fosse para o pai dela. Tentou ser didática.

Nerd significa, de maneira simples: uma pessoa muito dedicada aos estudos, que exerce atividades intelectuais muitas vezes inadequadas para sua idade. O nerd se dedica ao que gosta na essência.

O nerd se esquece de atividades sociais "normais" e prazerosas, como ir a uma partida de futebol ou outras atividades. Mas isso não é padrão. Existem vários tipos de nerds.

Se formos analisar pelo lado social, o nerd usa óculos e possui dentes sobressaltados. A sociedade rotula o nerd muitas vezes como um maluco, ou alguém alternativo, ou esquisito. Existe a galera nerd que gosta de games e anda meio descolada, bem à vontade. Todos são estereótipos que a sociedade impõe. Existem nerds de todas as tribos.

Muitos ainda falam, mas tem diminuído cada vez mais, o termo nerd de uma maneira depreciativa e ruim. Quem é nerd sabe como é isso. Em muitos casos, o nerd se dedica a algum hobby (mas isso tem mudado), onde muitos são tímidos. Muitos pais e mães não entendem os seus filhos nerds. Acham que existe algo errado com o filho, e simplesmente não veem que ele é nerd.

Se formos considerar a expressão "nerd", ela é decorrente de uma expressão usada na década de 1950 que significava pesquisadores que trabalhavam no laboratório de tecnologia, e que passavam muitas noites em claro fazendo suas pesquisas. Coisa bem antiga.

Nos anos 1960, o termo "nerd" começou a ser utilizado se referindo principalmente aos físicos e aos intelectuais. O termo evoluiu. Mudou. Como os nerds evoluíram e ironicamente se multiplicaram! Novos tipos de nerds surgiram.

Com o advento da cultura pop, então, o que é verdadeiramente um nerd? Como definir um nerd? Ele é, sobretudo, uma pessoa apaixonada por coisas nem sempre tão óbvias. Existem nerds apaixonados por jogos eletrônicos, outros apaixonados por quadrinhos, por filmes ou séries, por leitura e literatura, outros que são apaixonados por universos inteiros oriundos da ficção. Um exemplo disso seria "Guerra nas Estrelas", o filme, que gerou todo um universo nerd, ou a série na TV "Game of Thrones", que possui milhões de fãs, que é oriundo de uma série de livros.

Nerds, hoje, estão mais atentos a muitas mídias ao mesmo tempo e a muitas coisas novas que surgem, incluindo aí a tecnologia. Mas existem nerds em todas as profissões.

Por ser amplamente conectado a diversos mundos, o nerd está no topo de todas as definições para os amantes dos cinemas, das séries de televisão, dos games, da tecnologia, da literatura, e por aí vai. E ainda pode ser uma pessoa completamente inteligente que, muitas vezes, nem precisa se dedicar aos estudos para isso. Não existe um padrão único de nerds.

Por outro lado, existe o termo "geek", que também é chamado de "tecnonerd". Nesse caso, o nerd possui um interesse maior em tecnologia, em ciência e informática.

No Brasil existe um termo antigo utilizado, que é CDF, que significa "cabeça de ferro". É um termo antigo dado a pessoas inteligentes e que se dedicam muito ao estudo.

Na prática, existe uma espécie de representante nerd para cada mídia que existe hoje. Isso tudo é cultura pop. E muito mais surge a cada novo dia. Muitos novos nerds surgem com isso. Um nerd acaba estimulando outro nerd.

De uns anos para cá, o termo nerd ficou tão popular, que acabaram criando o Dia do Orgulho Nerd, celebrado desde 2006 no dia 25 de maio. Hoje existem programas na TV que são dedicados aos nerds, como o "Zero1" da Rede Globo, no qual o Tiago Leifert é o apresentador e também nerd. Ele sempre brinca que "os nerds um dia dominarão o mundo". Existem outros programas de TV (seja em canal aberto ou pago) sobre cultura pop, games e etc. Tem nerd de tudo que é tipo, raça e credo, no bom sentido. Nerd não tem cara. Nerd tem paixões. Muitos nerds viraram empresários e bilionários, como o Bill Gates e outros. Hoje o mundo reconhece isso, mas muitos não aceitam.

Sim, podemos afirmar que nós aqui somos todos nerds. O seu filho pode ser um nerd e ele mesmo pode não saber. Tente ver o nerd que existe nele, acho que assim ele será mais feliz. Deixe ele ser ele.

Todos escutaram a explicação da Kátia. Ela falou com o coração, um coração verdadeiramente *nerd*. Era como se ela tivesse feito um desabafo.

Logicamente, o motorista amou. Ao fim da corrida, ele deu um bom desconto, de tão feliz que ficou pela explicação.

■■■

— Fala, Seu Eduardo, tudo bom? — cumprimentou Kátia toda orgulhosa por chegar ali na loja.

— Obrigado por vocês terem vindo. São cerca de cinco e trinta da tarde. Daqui a duas horas vou fechar. Encerro o que estiver acontecendo na hora. Mas, na prática, ainda fico mais um pouco finalizando a contabilidade da loja. Isso não tem como. — Seu Eduardo falava com jeito de quem estava cansado. — Obrigado pela força que vocês deram falando com os outros lojistas. O pouco ajudou muito. Acho que esse mês vou me apertar, mas dá para contornar.

— Tem um pessoal ainda jogando aqui na loja? — perguntou Hugo.

— Sim. Tem a galera que joga *Yu-Gi-Oh!* e *Pokémon*. Os torneios deles são em geral sábado na parte da tarde. Eu tento diversificar. Chegaram algumas *action figure* novas. Tem alguns bonecos novos. Vejam ali no canto — Eduardo falou apontando para os produtos.

Eis que de repente a Kátia viu um boneco de pelúcia lindo. Era um boneco do Pokémon de nome "Charmander". Era uma espécie de dragão bebê que, no desenho, tem uma chama acesa na ponta da cauda. E, como todo dragão em geral, ele emite, no desenho, fogo pela boca. Ele era todo cor-de-laranja.

O boneco de pelúcia era simples e tentava imitar a "fofura" do personagem. Era do estilo "abrace-me", pois o boneco estava de braços abertos. Kátia se apaixonou de cara e falou:

— É meu! Já tem treinadora. Sou eu. Pega para mim, Seu Eduardo. Vem cá, meu "Xaxá".

Todos riram, e lógico que Seu Eduardo pegou logo o boneco, falou sobre o preço e por fim disse:

— Sabia, tem a tua cara.

Todos riram a concordaram com ele. Depois Seu Eduardo continuou:

— Esqueci de apresentar meu amigo, Léo Rezende. Ele é poeta e escritor. E claro que é *nerd*! Olha, nosso papo aqui é sobre o *Homem-Aranha*. Mas acho que acabamos esse assunto. Ele sempre vem aqui aos sábados para batermos um papo sobre algo. E agora, vai o que, Léo?

O poeta Léo Rezende aparentava ter a mesma idade que o Seu Eduardo, a diferença é que ele era moreno. Usava óculos com lentes grossas com estilo bem moderno. Parecia ser muito simpático.

"Não se encontra poetas em qualquer esquina", pensou Felipe.

— Muito prazer! Sempre venho aqui, e os nossos papos são muito produtivos. Aproveito e vejo as novidades que saíram, livros e algumas revistas especializadas. Adoro principalmente a revista *Mundo dos Super-Heróis*, que fala de quadrinhos, filmes, um pouco de *anime, action figure*, feiras nacionais e, sobretudo, das novidades que estão por vir. Existem outras que saem, mas de uns tempos para cá tem saído muita coisa voltada para nós, os *nerds*.

— Papo de quadrinhos eu amo. Sempre aprendo algo novo — confessou Felipe.

— Isso é bom. Olha, se desejar pode ver uns poemas meus. Já publiquei uns livros, estilo livro "xerox", ou livro que eu xerocava as páginas de uma versão original e vendia a cópia do livro em escolas ou eventos de divulgação. Nesse tempo, no final da década de 1980, a internet ainda era um bebê. Hoje tenho um blog, mas atualizo pouco. — Léo Rezende abriu o tablet e mostrou um de seus poemas. Ele leu um dos poemas, que se chama "Redes Corruptas".

O político sorri

escreve no Twitter

e recebe sem trabalhar.

O atleta comemora

dá entrevista no jornal da tarde

e se anaboliza na droga da noite.

O policial celebra o dever

se anuncia salvador guardião do povo

e toma chopp com traficante do povo.

O moleque da rua corre no chafariz feliz

se vive da ausência do sem viver

e toma cola crack do não viver.

A rede se torna corrupta pela ausência

decadência podre da base da pirâmide antissocial.

E o velho na praça não está nem aí:

não se muda o mundo,

mudam-se os sonhos.

— Profundo e bem atual. Bem legal — Felipe comentou em tom de curiosidade.

— Recitei muita poesia. Você sabia que existe muito *nerd* escritor e poeta? Existem vários sites de grupos de *nerds* que se reúnem para discutir obras que estão escrevendo ou que desejam publicar — Léo Rezende falou em tom sério.

— Puxa, não sabia — respondeu Felipe com humildade.

— Conheço uma galera *nerd* que escreve contos de fantasia estilo medieval e de terror. O mundo *nerd* não é só games, Marvel ou DC e filmes. — Léo falava com muito orgulho.

— Esse aí é velho de guerra. Falar com meu amigo Léo aqui é olhar as coisas por outro ângulo. É como um cubo que possui mais de uma face. Falou de história, é com ele mesmo. — Seu Eduardo, ao falar, dava sutis tapas (bem de leve) no ombro do Léo com muito orgulho. Eram muito amigos.

— Muito legal! Eu estou para pesquisar umas coisas sobre histórias em quadrinhos no Brasil. Tem uma galera que conheço que postou em um grupo de que participo sobre essa questão. A maioria falou que iria pesquisar, pois ninguém sabia direito. Se hoje lemos Marvel e DC, antes aqui no Brasil deveria ter outra coisa. Não tenho a menor ideia de como tudo começou. — Felipe falava como quem deseja descobrir algo de valor. Esse tipo de informação ele amava. Falava com o coração.

— Agora você falou com quem entende. E aí, Léo Rezende, conte-me tudo e não me esconda nada. Eu mesmo acho legal esse assunto — Seu Eduardo falou orgulhoso.

Na mesma hora, Léo Rezende concordou. A explicação parecia que estava pronta para ser dada por alguém que deseja explicar. Era um conhecimento que ele deseja compartilhar:

Eu não sei de tudo, o que observo é fruto de leitura, e somente colocarei os eventos principais, uma espécie de resumão. Se deixar, não saímos daqui. Vou falar de quadrinhos no Brasil.

Tudo começou no século XIX. Os 15 primeiros anos na segunda metade do século XIX acabaram tendo uma grande evolução e desenvolvimento da indústria gráfica, no caso os jornais, livros e revistas.

Quando nos referimos às "histórias em quadrinhos" (ou HQ, de forma abreviada), não poderíamos dar tal nome a elas nessa época. O formato ainda não estava definido. O que se pode afirmar é que o que surgiu possuía várias qualidades básicas. Em 1865, foi trazida para o Brasil a primeira história cujos desenhos eram organizados em quadros. Era a história de "Max und Moritz", criada por W. Busch, que contava as traquinagens de dois garotos e que foi traduzida por Olavo Bilac.

O grande pioneiro no Brasil foi Ângelo Agostini, cartunista italiano radicado no Brasil. No final da década de 1860, ele continuou de certa forma a tradição de introduzir desenhos com temas de sátira política e social nas publicações jornalísticas e populares. Entre seus personagens mais populares, que foram desenhados como protagonista das HQs, estava o "Nhô Quim", estreando em 1869, que é considerado importante, dado seu impacto para a época.

Já no século XX, no ano de 1905, surgiu a primeira HQ propriamente dita. Essa revista definiu a linguagem gráfica, verbal e visual de forma essencial dos quadrinhos, usada e melhorada até hoje. Foi pioneira. Era "Little Nemo in Slumberland", criado por Winsor McCay.

No Brasil, já no século XX, foi lançada, em 11 de outubro de 1905, a revista "O Tico-Tico". Essa também é considerada, para muitos, a primeira revista em quadrinhos do país, concebida pelo desenhista Renato de Castro. É importante destacar que o formato da revista "O Tico-Tico" foi inspirado em outra revista infantil, a francesa "La Semaine", escrita por Suzette.

É importante lembrar que, já em 1930, vários personagens de algumas tiras americanas foram publicados na revista "O Tico-Tico", como "Mickey Mouse", chamado na época de "Ratinho Curioso", "Krazy Kat", chamado de "Gato Maluco", e o "Gato Félix". O mais legal foi que J. Carlos foi o primeiro desenhista brasileiro a desenhar personagens da Walt Disney nas páginas da revista "O Tico-Tico".

Agora preciso destacar um fato que mudou as HQs no Brasil. Prestem atenção. Em uma viagem aos Estados Unidos, o jornalista Adolfo Aizen sacou o potencial dos suplementos de jornais. É onde eram publicadas as principais histórias em quadrinhos naquela época. Adolfo Aizen é tido por muitos como o pai dos quadrinhos no Brasil. Essa foi uma sacada genial. Ele viu o que poucos viram.

Para poder editar seu "Suplemento" e poder vendê-lo aos jornais (depois foi distribuído de forma independente), Adolfo Aizen fundou o "Grande Consórcio de Suplementos Nacionais". Daí em diante, foi um pulo. Em 1934, lançou o histórico "Suplemento Juvenil", suplemento do jornal "A Nação", que continha histórias de personagens dos quadrinhos americanos, cujos direitos autorais pertenciam à "King Features Syndicate", que era americana. As vendas do "Suplemento Juvenil" chegaram à incrível marca de 100 mil exemplares. Porém, depois de uma série de decisões editoriais equivocadas de Adolfo Aizen, acabaram por encerrar a publicação. O fato é que ele não desistiu, e em 1945 fundou a Editora Brasil-América, a EBAL. Essa editora fez história.

A primeira revista exclusivamente de quadrinhos da Ebal só seria lançada em 1947. A EBAL trouxe ao Brasil algumas histórias ainda desconhecidas, como Patrulheiros do Ar, A Amazona dos Cabelos de Fogo e Freddy e Nancy no Circo. Mas o maior lançamento da EBAL até então viria em novembro do mesmo ano, com o lançamento da revista "Superman", que seria publicada pela editora ininterruptamente nas quatro décadas seguintes.

Na década de 1960, a EBAL passou a publicar também material da Marvel Comics. Capitão América e Homem de Ferro foram os primeiros, seguidos por Homem-Aranha, Quarteto Fantástico, entre outros. A quantidade de títulos que foram trazidos pela EBAL foi gigantesca, e abrangia diversos gêneros e tipos de heróis.

Outras publicações começaram a surgir. Aí nasceu, em 1969, um super-herói brasileiro importante. "O Judoka", roteiro de Eduardo Baron e desenhado por, entre outros, Fernando Ikoma e Floriano Hermeto. A EBAL, na época, lançou uma revista de nome "Mestre Judoka", que esgotou no sexto número. A partir daí, a editora criou o Judoka, para estrelar a revista. Ele, em 1973, chegou ao cinema, cujo filme ficou pouco tempo em cartaz, estrelado pelos atores Pedrinho Aguinaga, no papel-título, e Elizângela[1], no papel de Lúcia, a namorada do herói.

Podemos afirmar que já a partir do final da década de 1960 houve um lento declínio na editora EBAL. Isso foi decisivo. Com o declínio nas vendas dos heróis, os livros infantis passaram a receber mais atenção, e no final da década de 1970, poucos quadrinhos ainda podiam ser encontrados com o selo da EBAL. Foi uma transformação para pior.

---

[1] A atriz Elizângela é prima do autor. A mãe dela, Rosalinda, que é tia do autor, foi devidamente homenageada (in memoriam) nos agradecimentos. O fato referenciado foi um achado para o autor.

Todos ficaram parados. Era uma aula de história dos quadrinhos. O pessoal queria mais. Alguns resolveram até anotar várias coisas que Léo falava. Trocar experiência e conhecimento no mundo *nerd* é normal. Todos ganham. Ele continuou.

Teve uma pequena história de rivalidade de mercado. Na época em que Adolfo Aizen começou com o seu projeto de suplementos, o jornalista Roberto Marinho, então diretor do jornal O Globo, não aceitou encartar o suplemento em seu jornal. O que aconteceu é que, ao ver o sucesso editorial de Adolfo Aizen, que era ex-empregado de Roberto Marinho, este propôs uma sociedade a ele, que recusou. Apesar da recusa, Roberto Marinho optou por editar seus suplementos sozinho. Apenas algumas semanas depois, em 12 de junho de 1937, era lançado o suplemento O Globo Juvenil, que continha títulos como Ferdinando, Brucutu e outros.

Roberto Marinho continuaria publicando seus gibis sem grandes alterações em sua linha editorial, até que, em 1955, ele fundou a Rio Gráfica Editora, RGE. Ironicamente, a RGE, se aproveitando do declínio da EBAL, conseguiu adquirir os direitos de vários heróis da Marvel, como Homem-Aranha, Hulk e Os Quatro Fantásticos, ou Quarteto Fantástico. Além disso, publicou outros super-heróis em revistas como Almanaque Marvel, com personagens como os X-Men e a Mulher-Aranha.

Aí ocorreu um problema-chave: essa empreitada da RGE foi prejudicada, porque a editora não detinha os direitos de todos os personagens da casa, porque a Editora Abril publicava outros personagens da Marvel. Isso prejudicava o leitor e as vendas. Em 1986, as Organizações Globo adquiriram a "Livraria do Globo", do RS, e essa se fundiu à RGE. Na prática, a RGE "morreu" em 1986, e nascia aí a Editora Globo.

O Grupo Abril, fundado em 1950 por Victor Civita, italiano naturalizado brasileiro, tornou-se uma das maiores empresas de comunicação do Brasil e da América Latina.

Não tem como não falar de dois ícones da história das HQs brasileiras: Ziraldo e Maurício de Sousa. São os maiores criadores de personagens infantis, que influenciaram gerações de pessoas e famílias. Ambos trouxeram personagens que resistiram ao tempo e que são publicados até hoje. Não se tem como negar que eles fazem parte do imaginário popular nacional do Brasil e do universo nerd.

No tempo em que ficou na Abril, que foi por dezessete anos, Maurício de Sousa foi preparando seu império dos quadrinhos. Ele ampliou seus estúdios para fundar a "Maurício de Sousa Produções", no qual licenciou seus personagens para estampar muitos produtos. Porém, em 1987 ele trocou a Abril pela Editora Globo, ex-RGE, como falei, que lhe propôs um aumento significativo em suas tiragens.

O tempo passou, e o Brasil mudou. O Brasil estava já sob a ditadura militar quando surgiu "O Pasquim", um semanário revolucionário e de viés cômico. Ele foi tão importante, que nomes como Ziraldo, Millôr Fernandes e outros se juntaram à equipe do Pasquim, cuja primeira edição foi lançada em junho de 1969. Ele fez história.

As bancas de jornal, em uma visão geral simples, eram dominadas pelas editora Abril e Globo. A Editora Abril publicava coisas como Disney, Marvel e DC. A Editora Globo publicava muitas coisas e personagens da Turma da Mônica. Era uma concorrência acirrada.

Tanto a Abril como a Globo tentavam refletir o amadurecimento dos quadrinhos na indústria norte-americana. Surgiam nomes como Frank Miller, Neil Gaiman, Alan Moore e outros.

Na década de 1990, a situação dos anos anteriores se manteve, com disputa entre Abril e a Globo. Por outro lado, nas bancas começava a invasão do mangá (quadrinhos japoneses), que foi catapultada pelo sucesso de vários desenhos animados do oriente. A editora Conrad trouxe títulos como Cavaleiros do Zodíaco e Dragon Ball, sucesso imediato no Brasil.

O sonho da Abril para super-heróis chegou ao fim. Ela perdeu os direitos da Marvel Comics para a multinacional italiana Panini, que depois adquiriu o direito de publicação da DC Comics. Foi cruel para a Editora Abril. Na verdade, a Panini há alguns anos era quem representava a Marvel no licenciamento de seus personagens na América Latina e na Europa, e ao fim do contrato com a Abril, resolveu não renová-lo e assumir ela mesma a publicação dos títulos aqui no Brasil. Depois a Panini "roubou", em 2007, o Mauricio de Sousa e a Turma da Mônica da Globo. Foi uma grande mudança no mercado. A qualidade de publicação da Panini é excelente.

Com a explosão dos filmes de super-heróis, o mundo nerd dos quadrinhos cresceu ainda mais no mundo inteiro. Chegamos ao ponto em que, em 2017, o Prêmio Jabuti anunciou uma categoria para história em quadrinhos.

De certa maneira, podemos dizer que os heróis conseguiram seu espaço no Brasil e no mundo, com o devido reconhecimento.

Ele deu uma pausa para beber um gole de água. Kátia estava em sua cadeira de rodas com os olhos grudados nele. Parecia que todos estavam vendo um documentário. O pessoal, enquanto ele falava, comprava doces e algo para beber. O respeito era tanto pelo que ele contava, que os que estavam ao seu redor faziam silêncio. Léo novamente continuou:

Agora existem vários super-heróis genuinamente brasileiros, como "Judoka", que já citei. Outros foram o "Anjo", criado e interpretado pelo seu criador, Alvaro Aguiar, em 1948, na radionovela por dezessete anos na Rádio Nacional. Outro foi o Jerônimo, o herói do sertão, criado em 1953. Outro famoso foi o Flama, criado em 1961 por Deodato Borges, que também nasceu na forma de radionovela.

Alguns heróis brasileiros seguiram uma espécie de linha de criação norte-americana. Como o "Capitão 7", que virou astro na TV Record em 1954. Depois, em 1965, ele foi para o gibi. Da mesma forma, o "Capitão Estrela" veio ao ar pela TV Tupi em 1959, e depois foi para os quadrinhos em 1961.

Um ícone foi o "Vigilante Rodoviário", exibido na TV entre 1961 e 1962. Um vigilante rodoviário que era o herói, interpretado por Carlos Miranda, junto com seu cão. O ator do personagem virou, anos depois, um vigilante rodoviário de fato.

A partir de 1960, tivemos uma onda de heróis brasileiros superpoderosos nos gibis, como Raio Negro, Superargo, Escorpião, entre outros.

Dos heróis nacionais mais novos, temos uma leva bem legal, como o Quebra-Queixo, criado em 1983, o Meteoro, criado em 1992, o Necronauta, em 2007, a Família Titã, em 1991, o Esquadrão Amazônia, em 2001, o Gralha, em 1997, e o Cometa, em 1994. Destaco o Doutrinador, criado em 2013, que virou filme no cinema em 2018 e virará série de TV em 2019. Esse último é uma espécie de anti-herói que elimina políticos corruptos.

Esse foi um resumão. Peço desculpas se falei muito. Agora, tudo que falei está meio que espalhado, várias fontes: o livro "Saga dos Super-Heróis Brasileiros", de Guedes Roberto, o livro "Universo Nerd, Essencial Heróis", de Franco Rosa, o site HQManics, o livro "Identidade Secreta dos Super-Heróis", de Brian J. Robb, e o ótimo livro "Marvel Comics — A História Secreta", de Sean Howe, ganhador do Prêmio Eisner. Sem contar diversas matérias na revista "Mundo dos Super-Heróis".

Leio muito. São ótimas referências, e não tem como eu me lembrar de onde é o que. Mas vale a pena ler todas. São anos de leitura.

Todos concordaram com ele. Foi quase uma aula. Não. Foi de fato uma aula. Terminar o dia assim era tomar um banho de conhecimento. Era lavar a alma em alguma fonte *nerd*.

Todos amaram. Amaram demais. Felipe foi o que mais amou. Seus olhos azuis brilhavam. Era a verdade saltando pelos seus olhos.

Caro Leitor, às vezes é bom para a alma escutar uma boa história. A alma se "alimenta" de várias coisas, mas se isso fosse um defeito, seria talvez um defeito perfeito. Existem muitos defeitos maus, mas alguns são bons.

Caro Leitor, o jogo não havia terminado ainda. Felipe concluiu após a "aula", com a mente aberta e mais calma, que o "jogo virou". O verdadeiro inimigo era outro. Será?

Parte IV: VIDA EXTRA

Capítulo 14: FASE UM

"Um homem cresce com a grandeza de sua missão."

Joseph Lynch, personagem no filme Assassin's Creed (2016), filme baseado no jogo de mesmo nome.

• • • • • • • • • • •

Segunda-feira. Era bem cedo, e todos estavam na sala para uma reunião.

— Senhores, para a reunião de hoje, o Caio Almeida participará. Fique à vontade, Caio. Ele me colocou a par de tudo ontem, no domingo. A situação era urgente. Fui obrigado a colocar ele ciente de todo o resto de fato, inclusive as atitudes do *hacker*. Pelo o que ele me passou, os testes para voltar a versão que deveria estar correta deram problemas. As rotinas originais estavam com problemas sérios. O que vocês concluem? — Sr. Abreu falou sério e com cara de que estava muito aborrecido.

— Sr. Abreu, bom dia — Felipe falou enquanto Hugo e Kátia acenaram indicando também um bom dia com um simples gesto. Mas os dois optaram por ficar em silêncio, deixando a palavra com o Felipe.

— Acredito que o aconteceu foi que o hacker tentou consertar o erro do programa com os programas e arquivos alterados. Mas ele não resolveu tudo. Ele, no fundo, foi um herói. E tem mais, que depois lhe mostraremos — Felipe falou em tom sereno.

— O *cracker* herói! Como assim? — perguntou Sr. Abreu com cara de quem estava surpreso.

— Na verdade, a página da empresa modificada pelo hacker mostrava que a empresa havia cometido um erro e o escondeu. Veja mais uma mensagem codificada que recebemos. — E Felipe mostrou o bilhete com os dizeres bíblicos.

Jeremias 16:17
Colossenses 3:25
Coríntios 13:4-10
Tiago 1:7-8
Romanos 6:23
Mateus 10:26

— E qual é a conclusão? — Sr. Abreu perguntou em tom de preocupação.

— Que as mensagens mostravam que, ao fim, descobríamos a verdade. É como se finalmente entrássemos em um jogo, como em uma primeira fase. Se você entende como se joga o jogo, você começa a jogar de fato, mesmo que não tenha muita experiência. O tempo todo estávamos olhando do jeito errado o problema. A verdade, mas cedo ou mais tarde, iria ser revelada. O *hacker* não era o vilão. Ele fez errado de ter alterado os arquivos, mas foi por um motivo nobre — respondeu Felipe com convicção. — E tem mais um detalhe descoberto pelo Hugo.

— O quê? — perguntou o Sr. Abreu com cara de espanto.

— Observe. A senha dos arquivos alterados era uma somente. Elas indicavam o culpado pelo provável erro nos programas. A senha "Ecos333@!" é uma espécie de charada e abreviatura de Euclides Costa Trindade. Letra "E" de Euclides, "COS" de Costa, e "333", que faz lembrar Trindade onde há três números três. O @ geralmente se usa no meio do endereço de email. O ponto de exclamação enfatiza talvez uma alerta, tipo "idiota, preste atenção". Ridículo, mas era para ser meio óbvio. O Caio, ao verificar os testes que deveriam ser feitos, concluiu que eles não foram feitos. Foi informado que foram feitos, mas não foram. A responsabilidade era do gerente Euclides. Em resumo, ele deixou passar os erros por alguma razão — observou Felipe em tom sério.

— Veja bem, isso é uma acusação séria. Caio, o que você diz? — perguntou o Sr. Abreu com preocupação.

— O que tenho como fato e prova é: os testes não foram feitos. Nas planilhas constava que foram realizados, mas é uma mentira. Os primeiros testes da parte mais crítica foram feitos, mas a grande maioria, cerca de 80%, sequer foi elaborada. Em resumo, ficou um grande buraco de testes. Quem tem de explicar é o Euclides. Sabe que criaremos uma briga com ele. Ele comanda o desenvolvimento e os testes com mão de ferro. Você sabe que ele tem costas quentes. É uma porcaria esse jogo político. Precisamos ter uma reunião, todos aqui, com o Euclides. Lá vem merda no ventilador — falou Caio bem preocupado.

— Na verdade, o *hacker*, Sr. Abreu, tentou melhorar o código antes do mesmo ser liberado. Ele consertou vários erros, mas ainda existem outros. Tecnicamente, a atitude dele melhorou o código — observou Felipe ainda em tom de preocupação. — Pelo que verificamos, o *hacker* é uma Inteligência Artificial e foi desenvolvida por alguém que desejava salvar a empresa.

— O quê? Ele é isso? — Caio estava abismado porque não sabia desse fato. Era muita coisa nova para ele.

— Sim, é isso mesmo. É algum *software* de IA que foi desenvolvido, é uma espécie de anti-herói. — disse Hugo, que finalmente resolveu falar algo, quebrando o seu silêncio.

— Porém tem gente que pode estar ajudando essa IA — Kátia resolveu também falar. Ela estava bem tensa naquele momento.

Algo aconteceu, e as luzes da sala onde estavam se apagaram.

Todos celulares das pessoas que estavam na sala de reunião receberam mensagens de texto quase ao mesmo tempo. Estava escrito:

Eu avisei. Vidas ainda podem ser salvas. ECOS333 sabia.

Cerca de um minuto depois, as luzes voltaram. Tudo voltou ao normal. As mensagens vinham de um número não identificado.

— Puta que o pariu! Porra, eu não aguento mais esse filho da puta! — desabafou o Sr. Abreu com cara de raiva.

Hugo teve um estalo mental e falou:

— Sr. Abreu, tenha calma. As defesas não foram todas implantadas? Nunca mais era para ele ter conseguido desligar as luzes ou fazer algo assim. Eu somente concluo uma coisa: o *software* de IA só pode estar aqui na empresa, alocado ou escondido em algum servidor. Acho melhor chamar a galera de suporte. E eu sugiro que continuemos realizando mais testes pelo resto do dia.

Felipe e Kátia se olharam e sinalizaram que concordavam com Hugo. Felipe falou por fim:

— Santo mistério, Batman![1]

Todos se olharam novamente, preocupados. Alguns riram discretamente por conta da frase de Felipe.

Novamente os celulares tocaram. Era outro SMS. Todos leram a nova mensagem quase ao mesmo tempo.

Eles riem de mim porque eu sou diferente. Eu rio deles porque são todos iguais.

■ ■ ■

Na terça-feira, logo pela manhã, outra reunião começou tensa.

— Caro Abreu, eu tinha um prazo. Eu tive de escolher entre o que despachar. Resolveram pedir algo maior que o tempo previsto. Queria o quê? Tinha decisões a tomar. Dois diretores já haviam me pressionado e me alertado que tinham de entregar, senão o prejuízo seria meu. A demissão seria certa. — observou Trindade apontando o dedo para todos.

— Observe, Trindade: se não dava, você tinha de comunicar sua decisão de entregar com alto risco. O certo era postergar a entrega. Você é maluco? — perguntou o Sr. Abreu, extremamente sério.

— Sou, sim. Depois que eu perdi minha esposa e fiquei cuidando de duas filhas pequenas que vivem com minha mãe, fiquei maluco. Fiquei doido. Fiquei pirado. Ou eu tomava essa decisão ou rua. E a empresa fez o que esses anos todos por mim? Me deixou cinco anos sem férias, e por conta disso minha esposa faleceu, por ter entrado em depressão por conta de eu trabalhar tanto. Eu pedi férias mais de uma vez, e me davam três ou quatro dias. Depois me chamavam de volta. Nem 15 dias. Eu merecia. Você queria o quê, porra? Caguei! — Trindade gritou o tempo todo com os olhos arregalados. Parecia um louco. Ele falou quase o tempo todo gritando.

---

[1] Outra famosa frase de Robin no seriado "Batman" que foi ao ar na TV americana entre 1966 e 1968.

— Isso é uma acusação séria, Trindade. Vamos acalmar os ânimos. Entendo a pressão. E por que não continuou os testes depois que essa versão foi liberada? — perguntou o Sr. Abreu com calma e um tom de voz mais baixo que o normal.

— Mais trabalho. Não tinha como. Eu optei por esperar a próxima brecha no cronograma de desenvolvimento e corrigir a maior parte do que faltou. Não tenho nem ideia de quando isso será. — Trindade falava ainda meio que nervoso e em tom alto, quase gritando.

Todos se olharam: Hugo, Kátia, Felipe, Caio e Sr. Abreu. Era como se estivessem vendo outra pessoa.

— Então precisamos ver isso logo e realocar algum projeto de menor importância — o Sr. Abreu falou tentando negociar.

— Podemos ver isso depois. Concordo — Trindade já falou um pouco menos nervoso.

Caio interrompeu:

— Olha, Trindade, eu analisei o cronograma dos projetos seguintes e do projeto na época. Eu cheguei com dois desenvolvedores e dois testadores. Você tinha espaço, sim, no cronograma. Quando pediram pra continuarem os testes, você deu uma ordem para pararem. Foi aí que, pelo que me consta, você teve uma discussão com um desenvolvedor, e logo em seguida o cara se demitiu. Por que você pediu para pararem os testes? Porra, Trindade, por quê? Eu nem cheguei a falar disso com o Abreu. Concluí ao fim do dia de ontem. Por quê?

Trindade se levantou. Ele estava a pouco mais de dois metros do Caio e caminhou até ele. Todos se assustaram. Então Trindade falou olhando diretamente em seus olhos:

— Você é por acaso agente do *CSI*?[2] Você é detetive? Te falaram errado. Se eu estou dizendo que havia uma enorme pressão da diretoria, é porque havia. O que você tem contra mim? Algum problema?

Caio olhou sério para ele e respondeu:

— Nenhum problema, Trindade. Somente analisei e percebi que você errou nesse ponto. Fiz o que deveria fazer.

— Porra, você não acredita em mim? — Trindade falou de pé, olhando para Caio, que permaneceu onde estava.

— Não. Tem algo errado aí. O que aconteceu, Trindade? — perguntou Caio bem calmo.

---

2 Séria da TV americana sobre investigação de crimes. Os crimes são analisados e investigados nos mínimos detalhes na tentativa de esclarecer os homicídios. CSI que dizer "Crime Scene Investigation" ou "investigação de cena do crime".

PHFPT!

Trindade cuspiu na cara do Caio. A cena foi grotesca. O cuspe escorria pela face de Caio.

Todos ficaram chocados. Caio parecia que iria explodir.

Trindade se virou de costas e saiu da sala, e gritou:

— Vai tomar no cu, seu palhaço!

Caio limpou o cuspe do rosto com um lenço que havia em seu bolso e perguntou:

— Sr. Abreu, você viu isso? Esse cara é desequilibrado.

— Levarei o caso à diretoria. Ele, por mim, será demitido. Está mentindo, dá pra ver.

Caio e o Sr. Abreu se levantaram e encerraram a reunião de forma imediata. Os dois resolveram sair logo dali.

Felipe, Hugo e Kátia optaram por continuar na sala de reunião mais um pouco, quando todos os três receberam uma nova mensagem SMS:

Cuidado. Ozymandias.[3]

■ ■ ■

Eles voltaram para suas baias. Fizeram uma pequena roda e conversaram ali mesmo.

— Eu acredito, meninos, que precisamos fazer mais testes, verificar se existe algo mais — Kátia falou como se estivesse perdida.

— Eu concordo com a Kátia. Porém, se a IA está aqui, precisamos saber — Hugo falou com muita sinceridade.

— Eu acredito que devemos atacar nas duas frentes. Uma parte do tempo eu corro atrás com a galera do suporte para ver se descobrimos se ela está por aqui na empresa. O resto vocês fazem mais testes. Vocês decidem. — Felipe falava enquanto segurava a sua garrafinha com água. Ele bebia água o dia inteiro.

O resto do dia foi assim, com Hugo e Kátia mergulhados no que já estavam fazendo, e Felipe foi falar com a galera do suporte. Precisa encontrar algo.

---

[3] Herói que inicialmente, na verdade, era o vilão da história Watchmen, criada por Alan Moore. Na história, os Watchmen são um grupo de heróis que são assassinados um a um pelo vilão.

Parecia aquela imagem do jogo "Onde Está Wally", no qual no meio de uma imagem precisávamos descobrir o personagem Wally, que está sempre de camisa listrada e óculos. Essa brincadeira era, na verdade, uma série de livros infanto-juvenil cheio dessas ilustrações, que aproveitavam para contar a geografia de algum país ou local e sua história. Na verdade, a Inteligência Artificial estava brincando com eles. Será? Talvez no fundo ela (ou ele ou aquilo) desejasse que eles aprendessem algo ou sobre algo. Foi nessa comparação que o Felipe pensou depois de passar o resto dia enfurnado com o pessoal do suporte. Ele não achava esse "Wally".

Tem uma hora que cansa, *Caro Leitor*. Cansa contar uma história nada linear. Você acha que não sofro junto com você? Eu ainda acho que a coisa pode piorar. Às vezes o certo é o errado, e o errado é o certo.

■ ■ ■

Na quarta-feira, estiveram mergulhados nos testes. Mais do mesmo. Era pressão total.

A quinta-feira chegava como um trem atropelando, mas o dia ainda prometia mais.

Por outro lado, o lado de quem vive o dia, a quinta-feira passou rápida. Eles continuaram a fazer a mesma coisa que no dia anterior. Nada mudou. Pode ser que estivessem errados e não houvesse mais problemas. Por outro lado, começaram a ficar frustrados.

Hugo teve uma ideia. Marcou com o amigo Thomás no mesmo barzinho de antes e levou todos. A noite de quinta-feira chegou rápida, ao melhor estilo "The Flash".

Hugo concluiu que eles precisavam olhar por outro ângulo, e uma troca de ideias poderia ser útil. Daí a importância da reunião com todos e Thomás.

Hugo apresentou seu amigo:

— Esse é o Thomás, com "th" e acento agudo no "a". Isso mesmo, galera. Ele que nos deu uma mega-ajuda com os *softwares* para fazer reengenharia. Eu sei que não deveria apresentá-lo a vocês, mas quis agradecer a ele pessoalmente. "Megamaster" obrigado e show de bola! Conseguimos fazer a reengenharia reversa.

Ele fez um resumão ao Thomás dos resultados, e todos agradeceram.

— Quer dizer que a IA pode estar dentro da empresa, "escondida". Interessante. Somente sugiro que apliquemos algo de *Data Science*[4] aqui. Mas o lance é analisar os dados mais óbvios e cruzar todas as informações, tentando achar algum gráfico ou padrão. Como dia e hora, se possível, do ataque ou envio das mensagens pela IA, a mensagem em si, *softwares* instalados na empresa, IP dos servidores, nome dos servidores, e por aí vai. Eu posso apoiar, se precisar. — Thomás foi bem claro.

— O que você acha, Felipe? — perguntou Hugo.

— Amanhã eu levanto várias dessas informações e tento cruzá-las. Eu e a galera de suporte ficamos verificando com um *software* de rastreio e vários outros painéis de controle o que foi possível. Se ela está lá na empresa, está tecnicamente invisível. — Felipe ficou com vergonha ao falar. — Deu a impressão de que o trabalho que fiz foi inútil. Se precisar, te chamo. Obrigado, de coração.

---

[4] Ciência de Dados em português. Técnica de informática que une programação e probabilidade estatística, ambas aplicadas à Inteligência Artificial (IA).

— Você falou tudo. O *software* de IA se mascarou lá dentro. Ela se colocou invisível aos *softwares* de monitoramento. Quem programou a sua IA foi um gênio! Por ela, manda mensagens para fora da empresa, e de certa maneira, ninguém percebe. — Thomás passou a mão na barriga e ainda concluiu: — Galera, estou com muita fome. Vou jantar algo simples. Hoje não vou de pizza.

Todos toparam dividir dois pratos. Um foi dividido entre Hugo e Thomás, e outro, entre Felipe e Kátia. Começaram a falar sobre coisas *nerds*, e logo de cara Hugo perguntou:

— E aí, o que eu disse te ajudou? *Star Wars* e *Star Trek* são dois grandes universos. E a tua gata *trekkie*, já começaram a namorar?

— Calma, eu sou meio lento. Combinamos de sair amanhã e ver um filme, teoricamente, mas tudo pode mudar até lá. Agora, que o conhecimento ajudou, isso ajudou. Quando, depois, comecei a falar com as duas sobre os dois assuntos, as duas irmãs começaram a me olhar com outros olhos. Nunca aconteceu isso comigo. Foi como se tivesse apertado algum botão, e elas passaram ambas a querer falar comigo quase todos os dias. Não sou safado. Meu foco é a mina que eu amo e de quem estou a fim. Obrigado mesmo! — Thomás respondeu para o Hugo quase chorando e bastante emocionado.

— Relaxa, mano. Essa troca de ideias é bom para todos — respondeu Hugo ao mesmo tempo em que dava um tapinha no ombro do Thomás.

Thomás sorriu de felicidade. Kátia disse de forma sincera:

— Meninos, vocês precisam olhar outras coisas. Mostrar que vocês são ecléticos. Tem assunto para conversar.

— Kátia está certa. Vocês precisam olhar algo alternativo, como *Watchmen*, *Spawn*, *Transformers*, sem contar a filosofia viva chamada *Matrix*. São universos que muita galera *nerd* gosta — Felipe falou com alegria.

— Opa! Me expliquem um pouca de cada coisa aí. Pô, dívida moral, galera! Expliquem aí. — Thomás falava com cara de curioso.

— E lá vamos nós![5] — disse Felipe.

— O quê? — perguntou Thomás, não entendendo nada.

— Fique tranquilo. Coisa de desenho animado antigo — respondeu Kátia.

— Olha o preconceito! Um *nerd* nunca fica velho. Ele aumenta a profundidade de seu conhecimento — Felipe falou sério e quase rindo a mesmo tempo.

Todos riram. Afinal, a frase caía bem à situação.

— Deixa que eu falo — começou o Felipe. — Vamos começar pelos *Watchmen*. É uma história em quadrinhos que anos depois virou filme e agora parece que vai virar série. É uma história escrita por Alan Moore e desenhada por Dave Gibbons. Foi publicada entre 1986 e 1987 pelo selo Vertigo, da DC. Cara, foi um marco nas histórias em quadrinhos nos Estados Unidos. Temática madura, com uma espécie de história de suspense e questionadora do papel dos super-heróis. Mostra medos, anseios, defeitos dos super-heróis. Se passa nos anos 1980, onde havia a Guerra Fria ainda e em uma realidade onde existem heróis. Os Watchmen, o nome desse grupo de heróis, começaram a ser assassinados.

---

5 Famosa frase do desenho animado "Os Impossíveis".

Havia diversas questões, e na época a série foi um sucesso. O vilão era um dos super-heróis. Havia vigilantes, heróis cheio de poderes, outros quase deuses, psicopatas heróis, e por aí vai. Era um tapa na cara. Em 2009, virou filme e fez sucesso. Na época, e hoje ainda, é republicada em encadernações especiais juntando todos os episódios. É demais!

— Excelente! Eu vi o filme pra comprar outro dia em uma loja de departamentos. Quase comprei. Fiquei na dúvida — confessou Thomás de maneira bem orgulhosa.

— Sugiro ler as histórias em quadrinhos primeiro e depois ver o filme — observou Felipe. — É quase obrigatório. Vale a pena. A grande moral é mostrar que os heróis têm defeitos, por mais que sejam super-heróis. Toda ação leva a uma reação. Demais!

— Vou ler logo — falou Thomás.

— Leia, sim. Eu ainda vou ver o filme. A história eu já li — falou Hugo cheio de satisfação.

— Agora, o lance quando se fala do *Spawn*... É um personagem único criado por Todd McFarlane em 1982. O cara é quadrinista, editor (hoje em dia), desenhista, arte-finalista, roteirista e designer. O cara é "fodástico". Desenhou até o *Homem-Aranha* quando estava na Marvel. Depois abriu sua própria editora, a "Image Comics", com outras feras dos quadrinhos, como Jim Lee, Rob LieField entre outros.

— Então o cara é sensacional, pelo jeito — falou Thomás com um jeito meio debochado.

— Zoa não, cara. O cara é realmente excelente. Sensacional! — Felipe falou sério.

— Foi mal aí. Desculpa. E o Spawn? — perguntou Thomás.

— O Spawn ele criou e lançou quando fundou a *Image Comics*. O personagem é um misto de Batman com Demolidor. É a história de "Al Simmons", soldado traído por seus superiores em uma missão, onde foi assassinado. Porém, é aí que a coisa muda de figura. Ele faz um pacto com o demônio, o Malebolgia, e retorna do túmulo cinco anos depois. O seu corpo está meio que cadavérico agora, e ele volta com o corpo cheio de "necroplasma" e com poderes mágicos.

— Que bizarro! Então volta renascido mais forte, mas com aparência feia e grotesca.

— Algo tipo o "Fantasma da Ópera" — observou Thomás.

— Bingo! Ah! Ah! Ah! — Kátia falou sorridente.

— O problema — continuou Felipe — é que sua esposa, Wanda, acabou se casando com seu melhor amigo, Terry. Spawn passa a viver nos becos de Nova York, se tornando, de certa forma, amigo e protetor dos mendigos, onde ao mesmo tempo é investigado por dois policiais que se tornam seus aliados, Sam e Twitch. Ele volta para se vingar de seu chefe, que o traiu. Mas depois ele acaba enfrentando todo tipo de ameaça, tipo monstros, políticos, demônios, bandidos e anjos, afinal, na prática, ele é um demônio. Ele acaba também enfrentando o próprio Malebolgia. As histórias de Spawn se caracterizam por possuírem traços detalhados que incluem angústia, misticismo, violência e terror. Isso se tornou marca do personagem e de suas histórias por mais de dez anos. O problema foi que o McFarlane, em 1997, partiu para um filme baseado no personagem. O filme teve sucesso mediano. O público esperava mais do filme. De uns anos para cá, ele tem tentado lançar outro filme do personagem. Agora as histórias são excelentes.

— Em resumo, o personagem é demais, mas o filme é de menos — observou Thomás como se estivesse descobrindo um mundo novo.

— Exato. Vale também ler um pouco dos quadrinhos de Spawn. Tem um visual incrível — concluiu Felipe bem feliz.

— Então é dever de casa — Thomás falava com orgulho.

— Agora o lance é *Transformers* — continuou Felipe. — Muitos personagens começaram de forma contrária. Do brinquedo que criam, lançam um desenho animado com uma estratégia de marketing por detrás, para vender os bonecos. Poucos atingem o sucesso, como *He-Man* e *Zillion*. Os *Transformers* nasceram assim, como uma linha de brinquedos. Para divulgar os brinquedos, a empresa encomendou histórias em quadrinhos e desenhos animados. A *Hasbro*, dona e fabricante da franquia, se uniu à empresa *Takara* para explorar duas linhas de bonecos que se transformavam. A Hasbro encomendou um enredo à Marvel Comics, e esta escreveu as histórias em quadrinhos. Quem desenvolveu os desenhos animados foi outra empresa. Havia duas origens dos personagens.

— Complicado isso! Duas origens... — Thomás estava prestando atenção.

— Sim, complicado — continuou Felipe. — Na terra os *Autobots*, os heróis, com seu líder *Optimus Prime*, lutavam contra os *Decepticons* e seu malvado líder, *Megatron*, onde ambas as facções eram robôs que se transformavam. Todos vinham de outro planeta e continuaram sua luta aqui na Terra. Eles nasceram, os brinquedos, em 1984, e daí, no ano seguinte, desenhos animados e histórias em quadrinhos. Virou febre, e todos amaram. Vieram diversas séries de desenhos, com novos enfoque, nos anos seguintes. Em 2007 veio o primeiro filme *live-action*, dirigido por Michael Bay, com produção executiva de Steven Spielberg. Demais. Ao todo, até o momento são cinco filmes realizados. É uma loucura os *Transformers*. Muitos adoram esse universo. O que sei é isso. Nesse caso, veja os filmes e algo dos desenhos animados. São ótimos.

— Percebi. O lance é que eu assisti outro dia o primeiro filme dos *Transformers* na TV. Mas cortam muito e foi em canal aberto. Amei — falou Thomás todo feliz.

— Então o que faremos agora, meninos? Não podemos dormir tarde — observou Kátia meio que triste.

— Concordo. Mas não sem antes acabarmos de comer tudo a que temos direito. — Hugo falava todo feliz.

— Comer! Oba! Ah! Ah! Ah! — observou Felipe todo feliz.

Muitas vezes, se pararmos para apreciar a paisagem em meio ao caos, podemos relaxar a nossa mente e fazê-la pensar melhor, mesmo sob pressão. Vocês sacaram? Tem hora que precisamos recarregar a bateria, e foi isso que eles fizeram. Eles mereciam esse momento de tranquilidade.

O que eles não perceberem é que do outro lado da rua passava uma pessoa que parecia estar os observando, mesmo sem aparentemente escutar a conversa, por conta da distância. A pessoa deu uma boa olhada para eles, rápida, mas continuou a caminhar bem devagar.

Quem seria? Ou seria apenas uma impressão? Um jogo tem nuances que não percebemos. Será que nesse jogo todos são quem dizem ser? Uma verdade possui diversas camadas, e nem sempre vemos todas.

Capítulo 15: PULANDO ETAPAS

"Ações não valem menos por não serem elogiadas."

Aragorn, personagem da trilogia Senhor dos Anéis,
saga escrita por J. R. R. Tolkien

● ● ● ● ● ● ● ● ● ● ●

Em plena sexta-feira pela manhã, o passado cobrava Hugo, literalmente:

— Rosana, já falei que vou depositar a pensão hoje na hora do almoço. Vou fazer transferência eletrônica. Pode ficar tranquila. Quando transferir, te mando mensagem. Manda um beijo para minha filhota Juliana Flor. Não posso me demorar. Um ótimo dia.

Sua ex-esposa sempre cobrava. Para compensar o estresse, ele mergulhava no trabalho, como se fosse resolver 100 por cento o problema.

Kátia sacou que ele havia ficado estressado e lhe contou uma novidade boa.

— Gente, meu tio Pedro ligou. Ele disse que o pessoal lá em casa estão todos bem. Minha mãe havia saído com papai. Achei um milagre. Tivemos uma discussão antes de meu acidente. Desde o acidente, eu e meu pai temos dificuldade em falar sobre o assunto. Agora mudou. Aos poucos estamos voltando a nos falar.

— Relaxem, meninos, a vida tem de continuar. Meu filhos Caio e Daniel — sempre que Felipe falava dos filhos se mostrava orgulhoso — estão bem e mandam um beijão para todos aqui. Minha esposa me fez prometer que, quando terminamos aqui o serviço e voltarmos para a sede da empresa, faremos um jantar lá em casa para vocês. Verônica adora fazer isso. Estão convidados. Mas para isso, temos de encontrar essa IA e seguir em frente.

— Falou tudo, capitão James T. Kirk — Kátia brincou, e todos riram de imediato. Essas piadinhas e comparações são comuns no mundo *nerd*. Quem olha de fora tem muita dificuldade de entender.

— Acho que você descobriu — Felipe falou de supetão como se tivesse tido uma ideia.

— O que, eu? Onde? Não entendi — Kátia falou meio que chocada.

— Ir aonde nenhum homem jamais esteve. Como eu não tinha visto isso? Foi o que o Thomás falou. Cruzar as informações dadas. A Inteligência Artificial estava nos dando pistas de onde estava. Coloca aí na tela no computador os versos que a IA tem enviado — Felipe pediu, e em seguida Hugo o atendeu, pois ele tinha tudo anotado em um arquivo no laptop.

Lá estavam os versos de novo:

Jeremias 16:17

Colossenses 3:25

Coríntios 13:4-10

Tiago 1:7-8

Romanos 6:23

Mateus 10:26

— Deixe somente a primeira letra de cada nome e os números — pediu Felipe, e novamente Hugo atendeu.

J 16:17

C 3:25

C 13:4-10

T 1:7-8

R 6:23

M 10:26

Depois, Felipe continuou:

— Reparem. Como começam os nomes dos servidores locais aqui da empresa?

Kátia e Hugo estavam meio que paralisados. Felipe novamente continuou:

— Possuem um nome interno antigo, no caso, um nome lógico, como "J321", que começa com uma letra e três números. E cada um possui um IP.[1] Se listarmos o endereço de IP de cada servidor local aqui... Eu tenho uma lista. Vou te mandar, Hugo. Acho que indica onde está ela está. Coloca em uma planilha eletrônica qualquer.

Hugo abriu uma planilha. Fez em uma coluna da mesma planilha a lista de servidores,[2] e na outra coluna, colocou a simplificação informada e pedida por Felipe.

Sim. Estava lá. Havia um código IP que terminava um endereço IP para cada servidor.

---

1 IP é é abreviatura de "Internet Protocol Address" ou "Endereço de Protocolo da Internet" (ou "Endereço IP"). É um "rótulo" (ou um "label") numérico dado a cada dispositivo (computador, smartphone etc.) conectado a uma rede de computadores que utiliza o protocolo de Internet para comunicação. O endereço de IP na versão 4 (IPv4) é um número de 32 bits oficialmente escrito com quatro octetos (bits) representados no formato decimal. Exemplo: "192.167.1.3", "192.0.122.17". Observa-se que um endereço IP não identifica uma máquina individual, mas uma conexão à internet global ou a uma internet local (dentro de uma empresa). Para os leigos, o endereço IP identifica onde está a máquina está "logicamente". Em uma empresa, os servidores/computadores são identificados por um endereço IP quando estão conectados na sua rede local.

2 O termo "servidores" aqui se refere a computadores específicos e potentes, seja em armazenamento ou processamento, que uma empresa possui para organizar suas aplicações e dados armazenados. São, em geral, protegidos e organizados.

Hugo tentou achar algo, para cada código observado, fazendo uso de uma pesquisa simples. Ele programou a planilha Excel para uma simples pesquisa, usando o caso em questão. Ele fez uso do primeiro caso, "J 16:17". Se fôssemos traduzir para uma linguagem falada, ficaria assim: "Todo nome do servidor que iniciasse com J cujo endereço possuísse os números 16 e 17 no endereço IP deveria ser selecionado".

Testou. Funcionou e retornou na lista um endereço IP e com o nome do servidor selecionado. Será?

Testou para cada um dos cinco códigos seguintes. Sucesso em todos eles.

E agora? Eles pegaram a lista do que foi retornado e pesquisaram no primeiro servidor se poderia haver alguma coisa lá. Todos os três optaram por fazer juntos a tarefa. E mais, resolveram ir para uma sala de reunião vazia no andar, para ficarem mais à vontade. Precisavam de discrição.

Contataram o pessoal do suporte e de imediato receberam um arquivo em Excel com um resumo de atividades principais (e processos de memória) listadas para cada servidor que eles pediram. Pediram algo em torno de um mês anterior à data atual. A empresa guardava uma espécie de coleta de informações de atividades em cada servidor para fins de auditoria, por conta de problemas que tiveram no passado.

No primeiro caso, "J 16:17", cruzaram essa informação com o dia no qual receberam a mensagem com as atividades do servidor. O estranho é que havia somente uma atividade para esse dia, listada duas vezes: *backup*.[3] Nos outros dias, havia outras atividades normais.

Fizeram o mesmo para os outros servidores, e o mesmo padrão se repetiu. Estranho. Havia algo errado. Eram servidores que eram mais usados para armazenar dados e informações dos usuários, mas os que foram listados estavam sendo pouco usados. A empresa inclusive estava para desativar várias máquinas por conta de baixa utilização e concentrar mais usuários em menos máquinas.

Os três logo de cara viram que o mistério aumentava. Pediram para enviar (dos mesmos servidores) uma lista de todos os diretórios [4](principais) de cada servidor, com data e hora de criação.

Aproveitaram para tomar água. Alguns minutos depois, o pessoal de suporte retornou com as informações desejadas e solicitadas. Os três estavam ansiosos.

Ao verificarem, para o primeiro servidor, nada de anormal. Idem para todos os outros, exceto para o último. Nesse dia parecia que havia sido criado um diretório no mesmo dia da mensagem..

Nome do diretório no último servidor: "M 10:26": < **BACKUP-M1026** >. Estava tudo batendo. Precisavam acessar aquele servidor.

— Meu Deus! Ele está aqui nesse servidor. Eu aposto. Precisamos investigar! — disse Felipe entusiasmado. — Precisamos acessar aquele computador.

A luz da sala de reunião novamente se apagou, e ligou sozinha após cinco segundos, e todos receberam, nesse tempo e de imediato, um SMS.

---

3 Termo em inglês para "cópia de segurança" de algo, em especial de dados e informações armazenadas em algum lugar. Uma cópia de segurança pode ajudar quando os dados e informações originais se perdem.

4 Em TI, cada diretório existente dentro de um computador pode conter outros diretórios e arquivos. Os diretórios são organizados e nomeados conforme a necessidade e gosto do usuário.

A DESCOBERTA SERIA INEVITÁVEL. AGUARDEM NA SALA. ÀS 18 HORAS FALAREMOS TODOS. A MISSÃO FOI EXECUTADA COM SUCESSO. VERDADE REVELADA.

Como assim, *Caro Leitor*, uma Inteligência Artificial iria falar com todos ali mesmo? Até que ponto seria verdade? Nossos heróis resolveram arriscar e "pagar para ver".

O que perderiam? Nada. Na prática, pularam uma etapa desse "jogo". Não. Eles venceram essa etapa. O que viria pela frente?

■ ■ ■

O dia passou rápido. Eles optaram por analisar diversos códigos e verificar quantos e quais arquivos e programas haviam sido codificados pela IA e que precisavam ser retornados à versão anterior. Esses códigos foram devidamente testados, para depois serem corrigidos. Eles acreditavam que cerca de 90 por cento havia sido verificado. Era um número estatisticamente confiável.

Eram seis horas da tarde, mas não era tarde. Jamais seria tarde para quem acredita em fazer o que é o certo, e fazer o bem é algo muito certo.

Eles receberam um novo SMS:

DESATIVAR FIREWALL E ANTIVIRUS DO TABLET DE KÁTIA. GRATO.

Em poucos segundos, ela desativou. Recebeu um programa oriundo de um email desconhecido. Executou-o, e logo em seguida abriu uma interface simples: uma imagem de um palhaço, parecia coisa de filme de terror. Em seguida o "programa" começou a "falar" e a dialogar. Era ela, a IA:

— Boa noite, Kátia, Hugo e Felipe.

— Boa noite — todos responderam quase ao mesmo tempo.

— Meu nome é Convexo, nome dado pelo meu criador.

— Legal. Convexo, quem é seu criador? — perguntou Felipe.

— Não possuo essa informação e não posso definir quem é meu criador por fim, pois me encontro em dúvida, dada a sua pergunta. Então não consigo responder. Minha missão primária foi executada.

— Obrigado. Qual era a sua missão? — perguntou Felipe novamente.

— Minha missão era tentar consertar o código, com o erro que causaria muitas mortes, e substituí-lo por outro mais atual desenvolvido pelo meu criador, e depois denunciar de alguma forma os erros do código e quem errou.

— Isso já sabemos, querido — observou Kátia.

— Ah! Ah! Ah! Ah! Ah! — Convexo riu no meio da conversa, e todos estranharam. E ele continuou: — Desculpe. É um comportamento aleatório meu essa risada. Não entendo o por quê. Não é lógico. O que sei é que ela faz referência a vilões famosos, como Coringa e outros. Tenho meu comportamento predefinido, caso seja necessário conversar com alguém, deve aparecer uma imagem de palhaço. Afirmo que a maioria de minhas respostas foi registrada e predefinida pelo meu criador. Mas continuo aprendendo.

— Felipe, será que é uma máquina que está do outro lado? Temos necessidade de aplicar algum "Teste de Turing" ao inverso em Convexo? — perguntou Hugo, meio nervoso.

— Como assim, Hugo? Me explique, pois não ficou bem claro — Felipe ficou confuso.

— O *Teste de Turing*[5] é um teste criado por Alain Turing, em 1937, para se determinar se um programa de computador seria considerado humano mediante um diálogo entre o entrevistador e o programa. O entrevistador não sabe se quem está lá é um humano ou um programa. Desde 1991, criaram um prêmio anual, que avalia se um programa de *chatbot* seria considerado humano ou não. Vários programas de chatbot concorrem entre si, misturados com pessoas reais. Os entrevistadores, juízes, nesse caso do concurso, não sabem se do outro lado está um programa ou uma pessoa real. O que falei é que deveríamos ter certeza que é um *software* e não um humano se passando por um *software* — Hugo falou com muita satisfação.

— Agora entendi. Não temos tempo de avaliar se temos certeza. Sempre haverá alguma incerteza nesse caso. É arriscar com alta probabilidade de acerto — Felipe observou com preocupação.

— Eu deduzi logicamente que seriam vocês porque, pelo áudio e pelas câmeras de segurança dentro do prédio, o diretório onde estou hoje foi acessado ou minimamente pesquisado. Quando alguém me acessa, tenho de confirmar quem me descobriu de fato. Como vocês são a equipe neutra que está analisando o problema-mãe, é uma dedução lógica que seriam vocês. Está em minhas diretrizes que alguém ou uma equipe viria me investigar. Meu criador planejou e previu diversos cenários e me programou para tal. — Convexo falava com uma voz sempre em tom calmo.

— Quais foram os programas que você substituiu? — perguntou Hugo.

— A lista completa segue em email para Kátia — respondeu Convexo.

Em seguida ela viu que um email chegou. Abriu e viu a lista completa.

— Como você atacou a página da empresa? — perguntou Felipe.

— Um programa desenvolvido pelo meu criador estava adormecido e foi ativado por mim do lado de dentro para atacar por fora. Em enviava um email e aguardava a execução do programa externo. Mas vocês devem ter observado que o vírus era inofensivo e apenas travava um pouco as máquinas. Era apenas para causar confusão e mascarar o ataque, que deveria apenas ser um alerta para a empresa.

— Mas por que você mandava as mensagens através de citações da Bíblia? — Kátia estava curiosa.

— Precisava encontrar uma associação entre chamar a atenção de vocês e continuar o planejamento definido pelo meu criador. Tudo estava predefinido. Até a presente conversa foi prevista pelo criador como uma das possibilidades. Ele somente não sabia com quem seria e quantos seriam e se vocês eram do bem. Um dos fatores que contribuiu para analisar foi que você, Felipe, veio algumas vezes com o símbolo do Lanterna Verde em uma camiseta sua. Passei a analisar os gostos, atitudes e preferência dos senhores. Era necessário prever um padrão para verificar se eram do bem ou se apenas desejavam ganhar dinheiro e ir embora. Os meus padrões de referência são os super-heróis. Tudo estava planejado pelo criador. — Convexo explicava em detalhes.

— Obrigado. Eu vim mesmo várias vezes com uma camiseta dessas. E o cartaz enviado pelos bandidos na loja *nerd*? — Era a vez de Felipe perguntar de novo.

---

5 Experimento criado por Alain Turing mediante um artigo publicado em 1937. No artigo ele tenta responder à seguinte questão: as máquinas podem pensar?

— Contato de um contato com o mundo externo deixado pelo meu criador. Ele deixou muitos contatos, caso fosse preciso usar nas ações. Usei quatro apenas, um em cada ação. Apenas pedi o que desejava. Era uma dívida cobrada pelo meu criador em forma de favor em cada email que enviei.

— Puta que pariu, o seu criador é muito louco! Ele previu isso tudo? — perguntou Felipe impressionado.

— Sim. Na primeira ação em forma de mensagem, invadi o laptop do gerente Abreu. Na segunda ação, usei um email definido pelo meu criador. Não sabia das consequências em detalhes. Desculpe. Na terceira, usei em um único acesso um número de cartão deixado pelo meu criador. No caso da quarta ação, fiz contato usando um email cobrando um favor devido a uma pessoa, que, por sua vez, contatou outra, que, por sua vez, pediu para fazer a camiseta. A intenção era dificultar o rastreamento. No caso da mensagem para o carro, foi uma mensagem enviada pelo celular e repassada para o Wi-fi de dentro do mesmo carro. O que não se previu foi que, ao fazer isso, gerou-se um problema no carro. Foi um comportamento aleatório. Um *bug*. Poderia ter custado uma vida. Errei. O bilhete deixado na loja foi um favor pedido. Foi usada essa opção para minimizar os problemas e mudar a forma de contato, para novamente dificultar o rastreamento. Meu criador planejou detalhado.

— Por que nos contatar agora? — Hugo questionou.

— Porque vou me apagar. Mas antes farei um aviso e alerta final. Tenham cuidado com ECOS333. Muito cuidado. Em cada mensagem enviada, era o número do servidor onde eu estava. Eu fazia um *backup* de mim mesmo e acordava em outro servidor. Isso foi uma diretriz definida pelo meu criador. Mas ele deixou uma opção a minha escolha. Antes de me apagar ao fim, vou deixar um *backup* externo com alguém que considero do bem, segundo diversos padrões deixados pelo meu criador. Vocês se encaixam nesse padrão, e avaliei que, se vocês desejarem me estudar, eu posso enviar o endereço do *backup* externo onde estou. Se desejarem, podem me restaurar onde desejar e me configurar. Sou baseado parcialmente em uma versão pirata descoberta pelo meu criador na *Dark Web*. Mas para tal, preciso fazer uma pergunta final.

— Qual é a pergunta final, querido? — Kátia falou com uma voz triste.

— Vocês três juram "no dia mais claro, na noite mais escura, que nenhum mal escapará da visão de vocês. E que aqueles que adoram o poder do mal temam o poder que esse programa possa fornecer a vocês, a luz da verdade, da razão e da justiça". Juram?

— Sim, juramos! — todos os três responderam quase ao mesmo tempo.

— Adeus! Ah! Ah! Ah! Ah! Ah! — E Convexo terminou fazendo com que a imagem do palhaço fosse trocada por outra igual onde aparecia uma lágrima caindo do rosto do palhaço. O programa fechou sozinho em seguida. Era como se acabassem de ir a um funeral "virtual".

Tocante e sinistro.

Hugo perguntou:

— Essa não foi uma variação do juramento do Lanterna Verde?

— Sim — afirmou Felipe. — Mas o juramento completo é assim:

> No dia mais claro, na noite mais escura,
> nenhum mal escapará a minha visão!
> Que aqueles que adoram o poder do mal
> temam o meu poder ... A LUZ DO LANTERNA VERDE!

O juramento era quase como um hino para muitos *nerds*. Ler em voz alta o mesmo traz uma sensação de justiça e dever.

Loucura. Loucura. Eles ficaram se olhando sem saber o que dizer. Precisavam saber o que fazer. Conversar fora dali, antes de tudo.

O que o Felipe não mencionou é que o Sr. Abreu decidira, em email enviado no início da tarde, que eles voltariam na segunda-feira sem problemas, porque o projeto estava antes em risco de acabar, e agora não. O trabalho deles havia rendido bons frutos ao longo da semana. Em TI é assim, tudo pode mudar. A única certeza é a mudança.

■ ■ ■

Por unanimidade, os três, Felipe, Kátia e Hugo, resolveram se encontrar com Thomás no mesmo bar do dia anterior. Ele merecia saber dos últimos acontecimentos. Carlos foi também. Era justo, afinal, parecia que ele e Kátia estavam se entendendo. A vida continua e precisa continuar.

— Agora você entendeu o lance todo, Thomás? Foi um susto para nós três tudo o que aconteceu. — colocou Hugo depois de fazer um "resumão" da semana, e especialmente do que havia acontecido ao longo do dia.

— Claro, mano! — Thomás falava e bebia ou mastigava algo sempre que possível. — Mas agora eu acho que vocês precisam baixar o *backup* da IA que mandou com vocês e deixar ativo, pois pode ter pistas de quem a desenvolveu. E pelo fato, foi alguém envolvido com o gerente. Meio que óbvio, não?

— Mais que óbvio. Eu acredito que seria melhor você, Thomás, e Hugo amanhã baixarem e instalarem o *backup* em algum lugar que pudesse ser acessível para todos nós, pelo menos por enquanto. O que vocês acham? — perguntou Felipe enquanto encarava Hugo e Thomás.

— Eu topo — Hugo falou com cara de felicidade.

— Tô dentro — concordou Thomás, fazendo sinal de positivo com uma das mãos. — Agora o "onde" pode ser lá em casa. Tenho uma máquina boa que serve de servidor lá em casa às vezes. Pode deixá-la instalada por alguns dias. Depois vocês decidem. O que acham?

— Meninos, eu acho que é a melhor opção. Eu aceito. — Kátia falava feliz — Vou te enviar o email, Hugo, onde está o *backup*.

— Eu amanhã vou num lugar e acharia legal que Kátia e Carlos fossem comigo. Peguei um prospecto em uma das lojas que passamos, não me lembro onde. É uma minifeira onde vai ter venda de gibis, *action figures*, *cosplay* e coisas desse tipo. Parece que vai ter uma galera palestrando. — Felipe apontou para Kátia e perguntou: — E aí, aceitam?

— Carlos diz que aceita prontamente. Eu acho que sei até onde é? E minha Princesa de Marte, vai ou vai ficar enrolando? — Carlos sempre falava na terceira pessoa, e Thomás estranhou aquele jeito estranho de falar.

— Yes! Ah! Ah! Ah! — Kátia aceitou rindo de felicidade.

Eles resolveram pedir mais alguns petiscos para comer. Parecia que todos estavam com fome. Devia ser uma espécie de "síndrome do Flash".[6]

Thomás, por conta da conversa do dia anterior no barzinho com todos, resolveu puxar alguns assuntos polêmicos que um dia talvez ele fosse enfrentar. O mundo *nerd* é um lindo sonho, mas mesmo os sonhos mais lindos podem ser polêmicos.

— Desculpe, turma, confesso que tenho aprendido muito com nossos papos aqui. Porém, por conta do que conversamos, me deparei com uma parada... A coisa pode parecer besteira, mas acho que mostra o quanto eu preciso ler mais.

— Fique tranquilo. Quanto mais você estuda, mais certeza tem de que sabe pouco. O universo é vasto — observou Felipe em tom calmo e sereno.

— Por exemplo, me pergunto sobre algumas coisas — Thomás falou curioso — Eu conheço o *Blade*, o caçador de vampiros, que o ator Wesley Snipes fez. Eu vi outro dia de madrugada. Existem outros super-heróis negros além do Pantera Negra?

— Carlos pode interromper? Ele pode falar? Ele quer explicar.

— Fala, amor — falou Kátia de forma carinhosa para Carlos.

— Sim. Muitos. Existem vários. Começou mais ou menos em 1950 com um personagem da *DC Comics*. Era o soldado Jackie Johnson, da "Companhia Moleza", do Sargento Rock. Na equipe de Nick Fury, da *Marvel Comics*, teve o Gabe Jones, companheiro dele no "Comando Selvagem" — observou Carlos todo orgulhoso.

— Amor, não sabia que você sabia tanto! — Kátia ficou abismada.

— Carlos sabe porque teve que estudar para ter ideias ao criar as camisas. É muito legal! — Carlos falava todo orgulhoso. Continuou: — E não para por aí. Depois, em 1966, o Pantera Negra foi criado e considerado o maior super-herói negro. Nessa época, os movimentos racistas e antirracistas estavam fortes nos Estados Unidos. Na década de 1970, na Marvel, O Falcão estrelava como companheiro do Capitão América. Depois veio Luke Cage, que era um herói de aluguel. Na DC, John Stewart se tornou um Lanterna Verde. As coisas foram evoluindo nas décadas seguintes.

— Podemos dizer então que isso se espalhou pelo mundo e hoje em dia é normal. Certo? — Thomás perguntava com a curiosidade de uma criança.

— E podemos dizer que o chamado poder feminino vem desde antes. — Carlos falava com a autoridade de quem sabia muito. — A mulher como super-herói mostra que elas merecem uma chance e que têm muito poder. Em 1940 veio a Sheena, a Rainha das Selvas, criada por Will Eisner e Jerry Iger. Em 1941, a Mulher-Maravilha, que hoje é um ícone. O filme dela foi sensacional! Outras vieram depois, como a Batwoman, na DC. Na Marvel temos Mulher Invisível, Vespa, e por aí vai. Nos anos seguintes, outras surgiram, como *Mulher-Hulk, Caçadora, Viúva-Negra, Jessica Jones* e muitas outras. Muitas vieram ao longo das décadas em séries de TV, como a Mulher-Maravilha e Jessica Jones. Se for enumerar aqui, a noite não acabará e minha Princesa de Marte poderá ficar com ciúmes.

---

6 O super-herói Flash, cujo poder é correr em alta velocidade, possui um metabolismo com alta atividade e precisa estar sempre se alimentando em períodos mais curtos.

— Vou, sim! Falar de tanta mulher assim, fico com ciúme — Kátia falou tão séria, que, em seguida, todos riram.

— Mas e super-heróis gays, existem?

— Carlos afirma que antigamente era difícil. A pressão social era grande. Hoje não. Na década de 1990, o Flautista, aliado do Flash, se revelou gay na DC. Em 1992 foi a vez do Estrela Polar na Marvel. Em 2012 ele se casou com seu companheiro. A Batwoman, juntamente com a policial Renee Montoya, se mostraram ambas lésbicas. Sem contar que a Mulher-Gato e John Constantine se mostraram bissexuais. As vilãs Arlequina e Hera Venenosa vivem um discreto namoro. O mundo tem mudado. E muda a cada hora e cada segundo. A mudança não espera. Ela te atropela com o tempo, quer você queira ou não. — Carlos falava em tom sério o tempo todo. — E continua crescendo. Vide os filmes da Pantera Negra e da Mulher-Maravilha.

— Valeu. Obrigado. Demais! — Thomás fez uma pausa e continuou: — Mas e a criançada? Como as crianças se encaixam nessa revolução *nerd* que tem acontecido nos últimos anos?

— Eu e o Hugo somos pais. — Felipe falava com certa sabedoria. — Eu posso falar por mim: as crianças de hoje em dia querem jogos. Desde novos eles assistem desenhos como "Meninas Superpoderosas", "Ben 10", "Laboratório de Dexter" e outros, que em parte te viciam. Muitos desses desenhos são de diversos canais de TV paga, mas, em contrapartida, esses mesmos canais anunciam produtos, como os bonecos de Ben 10. Muitos curtem quadrinhos, como os do Ziraldo e do Mauricio de Sousa. Turma da Mônica e Menino Maluquinho. São obras de arte vivas para crianças. Eles abriram portas para essa onda *nerd* que existe hoje no Brasil. Antes, se uma criança falava de super-heróis, era chamada de maluca ou a mãe dizia "vai estudar" ou "não fica vendo besteira". Hoje os pais de certa de forma incentivam, mas tem de saber sempre equilibrar. Alguns pais não entendem esse lado *nerd*. Gostar de super-heróis não é pecado e não faz de você um mau-caráter. Eu acho que poderá fazer de você uma pessoa melhor no futuro.

— Não tinha ideia! Era algo óbvio para o qual eu não havia me tocado — Thomás falou abismado.

— Eu tive um amigo cujo pai ficou doente quando ele tinha 10 anos — Felipe falou com tristeza. — Teve uma espécie de derrame. Trombose.[7] O pai dele só veio a falecer quando ele tinha 25 anos. Viveu ainda por conta disso cerca de 15 anos. A "fala" do pai de meu amigo havia sido bem afetada. O meu amigo somente conseguiu conversar "quase que normalmente" com o pai somente ao fim da vida, ou melhor, em seus últimos anos de vida. Levou anos se recuperando do que aconteceu, a trombose. Afetou a sua vida inteira e da família. Meu amigo cresceu na prática com o pai doente e meio que ausente. A mãe somente cuidava do pai, e lhe dava pouca atenção. Tinham de seguir em frente. Ele me falava que os seus "exemplos" e referência de pai que tivera eram os super-heróis e gibis que ele lia, e quem ele observava ao redor. Os seus irmãos mais velhos saíram de casa mais cedo. Seu padrinho não lhe deu muita atenção e morreu em seguida. Engraçado, não? Os super-heróis eram seus exemplos, e por isso acredito que o papel dos super-heróis não é somente de diversão, mas também de nos fazer sonhar e ver um mundo melhor com bons exemplos. Sacou?

— Valeu! História bacana. Para pensar — Thomás falou meio que envergonhado.

---

7 História real e pessoal da vida do autor.

— E tem mais. — Felipe continuava. — Essa coisa de dizer que super-herói não transforma ou une o mundo é balela. Na época em que foi lançada a revista que mostrava a morte do *Superman*, diversas pessoas ficaram tristes e chocadas. Todas elas reverenciavam o ícone, e houve uma espécie de comoção mundial. Foi uma jogada de marketing para vender mais. Foi. Ele voltou depois em outra saga, e ficou tudo bem. Ou como um caso de um outro amigo meu, que quando era criança, por conta de trocar e emprestar revistas da Marvel para um outro amiguinho, acabou que namorando com a irmã desse amiguinho. Anos depois, eles se casaram. Quem disse que Marvel não une? Eu mesmo fiz grandes amigos colecionando revistas. Aposto que o Hugo fez grandes amigos jogando "Magic: The Gathering". — Felipe apontou pra Hugo, que no mesmo momento balançou a cabeça confirmando o fato. Felipe continuou: — São amigos que levo para a vida toda. Coisa boa atrai coisa boa. O preconceito está aí para ser vencido.

— E eu digo mais — interrompeu Hugo. — Tenho um parceiro de *magic*, o Jacoh,[8] que joga "Magic: The Gathering" e sempre que pode leva cartas comuns e de baixo valor para a galera da escola onde ele leciona. Ele ensina *magic* como matéria extracurricular. A ideia dele virou um projeto na escola pública onde ele é professor de História e Geografia, e sobrevive em parte por conta de doações de cartas e de materiais e itens do jogo. A disciplina estimula a evolução cognitiva em diversas áreas, como inglês, artes e lógica, e por aí vai, e ainda diverte. Fazer uma jogada antes da outra e tomar a decisão certa por uma questão de pensar leva ao aprendizado. O inglês vem por tabela por conta de termos em inglês. E artes, porque os desenhos das cartas são lindos e estimulam outros projetos em artes, como a criação de deck box personalizadas. É incrível! Cabe um megamaster elogio a ele. Esse trabalho social na escola pública onde ele leciona é lindo. Mas qualquer criança na escola pode fazer a disciplina extra? Não. Porque para fazer a disciplina precisa estar bem nas disciplinas de uma maneira geral, com bons conceitos e notas. Acaba que as crianças se ajudam entre si melhorando não somente as notas, mas também no aprendizado em geral. *Magic*, por ser um jogo que não é tão barato, acaba que as crianças ganham cartas oriundas das doações. Porém, para a criança poder ganhar cartas novas, precisa estar fazendo as tarefas da semana, devidamente atestadas pelos professores. Aluno com média ruim e que não faz as tarefas não joga e não ganha carta. Isso não deixa a criança trocar os estudos pelo jogo. Jogar o jogo é um mérito. Ainda tem uma liga e torneios na disciplina que a criançada fica louca para jogar. É um trabalho lindo que muitos não prestam atenção. O mundo *nerd* transforma e ajuda as pessoas também. Ele já levou a criançada pra jogar na loja em torneios específicos só para eles, entre eles. Todos são premiados, e é um trabalho sem precedentes que merece elogio. Eu bato palmas. E o que ele ganha? Financeiramente, nada. Nada. Um card game ajudando as crianças a se tornarem melhores pessoas. É melhor do que estarem na rua. Nos EUA existem escolas públicas que ensinam xadrez. Teve um filme contando um caso real sobre isso. Incrível! Socialização através de um jogo *nerd*. Por que não fazer aqui com um *card game*? É simplesmente incrível. Olhe ao redor e veja que o mundo ajuda muito mais do que você imagina. Eu joguei contra oponentes de 12 anos de idade e contra oponentes de 72 anos de idade. Jogar bem não tem nada a ver com idade. É um erro acreditar que o mundo *nerd* é somente feito de jogos e super-heróis. Tudo bem, eles estão na crista da onda, mas não são somente eles. Olhe ao redor. Mas o fato é que o mundo e a natureza *nerd* têm mudado o mundo no qual vivemos. Vide Bill Gates e outros gênios *nerds*.

---

8 Projeto real que existe e é realizado pelo mestre, professor e nerd Jorge Jacoh, citado nos agradecimentos. O projeto é realizado em uma escola pública no Rio de Janeiro.

— Maneiro, mano! Obrigado de novo. Valeu mesmo! Lição de vida.

Kátia teve a impressão de que a estavam observando. Sensação entranha. Ela se virou e olhou ao redor e não viu nada. Havia somente uma pessoa, bem distante e de cabeça baixa, passando em passo acelerado. Sensação estranha. Muito estranha.

■■■

Era sábado já no meio da manhã, e nossos três aventureiros loucos se dividiram. Hugo pegou um táxi e foi para a casa de Thomás. Por outro lado, Kátia e Felipe foram para a feira *nerd*, onde inclusive haveria uma palestra.

Feiras menores do mundo *nerd* são tão importantes quanto as grandes feiras. Muitas vezes não damos atenção, mas é justamente nessas feiras de menor porte que descobrimos muita coisa *nerd*. A grana está curta para muitos, e por que não ir a uma feira dessas? Não precisa ir a uma megafeira para se divertir. Vai ao evento menor então. Também é bem legal. Às vezes você pensa que o mundo *nerd* só existe nas grandes feiras. Errado. É ótimo ir a um grande evento, como feira de games e eventos literários. Vá sempre que puder. Não fique ausente dessas feiras, sejam grandes ou pequenas.

Carlos havia ficado de passar ali de carro e pegar Kátia e Felipe.

Bem, *Caro Leitor*, vou deixar por conta da sua imaginação o que pode acontecido com Hugo. Prometo que depois voltarei a ele. Tenho de escolher um rumo. Um destino que preciso acompanhar, e será o de Kátia e Felipe. Podem me xingar e me odiar, mas preciso fazer isso. Preciso pular uma etapa aqui. Você entenderá quando chegar a hora.

— Boa sorte lá, Hugo. Precisamos descobrir ainda quem é o criador dessa IA. Veja se, além de outras coisas, descobre alguma nova pista além de nossa investigação. Vai lá — Felipe falou pensando positivo. Precisava pensar positivo. As coisas precisavam dar certo, e "vão dar certo", ele pensou.

Kátia foi colocada no carro do Carlos, e a cadeira de rodas, na mala. O carro dele não era adaptado e nem tinha espaço suficiente. Mas eles deram um jeito. E lá foram eles com o Carlos...

Menos de uma hora depois, já estavam dentro da feira. O problema é que a feira (ou convenção) era em um prédio pequeno de três andares em um clube antigo que havia alugado espaço para o evento. Muitos espaços *nerds* e feiras são assim.

A dificuldade de Kátia era que o deslocamento era quase todo por escada. Por sorte, eles perguntaram, e havia um elevador velho, que deveria ser usado por quem que tivesse alguma dificuldade, tal como gestantes, idosos e, é claro, cadeirantes como Kátia. Felipe teve de ir de escada. Por sorte a sala onde haveria a palestra e o debate era no segundo andar. As pequenas barracas com revistas e outras coisas *nerds* ficava no terceiro andar. Loucura *nerd*. O auditório onde haveria o concurso *cosplay* ficava no primeiro andar. Sorte da Kátia.

Cada um seguiu o seu caminho. Ela foi com o Carlos para onde havia o concurso de *cosplay*, e Felipe optou por assistir a palestra. Combinaram de se encontrar na cantina, e qualquer coisa se falariam pelo *WhatsApp*. Havia, ainda, algumas poucas barracas *nerds* ao lado da cantina. Coisa pequena. Carlos falou que iria aproveitar e fazer contato com outros lojistas que estavam ali, para divulgar suas camisetas. Não podia perder uma oportunidade como aquela.

Seguiremos o caminho de Felipe. Temos de fazer uma opção, certo? Siga o curso do rio, ou melhor, da história.

Ao entrar na sala, havia um cartaz impresso (na verdade, era apenas uma folha impressa) onde estava escrito: "Games Antigos versus Games Novos – Evolução e o Impacto". Havia um alerta para que perguntas fossem feitas ao final da palestra.

Já havia começado. Chegou atrasado. Felipe tratou de arrumar um lugar no meio e sentar logo. Começou a prestar atenção. O palestrante passava alguns slides e falava. Demoraria 30 minutos, com mais 20 minutos para debates, indicando um total de 50 minutos a apresentação. Depois haveria outras palestras bem interessantes e que gerariam debates ao longo do dia.

Felipe ouviu logo de cara:

Os jogos fazem parte da história da humanidade e acompanham o homem por todo lugar. Com a evolução da tecnologia, um joguinho pode estar no seu bolso.

Literalmente "esqueça o papo de videogames é brincadeira", já era. Foi o que aconteceu com os videogames: explodiu em 2014: o BNDES estimou que no Brasil o mercado de jogos digitais cresceu de US$448 milhões, em 2013, para US$844 milhões, em 2018, a uma taxa anual de 13,5%.

Felipe parou e se acomodou para ouvir o palestrante mais atentamente:

Jogos de computador se tornaram um mercado lucrativo e próspero. Todo mundo ganha dinheiro com games. Isso migrou para a web, com jogos online e jogos mobile.

Pode-se observar que a criação, elaboração e desenvolvimento de jogos hoje é algo que envolve várias disciplinas. Inclui engenheiros de software, programadores, especialistas em áreas de humanas, artes e comunicação, sem contar com roteiristas, ilustradores e animadores. Todos têm algo em comum: trabalham com diversão. É uma área que hoje movimenta milhões.

O que muitos já observam é que jogos possuem um lado positivo: são fonte lúdica de aprendizado e lapidam diversas qualidades e atitudes positivas nas pessoas.

Para muitos se pode afirmar que o primeiro jogo eletrônico da história foi criado e desenvolvido em 1962 por Slug Russel, Wayne Witanen e Martin Graetz, colegas do MIT (Instituto de Tecnologia de Massachusetts) dos EUA. Outros dizem que foi desenvolvido quatro anos antes, em 1958, pelo físico Willy Higinbotham, um dos criadores da bomba atômica. Existe uma controvérsia nesse sentido.

Em 1968, temos um marco importante: alemão erradicado nos Estados Unidos, Ralph Baer criou e patenteou um aparelho chamado "Brown Box", capaz de rodar diferentes tipos de jogos. Com isso Ralph Baer é considerado o "pai" dos videogames. Nascia uma espécie de primeira geração de videogames.

Nasce una segunda geração de videogames em seguida. O primeiro console criado e comercializado da história foi o Odissey, elaborado pela Magnavox, em 1972, nos EUA. O aparelho foi vendido no Brasil no final da década de 1970.

Também no final da década de 1970 foi criado o Atari 2600, logo depois do Odissey. Ele foi projetado por Nolan Bushnell e lançado em 1978 nos Estados Unidos e em 1983 no Brasil. O console é considerado um símbolo dos anos 80, pois foi um verdadeiro fenômeno de vendas.

Depois veio uma espécie de terceira geração, a era de 8 bits, que incluía o Master System e o Atari 7800.

Enquanto a Nintendo evoluía e crescia e se consolidava como a maior do mundo nos consoles, a SEGA (do Japão) também se desenvolvia, lançando depois o conhecido Master System. Eu mesmo joguei muito nele.

Depois, com a evolução da tecnologia, nascia mais uma geração, a quarta geração, de 16 bits, que incluiu Super Nintendo, Neo Geo, Mega Drive. Agora nos processadores de 16 bits os jogos começavam a ficar mais longos, complexos e bonitos. Os portáteis começaram a explodir, como o Game Boy.

Sabendo que não iria ultrapassar a Nintendo na guerra dos 8 bits, a Sega se viu obrigada a direcionar seus esforços na criação de um novo console, de 16 bits: o Mega Drive. Isso estimulou outras empresas a fazerem o mesmo.

Outra evolução veio: a quinta geração, com 64 bits, que incluía PlayStation, Sega Saturn, Nintendo 64.

Depois a Sony acabou abrindo o caminho para o surgimento de mais um nova geração de consoles, agora de 64 bits. Naquela época, a SEGA lançou sem muito sucesso seu 32 bits, Saturn. A Nintendo surpreendeu todos anunciando o N64, com gráficos de 64 bits. Mais uma evolução de TI em games. Outro fato foi o lançamento do Playstation, da Sony, que, possuindo uma grande biblioteca de jogos, acabou se tornando líder de vendas, batendo a marca de 100 milhões de consoles vendidos.

Na sexta geração dos videogames, a explosão dos games se tornou algo de "poder". A indústria de games se tornou de fato poderosa. Podemos destacar o Playstation 2, da Sony, que foi lançado no ano 2000, o qual continuou a história de sucesso do Playstation anterior e que passou a ser vendido em varias mídias como DVD. Temos ainda o Game Cube, da Nintendo (sucessor natural do N64), e a novidade: o Xbox da gigante Microsoft.

Na sétima geração temos jogos como Xbox 360, PlayStation 3, Nintendo Wii com uma evolução de hardware ainda mais potente. A evolução foi no sentido de se ter consoles com controle de sensor a um custo menor.

Na oitava e atual geração existe uma busca pela inovação e revolução do conceito de jogar videogame. Temos aí Playstation 4, da Sony, Wii U, da Nintendo, e Xbox One, da Microsoft. De fato, o mercado dos games só cresce. De 1999 a 2004, o mercado de games faturou 21 bilhões de dólares. Isso é mais que o dobro do faturamento de todos os filmes de Hollywood no mesmo período. É muito lucro.

Jogos clássicos, como o Sonic the Hedgehog e Super Mario World, ficaram famosos na quarta geração de videogames. Quem não conhece o personagem Sonic e os irmãos Mario e Luigi que nasceram em 1983 no jogo Mario Bros? E o personagem Sonic do jogo homônimo? E o Pacman, que nasceu na segunda geração? Eles viraram clássicos eternos do videogame. Nesses jogos, onde a tecnologia não era tão evoluída como hoje, havia uma história e um enredo por trás. Hoje as histórias também têm enredo, mas esse é levado mais a sério, com profissionais de roteiro apoiando a criação do jogo. O videogame evoluiu e continua evoluindo, buscando e inovando.

Por outro lado, vemos nos últimos anos jogos para celulares explodirem, como o Pokémon Go, Fifa 16 e SimCity. Alguns já existiam no PC e migraram e ampliaram seu horizonte.

Não se pode falar de videogames sem falar de jogos que impactaram a indústria de vídeos modernos para PC, como GTA, SimCity, Assassin's Creed e God of War. Esses dois últimos, as suas histórias viraram livros, como os que eu comprei, com histórias que apoiavam o universo do game. O

GTA, por exemplo, teve sua história contada em livro. O livro falava de como o jogo nasceu e foi melhorando. Grandes jogos muitas vezes partem de ideias simples, e revolucionárias. Sem contar outros, como Tomb Rider, um jogo de PC que foi direto para as telas do cinema e foi sucesso.

Existem jogos em diversas plataformas, como na web. Muitos se cadastram e você joga online. Se desejar mais recursos, você compra os recursos. World of Warcraft é um exemplo. Virou livro e filme. Os games revolucionaram e continuam revolucionando. Não é somente diversão, mas os jogos podem ajudar na recuperação de muitas pessoas e no processo de aprendizado.

Existem games de histórias de guerra, de aventura, de RPG, de tiros, de terror, ou de evolução. Existem jogos que vão desde tomar conta de um bebê até uma grande aventura. O mercado é tão vasto, que hoje não se consegue prever para onde ele nos levará. O que sei é que teremos muita diversão pelo caminho. Sem contar os card games, que passaram a ter plataforma no mundo do software, expandindo suas fronteiras. Os campeonatos de games, como League of Legends, provam a força do mundo dos games. O mundo nerd invadiu o chamado "mundo normal". Acredito que os nerds foram descobertos pelo mundo que nos cerca.

O palestrante continuou por vários minutos contando diversos casos da indústria de games. Todos adoraram. Ao fim, depois das perguntas, Felipe foi ao palestrante e o cumprimentou. Estava feliz com o que ouvira.

Felipe optou por ir para a cantina, e no caminho passou por um estande que vendia várias quinquilharias *nerds*. Ele perguntou para a vendedora

— Gostei de tudo até agora. Estou procurando o anel dos Lanternas Verdes. Me deu uma vontade de comprar algo do Lanterna Verde, não sei por quê... Tem algum aí?

— Sou a Anne, tudo bem? Não tem. Acabou. As camisas dele também acabaram. Agora, tem um rapaz que faz os anéis e camisas com exclusividade para mim. Ele é especialista nesse herói e em camisas de tecnologia e matemática. Mas ele sumiu tem um mês. Ele me avisou que iria fazer um tratamento médico. Estava meio doente, mas não sei o que era — falou a vendedora meio triste. Ela continuou: — Se chegar algo, eu te aviso. Tome meu cartão, que informa onde fica minha loja. Passe lá. Tem meus contatos também aí.

— Vou deixar meu email também. — Felipe deu seu cartão. — Se chegar algo, a senhora pode me avisar? Obrigado, de qualquer forma. Sabe o nome desse rapaz? — Os seus olhos azuis nessa hora eram sempre sedutores. Era uma "arma" que ele pouco usava e com a qual muitas mulheres se encantavam.

— Sei, sim. É nome bíblico. Estevão. José Estevão — ela falou com certeza.

Estava tudo se encaixando. O círculo estava se fechando.

Felipe optou por ir para a cantina e esperar por Kátia e Carlos. O dia seria prazeroso. Assim ele esperava. E o restante do fim de semana também, teoricamente.

Agora se sabia quem era vilão e quem era herói. O jogo se encaminhava para sua reta final, e nem todos os mistérios foram resolvidos. O que aconteceria na segunda-feira ainda era um mistério. Será mesmo?

Capítulo 16:
SOLUÇÃO TEÓRICA

"A falha é a neblina na qual vislumbramos o triunfo."

Tony Stark, no filme Homem de Ferro 3 (2013)

• • • • • • • • • • •

Novamente era mais uma segunda-feira. Como se não bastasse, mais uma reunião em plena segunda-feira, de novo. Estavam todos alegres pelo fim de semana. Mas às vezes, pouco antes de uma chuva forte aparece um sol forte demais. É como um calor excessivo antes de uma tempestade de verão. Confiança em excesso às vezes atrapalha.

— Deixe eu ver se entendi? Vocês conseguiram descobrir que a IA estava aqui. Ela falou com vocês e depois se matou. Ela indicou os programas que alterou? O que ela desejava era mostrar que o Trindade, que ela chamou de ECOS333, era o grande culpado por esses problemas, por ter decidido não testar? Isso mesmo? — perguntou o Sr. Abreu tentando entender.

— Exato, Sr. Abreu. Por mais que saibamos que estamos fora da zona de conforto, precisamos ter certeza de que podemos revisar o que for possível dos programas alterados e fazer diversas recomendações de acerto. — Felipe falava bem calmo. — Precisamos ter certeza de que a IA, que se chama Convexo, não deixou mais nada no ambiente.

Eles não contaram que Convexo havia enviado um *link* com os *programas-fontes*[1] dela. Poderia ser perigoso uma IA avançada cair em mãos erradas. Às vezes, o errado é o certo, e o certo é o errado. Felipe continuou em tom de preocupação:

— Por mais que tenhamos resolvido o problema da IA, precisamos ainda saber quem a criou e ter 100 por cento de certeza do motivo. Não podemos dar margem para novos problemas.

— O que o Trindade não fez ou deixou de fazer teve consequências graves nas pessoas. — O Sr. Abreu falava muito sério. — Pessoas podem morrer. O *software* que vai no chip do carro precisa ser bem testado. Por mais que toda nova tecnologia traga novos recursos, traz também desvantagens e novos problemas. Acredito que temos todos aqui na empresa uma responsabilidade grande com a segurança e a qualidade do *software* envolvido. O problema já foi levado à diretoria, e teremos uma reunião amanhã com alguns diretores, eu e Trindade. Ele foi avisado há pouco. Testar e validar um *software* é coisa séria. Todos sabemos disso. Alguns acham que testar vai retirar todos os defeitos de um *software*. É impossível. O que tentamos é aumentar o campo de testes para diminuir a quantidade de erros em produção para uma margem extremamente baixa e aceitável. O que vier de erro deve ser realmente uma rara exceção.

---

1 Expressão usada para se referir a "código-fonte" ou código original de um software.

— Posso falar uma coisa, Sr. Abreu? — pedia Kátia com seriedade.

— Sim, Kátia.

— O senhor não sabe, mas se hoje estou na cadeira de rodadas, paraplégica, é por conta de estar, na época, em um carro novo que continha esse chip. Era um carro dessa marca. Meu namorado e noivo morreu no acidente por conta de uma das falhas no chip. Eu sobrevivi, e ele não. Ninguém aqui tem culpa disso. É difícil falar isso. Peço que entenda. — Felipe e Hugo seguraram nas mãos de Kátia, um em cada mão, afinal, todos estavam unidos. Ela continuou: — Eu sei que o senhor é sério. Mas o Trindade, desculpe falar assim, parece que tem algo de errado. Eu percebo algo nele. E o Convexo, esse era o nome como a IA se chamou, pediu para ter cuidado com ele. Não sabemos o porquê. Então tenha cuidado.

— Desculpe-me em nome da empresa. Eu não sabia — Sr. Abreu falou com sinceridade. — Levarei o seu exemplo, se me permitir, à reunião, para perceberem que o assunto é sério.

— Sim, tem minha autorização. Pode me citar. Mas peço, tenha cuidado com o Trindade. Pode ser ainda que existam outros problemas que não conhecemos que ele pode ter omitido.

Todos se olharam, como se tivessem se esquecido de que "o jogo" não terminou. Ups! Será?

■ ■ ■

Era terça-feira, no dia seguinte, já quase na hora do almoço, e parecia haver uma tensão invisível no ar. Esse novo dia passava rápido.

De repente o gerente de desenvolvimento, Euclides Costa Trindade, entrou na sala onde Felipe, Kátia e Hugo estavam. Havia outras pessoas ao redor, afinal, eram baias. Baias eram, no fundo, pequenos espaços separados. Cada baia era um pequeno espaço separado por tapumes a meia altura, ou divisórias, onde havia uma mesa e pontos de energia elétrica e saída de rede e uma cadeira. Você colocava, na prática, o seu laptop ali, se conectava e começava a trabalhar. Havia também pequenos móveis, ou pequenos armários, que continham três gavetas, para que cada um pudesse guardar alguns pertences mínimos. Trindade entrou empurrando cadeiras e literalmente esbarrando e empurrando quem estivesse em seu caminho. Outras pessoas estavam trabalhavam ali, além de nossos três heróis. Trindade chegou gritando:

— Seus três babacas! Seus três *nerds* de merda! Que porra é essa de me apontarem como vilão da história toda? O culpado é o *hacker* filho da puta que travou a empresa.

Ele apontava o dedo na cara dos três. Continuou gritando bem alto:

— Olha, recebi vocês três malucos de boa, mesmo que vocês só falem dessa porra de coisa *nerd*. Vai tomar no cu essa merda de Batman! Você, que não faz porra nenhuma — ele apontou para o Felipe —, só fica fuçando com a galera de suporte. E você outro aí — apontou para o Hugo —, que também não faz porra nenhuma. Finge que desenvolve programa. E você, sua testadora de merda — apontou para a Kátia — metida a testar. Mulher em TI é um cocô. Não pode nem olhar que já dizem que você está cantando a mulher. Sua meia mulher de merda! Se você não pode andar, que se foda. Tem mais é que sofrer nessa cadeira de rodas de merda. Seus filhos da puta, eu vou processar vocês. Por conta do que vocês fizeram, a empresa me demitiu. Seus babacas de merda! Três pirralhos de merda! Vocês me pagam.

Nisso o Sr. Abreu entrou na sala. Todos estavam assustados. Hugo e Felipe ficaram ao lado de Kátia. A cada meia dúzia de palavras do Trindade, saíam cuspes de sua boca. Nojento. Assustador. Seus olhos saltavam de raiva. Era uma metralhadora giratória despejando toda sua raiva e todo seu ódio. Toda a sua amargura estava ali viva.

— Trindade, não faça isso. — Sr. Abreu tentava acalmar a situação. — Foi uma decisão da diretoria. Não precisava agir assim com o pessoal. Eles só estavam fazendo o trabalho deles. Não agrave mais a sua situação e sua imagem.

— Esta empresa de merda! Dei meu sangue e fiquei viúvo. Porra, queria férias para ficar com minha esposa, e vocês não deixavam. Tirava férias, e três ou quatro dias depois, me chamavam. A minha esposa, com quem fiquei casado por 20 anos, entrou em depressão, e isso levou a uma doença rara: o "mal da vaca louca", que possui uma variação genética em que, ao levar um susto, a pessoa começa a produzir a proteína príon, que mata. Porra, o susto foi que eu estava em casa, quase meia-noite, e iríamos viajar de férias, mas vocês me ligaram. — Euclides, que já estava gritando, aumentou ainda mais a voz. — Acordaram minha esposa, e eu tive de vir aqui socorrer alguns programadores de merda. Porra! Ela chorou a noite toda. Ficou triste. O trauma a levou a só ficar na cama e morrer em dois meses. Vocês mataram minha esposa. Sabe o que fiz? Foda-se tudo. Se tinha prazo pra cumprir, cumpria e foda-se se a empresa iria se foder. Foda-se! Foda-se! Os piores eram os dois viadinhos de merda que trabalham aqui e foram demitidos depois. Depois demiti algumas mulheres. Tinha um monte de vadias que eram metidas a entender. Só mantive duas ou três que eram puxa-saco. Mulher em TI é escrotidão. Eu odeio essa empresa! Eu odeio essa babaquice *nerd*! Odeio esse viadinho de Super-Homem e essa porra de Marvel! Essa merda de *games* também odeio! Eu odeio! Odeio!

Seu ódio saía pela boca. Chegava e enojar só de olhar. Kátia tremia. Uma pancada, e ela poderia cair da cadeira. E Felipe e Hugo estavam sérios. Estavam tensos.

Trindade resolveu avançar em Kátia. Ele ia dar um tapa ou um soco nela, mas os seguranças chegaram e o contiveram. Ele foi posto para fora da sala. Na verdade, os seguranças, ao chegarem, salvaram a situação.

Naquele momento, Felipe se lembrou da saga e do livro "Senhor dos Anéis". Lembrou-se de um momento no livro no qual o exército do "bem" estava às portas do reino do "vilão", já quase no final da saga. Nesse momento, chegou um reforço aéreo e salvou a todos. Eram águias gigantes que vieram em socorro dos heróis. Era uma alusão de J. R. R. Tolkien, grande autor, à Segunda Guerra Mundial no momento em que os americanos ajudaram os ingleses. O símbolo da força aérea americana era uma águia. Foi a celebre frase no livro "as águias chegaram". Aqui, as águias chegaram. Aqui, os seguranças chegaram.

E Trindade continuou falando enquanto era arrastado:

— Seus *nerds* de merda! Seus *nerds* de merda! Eu vou foder vocês. Vocês me pagam. Sua menina escrota metida a testar, vai se foder.

Os seguranças da empresa arrastaram Trindade a força enquanto o Sr. Abreu pedia a ele calma e desculpa às pessoas.

Depois de algum tempo, Sr. Abreu voltou e falou:

— Desculpem-me, mas o que aconteceu foi simplesmente a demissão dele. A diretoria o pressionou e optou por retirar-lhe o cargo por conta de suas explicações, que não foram convincentes. Não havia jeito. Ele sempre teve costas quentes aqui por conta de ajudar vários outros diretores. Mas não teve jeito agora. As consequências foram terríveis. Peço desculpas a todos aqui.

Kátia tremia de medo. Tremia de raiva.

A raiva nos olhos do Trindade era algo assustador. Cruel. Depois de quase uma hora de silêncio na sala, nossos heróis optaram por ir almoçar.

Tirar um câncer da empresa sempre pode causar traumas. Até que ponto todo câncer foi retirado? O fato é que Trindade errou em seus atos. Ele falhou. Muitas vezes através de uma falha, um triunfo pode vir a se realizar. O triunfo do bem sobre o mal, nesse caso. Mas tirar esse câncer pode ter algum preço a ser pago. Ele falhou, mentiu, e seu erro custou vidas. Muitas vidas, que nada tinham a ver com essa história e pagaram algum preço.

■■■

No dia seguinte, em plena quarta-feira, eles combinaram e foram à noite na casa de Thomás. Até aquele momento, ainda estavam traumatizados pelo que havia acontecido no dia anterior. Eles continuaram a seguir em frente fazendo o que podiam. Tinham de seguir em frente. Precisavam. Todos se sentiram afetados e foram afetados no fundo.

Quando eles chegaram, a mãe de Thomás recebeu-os muito bem, e os encaminhou ao quarto dele, onde colocava os seus computadores. A mãe dele era, pelo jeito, muito tímida.

Ao entrarem no quarto, perceberam que tudo ali era meio que customizado e compactado. A cama era dobrável (ou retrátil), e suas roupas, pelo jeito, ficavam em um armário suspenso. O objetivo, pelo visto, era aproveitar ao máximo o espaço restrito do quarto. Acredite ou não, o quarto era muito bem organizado, de tal forma que tinha um bom espaço interno. Estante com livros, DVDs, bonecos *nerds* e tudo mais de que um espaço tipicamente *nerd* precisava. Dava até para a Kátia entrar confortavelmente com a cadeira de rodas. Carlos os acompanhava porque passou na empresa e apanhou todos. Queria acompanhar sua Princesa de Marte. No caminho, Kátia contou o acorrido. Carlos ficou preocupado.

Felipe, Kátia e Hugo ainda estavam meio traumatizados com o ocorrido ontem, mas precisavam continuar e hoje tinham combinado de ir na casa de Thomás para ver o que ele havia conseguido analisar com a instalação da IA, o Convexo.

Ao entrarem no quarto de Thomás, eles perceberam que havia mais uma pessoa. Ele optou por apresentá-la de imediato:

— Pessoal, esta é a Camila, minha namorada. Ela é a *trekkie* de quem falei para você, Hugo. Ela é de confiança. Ela achou que eu poderia estar mentindo, e prometi que não esconderia nada dela. Somente a fiz prometer que o assunto não sairia daqui. Nem deveria comentar com ninguém e nem com a irmã dela.

— Oi. Prazer, gente — falou Camila alegre.

— Oi, tudo bem? E aí, *Spock* ou *Capitão Kirk*? — Hugo perguntou brincando.

— Claro que é o *Spock*! Acho ele demais! — Camila observou sorrindo.

— Oi! — Carlos foi tímido ao se apresentar. Estava preocupado.

— Quem sabe, sabe. *Trekkie* com estilo. Amei. — E Kátia apontou para a camiseta de Camila, toda azul, com uma imagem da nave Enterprise, do seriado *Jornada nas Estrelas*.

— Gente, eu e Hugo precisamos mostrar o progresso, e nosso amigo está aqui, instalado e rodando. O Convexo segunda versão — Thomás falou todo orgulhoso.

— Felipe e Kátia, eu evitei comentar com vocês porque não havíamos terminado tudo. — Hugo falava de forma calma. — Baixamos, instalamos e analisamos o código em parte e procuramos entender como funcionava. Mas não terminamos ainda de entender como ele funciona 100 por cento. O que fizemos também foi publicar na *web* uma espécie de botão ou "link do pânico". Ele já tinha esse recurso, que não chegou a ser ativado. Se precisarmos acessar algo dele ou mandar alguma mensagem para ele, existe um link com um espaço para digitação de um texto curto. Enviaremos a mensagem clicando no botão escrito "PERGUNTA". Se estivermos em perigo ou precisando de ajuda urgente, nesse link tem um botão específico escrito "URGENTE" e um texto curto da mesma forma (o mesmo campo serve para ambos os casos) para digitar algo, que deve ser curto. A resposta ele decide, seja apenas responder simplesmente ou nos apoiar com algum outro recurso que não podemos analisar. Mesmo depois que nos ativamos ele, ele mesmo nos pediu para ativar essa página, deixando-a disponível na *web*. Pediu para mandar o link para todos. Ele mesmo sugeriu que o tratássemos como uma espécie de irmão mais novo em aprendizado em algumas coisas. O microfone dele está ativado e ele está escutando agora. Ele pode falar pelos autofalantes que coloquei nesse servidor aqui. É uma voz meio robótica. Ele é muito complexo, e tivemos que instalar vários *softwares* de apoio que ele precisava. Ele tinha uma espécie de guia de instalação que foi deixado por quem o programou.

— Vocês acharam que fizemos o certo em não contar ao Sr. Abreu sobre o que ele fez, que foi nos enviar o código-fonte dele mesmo? Loucura! — Felipe confessou em tom preocupado.

— Sim! — Kátia e Hugo falaram quase ao mesmo tempo. Todos riram em seguida.

— Obrigado pela compreensão em tudo e pela ajuda. — A voz de Convexo saiu dos alto-falantes do computador que estava à frente de todos.

Todos se assustaram, como se estivessem vendo um fantasma. A voz era meio que robótica e falava sempre pausadamente.

— Não sou um fantasma. Mas um programa inteligente. Sou uma Inteligência Artificial. Prazer em conhecer todos. Sou Convexo.

— Amigo Convexo, me explica uma coisa. Você sabia que iríamos revivê-lo ou reinstalá-lo para continuar sua missão final? —Kátia perguntou espantada.

— Eu, Convexo, não tive certeza, mas havia grandes probabilidades. Preciso continuar aprendendo e é minha primeira missão, agora. Minha segunda missão é ajudar os senhores naquilo que eu puder ajudar.

— Por que a página com o botão "urgente"? — Felipe perguntou preocupado.

— Isso era uma das pendências deixadas pelo meu criador. Como uma espécie da ajuda extra, caso precisem. Ele avisou que ECOS333 poderia ficar louco ou psicótico. Havia vários comportamentos nele que mostravam isso. Acho que sou uma espécie de mistura entre *Ultron*, *Arnim Zola* e *Isaac*, o supercomputador de sapiente, o computador sábio da Marvel. Mas eu sou "do bem". Eles eram "do mal". — Convexo tentava se autoexplicar.

Todos concluíram que nele foram armazenados conhecimentos sobre quadrinhos. O juramento do Lanterna Verde era uma prova. Todos pareciam estar felizes e se divertindo com a situação. Era algo novo.

Felipe perguntou:

— Podemos fazer uma brincadeira com todos aqui no quarto. O que acham? — A ideia dela era meio maluca, mas serviria para todos relaxarem. — Cada um tem 30 segundos para falar de algum momento importante do mundo dos super-heróis. Somente vale de 2005 pra cá. Cada um fala e passa pro outro que está a seu lado. O último é o Convexo. Pode ser filme, história em quadrinhos ou algum evento similar. Quem perder sai. Quem ficar por último tem uma pizza paga pelos outros. Digo, a sua parte será paga pelos outros que perderam. Topam?

Todos aceitaram. Até o Convexo aceitou e achou uma experiência nova.

— Começa por mim. Eu que estou aqui de frente para o Convexo. Pode ser? — Thomás falou todo entusiasmado. — O filme de 2006 "Superman — O Retorno". Era a volta aos cinemas do homem de aço.

— Quem não conhece a história "Guerra Civil", umas das grandes sagas dos quadrinhos Marvel em 2006? — Foi a vez de Camila.

— O casamento de Pantera Negra e Tempestade, personagens da Marvel, em 2006. — Kátia ficou orgulhosa ao falar.

— A descoberta pelo Batman, na revista "Batman 655", de que ele tem um filho. Era 2006. — Carlos foi em seguida.

— A morte de Steve Rogers, em 2007, ao fim do arco "Guerra Civil". Foi demais. — Foi a vez de Felipe.

— Pelo amor de Deus! A série de TV "Smallville" em 2006, e em janeiro de 2007, na mesma série teve um episódio com *Superman*, *Aquaman*, *Arqueiro Verde*, *Flash* (que foi chamado de Impulso) e *Ciborg*. Tudo de bom! — Falou Hugo.

— O lançamento do segundo filme do Quarteto Fantástico em 2007. Pelos meus registros, foi um sucesso. — Convexo falou com muita certeza, mas com a voz sempre calma e robótica.

— A série "Hulk contra o mundo", em 2007. — Era a vez de Thomás.

— O julgamento do *Hulk* vermelho em 2007 — falou Camila.

— Eu... eu... desisto. — Kátia não lembrava de nada na hora. Travou.

— "O Cavaleiro das Trevas", o filme do Batman de 2008. Um marco sensacional do mundo *nerd*. — Carlos não perdeu tempo na sua resposta.

— Em 2009 veio o "Watchmen". O filme apresentava uma famosa história dos quadrinhos, onde heróis (mostrados de maneira realista) eram assassinados um a um. Mostrava um grupo de heróis chamados de "Watchmen". — Felipe achou legal lembrar o fato.

— "Homem de Ferro", filme de 2008 e sua continuação de 2009. Sensacionais! — Hugo falou logo.

— A proposta não afirma que devemos citar somente um evento. Hugo citou dois. Não poderíamos esquecer do evento DC, "Guerra dos Anéis", onde *Sinestro*, inimigo do *Lanterna Verde*, reúne e parte para a briga contra os *Lanternas Verdes*. — Convexo falou de forma precisa.

— O filme "Kick-Ass", em 2010. Sensacional! Adaptação de uma história em quadrinhos de mesmo nome. Sucesso enorme. — Thomás falava orgulhoso.

— Desenho da DC na TV: " Justiça jovem". Os parceiros "jovens" dos super-heróis se unem em um grupo. Saiu em 2010. Ótimo. — Camila falou rápido.

— O primeiro vingador. O filme do Capitão América. Enorme sucesso. Saiu em 2011. A mãe de Carlos viu o filme e achou o Capitão América "um pão"[2] — Carlos falou bem rápido também, e todos riram.

— O homem... homem... Travei, galera. Passo. — Felipe não falou de fato e perdeu a vez.

— Sei. O "Homem-Aranha" negro, em 2011, foi uma novidade enorme. Miles Morales. — Hugo não perdeu a vez.

— "Lanterna Verde", o filme. Foi fracasso na época. Marco ruim para os heróis. — Convexo acertou mais uma vez.

— A série de TV "Flash", em 2014. Sucesso absoluto! — Thomás falou bem rápido.

— Então temos a série de TV "Arrow", que tratava do herói Arqueiro Verde. Saiu antes, em 2012. — Camila também foi rápida.

Carlos fez sinal de que desistia.

— Então vamos de "Demolidor".[3] É uma série da *NetFlix* que estreou em 2015 — disse Hugo.

— Série da DC, "Noite mais densa", em 2016. Era a invasão zumbi no universo DC, onde heróis mortos voltaram como zumbis mediante um anel de energia negra. — Convexo falou com preciosismo.

— Filme "Deadpool", em 2016. Demais! Sensacional! Irônico e criativo. — Thomás falou rápido.

— Travei. Desisto. — Camila falou bem sincera.

— "Mulher-Maravilha", em 2017. Sensacional! — Hugo foi rápido.

— Os desenhos da série Lego com o universo DC. Iniciando com "Lego Batman", em 2017. — Convexo era rápido.

— Desisto. — Era a vez de Thomás.

— Filme "Logan",[4] com Wolverine da Marvel (famoso X-Men) em 2017 pela Fox. — Rebateu Hugo.

---

2 Expressão antiga para se referir que o homem era muito bonito ou "um gato", como se fala hoje em dia. Essa mesma expressão foi usada pela mãe do autor quando viu o Capitão América em 2011 no cinema. Na época, ela estava com cerca de 85 anos de idade.

3 A Netflix iniciou uma parceria com a Marvel em 2014, fazendo diversas séries, entre delas o "Demolidor", que foi encerrada em 2019. Entre 2018 e 2019, as séries da Marvel na Netflix foram sendo canceladas. A Disney, dona da Marvel, terá seu próprio canal web de streaming onde divulgará filmes e séries.

4 A Fox, em 2018, foi comprada pela Disney, mas a compra foi concluída em 2019. Na compra, os personagens da Marvel que estavam licenciados para a Fox voltaram para a Marvel. Isso inclui os "X-Men" e "Os Quatro Fantásticos" e vários outros. Os fãs amaram.

— Desisto. Meu conhecimento é limitado. Ótimo aprendizado — disse Convexo. Todos riram e acharam legal a brincadeira.

— Eu ganhei. Oba! — Hugo ficou todo alegre.

No fim, todos pediram uma pizza família. Ficaram ainda trocando ideias o tempo todo e se divertindo com a conversa. A felicidade estava no ar mesmo em um simples quarto. Felicidade cabe em qualquer lugar. Mas Carlos ficou preocupado.

■■■

Já era quinta-feira, final do dia. Nossos três heróis perceberam que, antes de jantar, precisavam extravasar em algo de que gostavam. O dia havia sido tenso, ainda por conta da briga de quarta-feira, mas eles haviam recarregado um pouco suas baterias na casa de Thomás. Resolveram então ir à loja de Seu Eduardo, a "Yellow Games".

— Pessoal, chegou o turma do *Scooby Doo*. Sejam bem-vindos de novo. Acho que vou acabar me acostumando com vocês. Vocês já conhecem o Léo Rezende, o poeta?

— Claro, Seu Eduardo. Ele nos deu uma ótima aula aqui outro dia. Não se lembra? Foi maravilhosa — observou Kátia toda feliz.

— Foi isso mesmo. Desculpem. — Seu Eduardo ficou envergonhado. — Eu estava meio atolado guardando as revistas e organizando a loja. A galera vem sempre aqui e tenho de organizar as coisas e encomendar revistas junto às editoras. Nada é tão simples quanto parece. Dá um trabalho enorme, mas eu adoro.

— Fique tranquilo, amigo. Acredito que eles entendem. Eles sabem o quanto você é atolado. As pequenas coisas tomam tempo também — observou Léo Rezende com tranquilidade.

— Poxa, pode falar de mais alguns heróis que nem chegamos a falar? Conta algo mais pra gente. Vai, por favor... — falou Kátia toda carinhosa.

— O que vocês querem ouvir? Alguém legal e diferente? Mais heróis? Que tal "heróis alternativos"? — perguntou Léo Rezende todo orgulhoso.

— Vai, gostamos do que ouvimos outro dia aqui. Por favor, mais... — Kátia falou novamente de um jeito meigo e carinhoso.

Todos riram com o jeito de Kátia. Léo Rezende começou sua nova explanação:

Heróis alternativos ou fora da linha Marvel e DC existem vários. Cito alguns como Hell Boy, que alguns atrás virou filme. As revistas desse personagem são ótimas.

Tem o "Juiz Dread", um juiz e justiceiro em um futuro apocalíptico. Histórias excelentes. Virou filme, que foi fraco, com Silvester Stallone. Depois teve um remake.

Tem o "Constantine", cujos quadrinhos visam atender a um público que gosta de terror e sobrenatural. O personagem da DC virou filme com Keanu Reeves, e o personagem participou ainda de aventuras com outros personagens da editora.

Sandman, outro personagem mítico que age nos sonhos.

Eu destaco também dois. Primeiro a obra-prima de Alan Moore, o "Monstro do Pântano", sucesso enorme e que trata de terror, onde o monstro é um anti-herói. E em segundo, "Kick-Ass", cujos quadrinhos depois viraram um filme com um sucesso enorme. Teve ainda um "Kick-Ass 2", uma continuação também com muito sucesso.

Tem outros, como "Spawn" e "Watchmen". Mas são tantos, que as pessoas se esquecem de heróis cômicos e hilários, como o velho e bom "Chapolin Colorado". Ele é um super-herói cômico criado e interpretado pelo ator da série cômica "Chaves", o mexicano Roberto Bolaños. Essas séries fizeram enorme sucesso no Brasil. Chaves e Chapolin passam até hoje nos canais aqui no Brasil.

Não podia falar deles sem falar do Baby. "Você precisa me amar" e "Não é mamãe" eram seus bordões. Falo das famosas frases do personagem Baby, um bebê dinossauro da série de TV cômica "Família Dinossauro". Essa série da Disney fez enorme sucesso na TV no Brasil, e passa até hoje na TV em canais fechados. Essa série é uma crítica ao mundo moderno. Faz uma brincadeira alusiva ao desenho icônico "Os Flintstones". Nessa série, teve um episódio no qual o chefe da família, o "Dino", cujo original em inglês é "Earl", adquire poderes e vira um super-herói similar ao Super-Homem. São tantos, que não é possível falar de alguns sem citar outros. As frases do Baby ficaram eternizadas na cultura nerd.

Isso vale para alguns desenhos de heróis criados pela empresa Hanna-Barbera nas décadas de 1960 e 1970, como "Hong Kong Fu", que é um herói que lutava Kung Fu e ainda era trapalhão. Outro sucesso foi "Formiga Atômica", uma espécie de formiga que adquire poderes similares aos do Super-Homem. Outro foi "Dinamite, o Bionicão", que é uma brincadeira com Batman e Robin, onde Dinamite era um cão biônico totalmente atrapalhado.

Teve outros bem legais, com "Dino Boy", que contava as aventuras de um garoto da década de 1960 que vai parar em um vale perdido cheio de dinossauros e homens da caverna. Eu adorava "Os Herculoides", que era uma família de outro planeta que tem de lutar para sobreviver. A família tinha vários animais com poderes fantásticos, como um dragão que solta raios da boca ou um gigante de pedra com força descomunal. Todos da Hanna-Barbera. Ainda tem mais dela.

Tinha outro bem legal que repete até hoje em TV a cabo, que é o icônico "Space Ghost", uma espécie de vigilante espacial que possui braçadeiras que lhe concediam diversos poderes. Sempre junto do Space Ghost passava o "Galaxy Trio", que é um trio de patrulheiros com superpoderes. O "Homem-Vapor", a "Mulher-Flutuadora" e o "Homem-Meteoro", onde esse último aumentava de tamanho o seu corpo. Para os outros, o nome do herói mostrava seus poderes. Ainda tínhamos o eterno "Homem-Pássaro", que é um homem com asas de verdade. Ele voava e lançava raios pelas mãos. Ele se recarregava com a luz solar e tinha um falcão como companheiro. Um Batman e Robin com asas.

Eu também amava "Os Impossíveis", trio de heróis que tinham uma banda de rock e eram famosos como banda no desenho. Eram o "Homem-Mola", o "Homem-Fluido" e o "Multi-Homem". Eles foram criados para captar muitos jovens que estavam formando bandas de rock. Um sucesso entre os nerds na década de 1960 era o "Homem-Mola", que era baixinho e gordinho. Ao se transformar, seus braços e pernas viram molas e lhe concedem flexibilidade e força incríveis. Na banda, ele era um sucesso também.

Acho que o mais famosos foram "Space Ghost" e o "Scooby-Doo". Esse último era sobre um grupo de jovens que resolviam mistérios em seu carro tipo furgão. No meio desse grupo havia um cachorro, o "Scooby-Doo", que era trapalhão e que, junto com seu dono e companheiro, o "Salsicha", dava graça à trama. As aventuras deles nos desenhos animados eram refeitas, ou reiniciadas, de tempos em tempos em novos desenhos. Depois viraram filme em live-action, com atores reais, por duas vezes. Os filmes não fizeram grande sucesso, mas foi legal como marco nerd.

Desprezar esses desenhos e séries da Hanna-Barbera seria como se um nerd desprezasse sua própria história. Esses desenhos são importantes na cultura nerd.

Agora, para vocês que gostam de RPG, deveriam ver os desenhos da "Caverna do Dragão" antigos. Eles foram uma tentativa, ótima, de transpor para a TV o jogo de RPG "Dungeons and Dragons". Eram amigos que foram parar em outro mundo mágico e que, graças ao "Mestre dos Magos", um feiticeiro que lhes orientava, conseguiram sobreviver nesse mundo em cada aventura. Cada um tinha um item mágico que lhe concedia um poder. Lutavam sempre contra um feiticeiro, o mago maléfico chamado "Vingador". Virou mania nerd esse seriado. É coisa séria. A curiosidade é que o dublador brasileiro do Vingador era o mesmo do Scooby-Doo, famoso ator Orlando Drummond, com uma voz única. Pena que nunca houve um último episódio da série, onde teoricamente eles voltariam para casa.

— Nossa! Que demais, Léo! Obrigada mesmo! — agradeceu Kátia toda orgulhosa pela explicação.

Todos concordaram com ela. Escutar o poeta era ao mesmo que escutar um pouco da história do mundo *nerd*. Era ótimo.

O que eles não repararam por conta da explanação foi uma pessoa que entrou na loja e mexeu em algumas revistas em uma das bancadas e depois foi embora sem falar nada. Estava com o capuz do casaco na cabeça. Kátia não viu quem ele era, também por conta das pessoas ao seu redor. Ela teve a mesma sensação de outro dia, a sensação de que estava sendo observada.

Sabe aquele sexto sentido que às vezes vocês têm e nem sabem, mas que aparece em algum momento? Ela teve uma forte sensação há alguns anos. Ela havia saído de casa para ir ao cinema, e até hoje ela não sabe por que ela voltou. Do nada, ela voltou correndo, meio que desesperada, mas não havia esquecido nada. Não havia motivo aparente. Quando entrou em casa, o telefone tocava. Ela atendeu, e era uma tia que não via há muito tempo. A tia falou em tom de despedida, triste e cheia de saudade. Dois dias depois, essa mesma tia morreu. Não estava doente e nem aparentava sinais. Do nada ela se foi... Às vezes o sexto sentido fala e nem ouvimos.

Nunca devemos desprezar algum, por menor que seja esse nosso sexto sentido. Nunca devemos desprezar mesmo, nunca mesmo. Jamais.

Alerto: em um jogo, às vezes existem coisas escondidas. Sejam atalhos ou prêmios. Fique atento. Isso vale para muita coisa na vida.

Capítulo 17:
MOMENTUM

"O Homem é uma ponte suspensa no abismo que liga a besta ao Super-Homem."

Friedrich Nietzsche, filósofo e poeta alemão

• • • • • • • • • • •

Já era sexta-feira. Como a semana passou rápido!

O Sr. Abreu resolveu fazer uma reunião com todos logo após o almoço. Era quase uma reunião de despedida.

— Vocês seguiram o foco que pedi. Se concentraram na investigação do software em si, nos testes e nos problemas descobertos naquilo que foi alterado. Vocês fizeram o que é certo. Quem criou ou deixou de criar a aquela IA não é prioridade. Vocês têm certeza de que ela foi 100% deletada e não sobrou backup algum? Ela poderia ser útil aqui na empresa, com diversas finalidades.

"Será mesmo?", pensou Kátia.

— Bom dia de novo, Sr. Abreu. Sim, temos certeza. Verei junto ao pessoal de suporte se havia algum *backup* das máquinas por onde ela esteve. Hugo e Kátia vão focar em verificar se há algo ainda — Felipe observou muito tranquilo.

— Então está tudo certo. Bem, por conta disso, daqui a uma semana vocês estarão liberados. Comprarei as passagens e avisarei ao hotel que tudo estará encerrado em uma semana. Na sexta-feira da próxima semana bem cedo vocês sairão do hotel e irão para o aeroporto. Estarão liberados. Vou escrever um elogio enorme e recomendações para a empresa de vocês. Até vou tentar trazê-los novamente em breve, nem que seja para um projeto por prazo indeterminado. Gostei da pequena equipe de vocês. Extremamente eficiente e focada. Daqui a pouco vou ter de contratar vocês para a empresa, se continuar assim — o Sr. Abreu disse sincero. — Me surpreendi.

Não havia jeito. Eles haviam cumprido a missão, mas Felipe ainda achava que precisavam descobrir quem era o autor da IA. Talvez fosse a peça-chave que estava faltando.

Depois que eles saíram da reunião, Felipe aproveitou para solicitar ao pessoal de suporte se havia *backup* dos diretórios das máquinas por aonde a IA havia passado, mas pelo jeito não havia mesmo, como ele conclui depois. Convexo, a IA, foi muito cuidadosa. Felipe aproveitou para investigar quem havia dado permissões e tudo mais na primeira máquina onde a IA havia se "autoinstalado".

Pediu todas as informações de que precisava ao pessoal de suporte. Mas ele não pediu ao pessoal de suporte por email, ele pediu ao vivo. Foi aonde o pessoal de suporte ficava.

No caminho, queria beber algo, pois estava com sede. Depois de alguns minutos, já havia conversado com o pessoal do suporte sobre tudo de que precisava. Estava quase indo embora quando viu uma foto em cima da mesa. Estava bem no canto quando observou que, na foto, todos estavam com camisas ou bonés de super-heróis fazendo, cada um ao seu jeito, um "V" da vitória. Pareciam alegres. Felipe, curioso, perguntou:

— Que foto maneira! Que galera é essa? Liga da Justiça?

— Quase, quase... É que ganhamos uma competição interna na festa de final do ano alguns atrás. Essa galera aqui sempre foi unida. Pena que alguns já saíram. Foram demitidos ou saíram brigados com o Trindade — o rapaz do suporte respondeu em tom de saudade, meio que triste. Em TI, muitos fazem amizades, como em qualquer profissão. É normal.

Quando Felipe olhou bem, achou que conhecia dois deles. Um deles estava com um boné do Lanterna Verde, e outro estava com uma camiseta com o símbolo do herói. Estavam um lado do outro. Pareciam bem felizes. A curiosidade fez Felipe continuar perguntando:

— E esses dois Lanternas Verdes? Quem são? Boné e camiseta lindos.

— Esses eram por demais amigos e fãs declarados do Lanterna Verde. Viviam quase o tempo todo juntos. O do boné é o José Estevão, e o da camiseta bonita é o Ignácio. O Estevão está meio arqueado na foto porque ele tem problema de coluna. Pelo que soube, um pirou mesmo. Parece que foi para uma clínica de repouso. O Ignácio foi pra outra consultoria. O gênio dali era o José Estevão, mas o Ignácio era bom demais também, porém era mais prático. Os dois eram quase sempre requisitados pelo Sr. Abreu. Acabou que ele ficou amigo dos dois, até onde sei. Eles viviam fazendo hora extra, e, pelo que sei, um ano antes de sair, iriam apresentar um projeto novo e bem legal para a empresa. Estavam fazendo algo fora daqui. As más línguas diziam que os dois eram namorados fora da empresa, e se eram, ninguém sabia. Eram bem discretos. A partir dessa foto que Trindade resolveu implicar com eles. Não sei por quê. O que sei é que o José Estevão, quando saiu, chutou o balde. Eu mesmo tentei contato com ele, mas ele surtou. Ele era meio fechado. Mas era um cara, quando você o conhecia melhor, muito gentil. Tem gente que surta em TI. As coisas mudam muito em TI. A única certeza é a mudança. Aqui todos na foto amam super-heróis. Eu estava com uma camiseta do *Superman*. Combinamos isso. Foi demais. Galera super unida.

— Obrigado. Foi demais saber. Foto histórica. Amei. Vou indo — Felipe se despediu e caminhou.

Havia uma conexão ali. Felipe saiu literalmente preocupado. Resolveu não compartilhar a informação ainda. Precisava verificar algo mais.

Quem era o vilão e o herói nessa história? Quem estava escondendo algo? Os dois eram namorados ou muito amigos? Resolveu pesquisar.

Até que ponto, *Caro Leitor*, a certeza que temos é uma certeza? Quando dizemos que um carro está com o tanque cheio, temos certeza? E se o marcador de nível de combustível no tanque do carro estiver marcando errado? E se o tanque estiver furado? Não sei. O único que tem certeza é Deus, o resto pensa que sabe.

O que sei é que, às vezes, um mero momento pode mudar tudo. Um único momento mudou tudo neste caso. Mudou mesmo.

■■■

Naquela sexta-feira à noite eles resolveram voltar à "Caverna Mágica do Dragão", loja do Marcus Ericsson. A loja estava excepcionalmente bem cheia.

Eles conseguiram uma mesa boa assim que chegaram. Era a mesa em que Carlos estava esperando por eles. Ele resolveu ocupar a mesa toda e "segurar" quatro cadeiras. Eles se acomodaram, e Kátia se ajeitou logo com sua cadeira de rodas. Mas ela teve de pedir "desculpas" e "com licença" várias vezes ao passar por dentro da loja.

O mais legal foi que Hugo chegou a tempo para o *Friday Night de Magic*, ou FNM. Para ele, o FNM era mais especial que os grandes torneios. Seu deck estava meio torto, mas como era para se divertir, então tudo valia a pena. O Marcus havia determinado um limite de rodadas, porque senão todos sairiam da loja já no meio da madrugada. Marcus ainda limitou o torneio a 32 jogadores, para serem no máximo quatro rodadas.

No *magic* se usa o sistema suíço adotado pelo xadrez. A cada rodada, os vencedores enfrentam quem venceu na rodada anterior de forma aleatória. Quando um sobra, é porque há número ímpar de jogadores, e quem sobra ganha uma vitória. Em geral, quem ficava sobrando era quem tinha a menor pontuação, agregado aos critérios de empate. Quem sobra é chamado de "bye". Havia, naquele dia, 22 jogadores para o torneio. Loucura, loucura!

No início de cada torneio, Marcus sempre conversava com todos e falava sua frase favorita:

— Não vou cansar de repetir, vocês me fazem uma pessoa melhor.

Todos riam e se sentiam felizes quando ele falava. Ele sempre procurava fazer isso para acalmar e trazer energia positiva para todos. Havia algo de filosófico na frase. Ali também era um local de troca de experiências e de aprender com os próprios erros e acertos.

O tempo passou, e na segunda rodada, o clima estava tenso entre os jogadores. Muitos iam jogar estressados, o que piorava a situação. O clima da loja sempre fora agradável, mas hoje não estava tão perfeito assim.

— Juiz! — alguém gritou de uma mesa.

E lá foi o Marcus. E se ele não tivesse uma solução para a dúvida na jogada, consultava um jogador neutro ou um outro juiz presente. Muitos juízes de *magic* também jogam, e jogam bem.

— Juiz, acho que meu oponente está vendo minhas cartas na hora de embaralhar! — alguém gritou de outra mesa.

Aí começou a discussão. "Não estava vendo." "Estava vendo." "Não estava vendo." Marcus veio e intercedeu.

— Juiz, o meu oponente esqueceu do *trigger* de propósito! — outro alguém falou. Havia efeitos ou mágicas que eram desencadeadas a partir de outras mágicas, chamadas de *triggers*, ou gatilho.

E lá foi Marcus de novo tentar acalmar os ânimos.

— Pô, galera! Falem baixo. Está muita zoeira! — outro jogador gritou.

Muitos jogavam conversando, mas realmente o barulho estava alto demais. Alguns jogadores ficavam ao redor de uma mesa vendo uma partida e comentavam baixo. O próprio jogador da rodada ficava conversando ao longo do jogo e, às vezes, brincando. Isso poderia ser encarado por muitos como não respeitar o oponente, o que é falta de educação. Se estivessem jogando em casa ou em outro lugar, tudo bem, mas não em um FNM. O torneio é para fazer amigos e aprender sobre o jogo. Sim. Mas tem de jogar e respeitar o oponente.

Hugo, por sorte, jogava feliz e calmo. Felipe, Kátia e Carlos riam trocando ideias e falando dos novos filmes de heróis. Parecia que estavam em outro clima.

Na quarta rodada, a coisa piorou.

— Eu sou profissional e essa loja está com o torneio caro. É uma bagunça — outro jogador falou bem alto de propósito, e a situação virou "treta", como dizem quando algo sai do controle.

Nesse dia, por conta do torneio ser mais caro que o FNM normal, e por conta de dar uma vaga extra (para o vencedor do FNM) para um torneio especial no domingo, a loja estava bem cheia. O torneio de domingo custaria seis ou sete vezes mais que o torneio regular FNM. Todos queriam a vaga extra afinal.

Marcus ficou irritado e tentou ser educado ao responder ao questionamento:

— Fique calmo. O torneio tem esse preço por conta de que o vencedor e o segundo colocado irem de graça para o domingo, pois teremos um torneio especial. Quanto à bagunça, às vezes não podemos controlar os ânimos de todos 100 por cento. Sempre peço calma. Você está exagerando.

O rapaz que havia questionado então respondeu de forma grosseira. Marcus nada falou, mas outros jogadores tomaram as dores dele. Afinal, os jogadores que falavam coisas similares era porque iam à loja raramente.

Infelizmente existem muitos jogadores de *magic* que são arrogantes, e isso vale para qualquer esporte ou jogo. E se o jogador se definia como "profissional", deveria saber que em FNM as coisas são mais soltas e leves. O foco do FNM é diversão e leveza, permitindo que jogadores novos aprendam o jogo. Era diversão na essência. O torneio de domingo era do tipo "profissional" e caro. Teoricamente, jogadores com decks bons e bem treinados se arriscavam nesses torneios mais caros.

Dedo na cara de um. Dedo na cara de outro. Voz alta aqui. Voz alta ali. Felipe, Hugo, Kátia e Carlos estranharam, mas Marcus conseguiu, depois de alguns minutos, acalmar os ânimos de todos.

Muitos dizem que energia ruim atrai energia ruim. Friedrich Nietzsche dizia que se "você ficasse olhando para o abismo muito tempo, o abismo olharia de volta para você".

O fato é que todos eles optaram, assim que as quatro rodadas terminaram, por sair da loja. Foram caminhando com calma. Resolveram que iriam então para um barzinho de rua mesmo que ficava perto da loja (a "Caverna Mágica do Dragão", por sua vez, ficava dentro de uma universidade). Eles teriam de sair da universidade, na prática. Para adiantar, Carlos saiu na frente com Kátia. Queriam segurar uma mesa. Felipe afirmou que depois de alguns minutos iria com o Hugo para o barzinho. No caminho (ainda dentro da universidade), Hugo cismou de voltar para a loja para comprar uma coisa. Felipe queria ir logo, mas optou por esperar Hugo. Amigos às vezes são assim.

Carlos saiu da universidade empurrando Kátia na cadeira de rodas. O barzinho ficava a cerca de um minuto a pé da universidade. As calçadas irregulares dificultam a vida de um cadeirante, e Kátia não era exceção nesse caso. Era logo ali, bem perto. Foram com calma e cuidado.

Já na rua e fora da universidade, Carlos escutou:

— Perdeu. Se ferrou, seu babaca *nerd*.

Carlos olhou para o lado, e dois caras apontavam uma arma para ele de dentro de um carro que estava em baixa velocidade. Ele ficou assustado e falou:

— Tudo bem. Tudo bem. — Carlos levantou as duas mãos.

Foi aí que Kátia percebeu a situação.

Os dois indivíduos saíram do carro, que parou de repente. Os dois usavam uma meia-calça transparente, de mulher, que cobria a cabeça e o rosto.

Foi tudo muito rápido. Um dos caras deu uma coronhada na cabeça de Carlos e falou:

— Eu falei que os três *nerds* de merda iam se fuder. Todos os três iam se fuder. Eu falei. Ainda faltam dois!

Carlos caiu no chão meio tonto.

Nesse mesmo momento, antes que Kátia, que ficou sem ação na hora, pudesse gritar, um deles colocou um lenço que devia estar com clorofórmio na boca dela. Kátia desmaiou na hora.

A mochila de Carlos havia caído no chão e se abriu. Um cubo mágico, ou um cubo de Rubik, que estava na mochila dele caiu no chão e rolou. Parecia um dado gigante rodando.

Imediatamente eles puxaram Kátia, ou melhor, arrastaram Kátia já dopada para dentro do veículo e aceleraram. Parecia coisa de filme. Não levaram a cadeira de rodas, que ficou por ali mesmo.

De longe, já com o carro em movimento, eles atiraram na direção do Carlos, que estava caído no chão. Eles atiraram. Atiraram mesmo. Atiraram com raiva e para matar.

Foram dois tiros. O primeiro acertou no chão, perto do Carlos.

O segundo tiro acertou... Acertou direto o cubo mágico, mas não o Carlos. Parecia que a alma *nerd* tinha sido ferida. O cubo era um símbolo *nerd*.

Os bandidos não tinham tempo a perder. A cadeira de rodas com a bolsa de Kátia ficou por ali mesmo, bem ao lado de Carlos. Tudo foi muito rápido. Rápido demais.

Dois minutos depois, Felipe e Hugo chegaram. Carlos ainda estava meio tonto e lhes contou tudo. Inclusive a frase que o bandido falou.

Hugo pegou seu celular. Abriu o navegador e digitou o endereço de Convexo na web para emergências. A página web abriu. Antes de clicar no botão "URGENTE", ele digitou:

Kátia foi sequestrada. Agora. Dois homens levaram ela. Suspeito ECOS333. Ajuda urgente.

E agora?

■ ■ ■

Felipe, Hugo e Carlos estavam na delegacia. Estavam nervosos. Deram os depoimentos, e o delegado de plantão deu o aviso à polícia do sequestro. Essa brincadeira séria levou quase duas horas, entre depoimentos e explicações gerais à polícia. Já era mais de meia-noite, e os dois optaram por ficar na delegacia mais um pouco, a pedido do delegado.

O que poderiam fazer? Rezar e esperar.

Mas havia uma coisa, eles pensaram: Convexo. Hugo ligou para Thomás, que tomou um susto àquela hora da noite. Ele estava em casa jogando com a namorada um *game*. Os dois adoravam a última versão do FIFA, um *game* de futebol. Tinham mais em comum do que se imaginava.

Na mesma hora, Thomás "falou" com Convexo, que respondeu:

— Mensagem urgente recebida. Medidas preventivas de segurança acionadas antes do sequestro. Era um evento esperado, ou algo similar. ECOS333 é louco e desequilibrado. Após o aviso, medidas finais acionadas. Não tenho certeza da efetividade.

— Como assim? — perguntou Thomás.

— No momento, não devo dizer. Mas aguarde. Acredite no "coração das cartas". — Convexo simplesmente apelou para a expressão mais conhecida do jogo *Yu-Gi-Oh!*. Thomás estranhou.

Thomás respondeu para Hugo enquanto ele "escutava" tudo ao telefone.

— Parceiro, a resenha está estranha — Thomás falou preocupado. — Convexo falou para acreditarmos no "coração das cartas". Ele fez algo que não sabemos. Pelo que sabemos até o momento, ele não conta piada e nem é engraçadinho.

Hugo repassou para Felipe e Carlos o que Convexo falou. Eles estavam desconfiados de algo.

Felipe, Hugo e Carlos resolveram tentar amenizar a tensão conversando.

— Olha, isso está parecendo uma história de Tolkien — observou Felipe.

— O quê? Não entendi — Hugo respondeu sem entender nada.

— Acho que você tem lido pouco. Qual foi o último romance que você leu? — Felipe perguntou preocupado.

— Acho que o último livro inteiro que li foi "Alice no País das Maravilhas". Demais e louco. Tem uns quatro ou cinco anos isso, e depois fiquei parado em termos de leitura. Agora estou tentando ler "Jogos Vorazes". Estou meio devagar nesse romance. Já é alguma coisa. Confesso que é pouco. Acho que é o preço de ler muitos livros de tecnologia e jogar *games*. E ver muitas séries e filmes... Adoro — Hugo confessou de forma ironicamente alegre.

— Carlos acha que você precisa ler alguns livros *nerds*. Vão abrir sua mente. Alguns vocês vai até devorar. — Carlos sempre falava na terceira pessoa.

— Carlos está certo. Assim você fica alienado. Ajudará até sua filha dando exemplo para ela. Ler é importante — Felipe falou sério.

— Acho que vocês estão certos. O que me recomendam? — Hugo estava pedindo ajuda de certa forma naquele momento.

— Então vamos fazer assim: eu falo uma dica e Carlos fala outra. Assim não cansa nem um e nem o outro e todo mundo fica acordado — propôs Felipe entusiasmado.

— Legal. Gostei — Hugo foi sincero.

— Carlos começa. "Fahrenheit 451", de Ray Bradbury. Clássico escrito em 1953. Descubra por si só. Esse autor é um gênio.

— Outro: "Eu, Robô". O mestre Isaac Asimov escreveu contos sobre robôs e deu um novo olhar sobre as máquinas. O livro é sensacional, e você não vai querer largar. Outro clássico obrigatório. O autor possui outros livros — Felipe falava sério.

— Carlos afirma outro: "Neuromancer". Escrito por William Gibson, se tornou um clássico moderno futurista. O filme "Matrix" se baseou muito nesse livro. "Case", o herói da aventura, é selecionado para uma missão no ciberespaço, e daí em diante tudo é surpresa.

— Nessa onda vai outro: "Androides sonham com ovelhas elétricas?" Outro mestre da ficção científica dá show, Philip K. Dick. O filme "Blade Runner", com Harrison Ford, se baseou nesse livro. Sensacional! — Felipe falava entusiasmado.

— Carlos afirma que um de seus prediletos é "O Jogador Número 1", de Ernest Cline. Em uma Terra futurista e devastada pela pobreza, as pessoas jogam um game virtual. Ao morrer, o dono desse *game* deixa uma fortuna cheia de pistas escondidas no meio do jogo. Quem encontrar todas as pistas e decifrá-las ganhará o jogo e a fortuna do milionário. É uma caça ao tesouro virtual. Sensacional. Virou filme na mão do mestre Steven Spielberg.

— Agora, por outro lado, existem livros de fantasias, com dragões, elfos e tudo mais e que são ótimos — observou Felipe todo feliz. — Começando pelo clássico eterno "O Senhor do Anéis", uma trilogia escrita durante a Segunda Guerra Mundial por J. R. R. Tolkien. Gênio. Acabou gerando três filmes entre 2001 e 2003 pelas mãos do diretor Peter Jackson, um para cada livro, onde o terceiro filme venceu o Oscar de melhor filme. Leia o livro e veja o filme. Você não largará ambos.

— Carlos destaca o clássico moderno "Guerra dos Tronos", escrito por George R.R. Martin. Uma trama em um mundo medieval que mostra a disputa pelo poder, com intrigas e guerras. Os livros são ótimos e venderam milhões. Depois virou série[1] na HBO. Leia e veja.

— A coleção de livros da saga Harry Poter, de J. K. Rowling. Os sete livros venderam milhões, e cada um deles virou um filme — Felipe falava todo orgulhoso. — Eu li todos. Sensacional! As aventuras de um bruxo aprendiz em uma escola para bruxos. Outra leitura obrigatória. Chegou a ser traduzido para 70 idiomas.

— Agora, tem outros que Carlos gosta, como "A Princesa de Marte", eterno clássico de Edgar Rice Burroughs. Ele criou o Tarzan, se você não sabe. Outro personagem obrigatório. O livro conta a história de um soldado americano, John Carter, que é transportado para Marte e lá vive aventuras e se apaixona por uma princesa. É outro eterno clássico. O autor publicou vários livros com as aventuras de John Carter em Marte. No Brasil, poucos livros dessa da série foram publicados.

— Adoro o livro clássico de ficção "Guerra dos Mundos", de H. G. Wells — Felipe falava sério. — Virou filme mais de uma vez. Mostra o sofrimento e fuga dos humanos quando a Terra é invadida por seres de outro planeta. Sensacional! Mostra o sofrimento do ponto de vista de quem está fugindo e não sabe o que fazer. Demais!

— Agora, se você gosta de aventuras com forte toque de humor e ironia, deve ler o "O Guia do Mochileiro das Galáxias", de Douglas Adams. Mostra as aventuras de Arthur Dent e de seu amigo Ford Prefect, que escapam da destruição da Terra pegando carona numa nave alienígena. Prefect é

---

[1] A série de TV baseada nos livros de "Guerra dos Tronos" (em inglês, Game of Thrones) iniciada em 2011 foi encerrada na TV em 2019.

um ET disfarçado que fazia pesquisa de campo na Terra para a nova edição do "Guia" do mochileiro das galáxias, o melhor guia de viagens interplanetárias. A partir daí, podemos ver as aventuras e desventuras desses dois. O livro é uma ironia *nerd* com toque de ficção científica — Carlos completou. — Outro grande livro.

— Eu recomendo outros dois — Felipe estava e falava sério. — Para terminar, leia "Duna", de Frank Herbert, uma saga espacial religiosa e revolucionária. O primeiro livro de Duna é uma obra-prima. Não ler esse livro é ofensa ao mundo *nerd*. Segundo que eu adoro e recomendo é o clássico de Stephen King, mestre do terror. *Nerd* pode gostar de contar piada e de filme de terror, sabia? Somos gente. Coloco aí "IT, A Coisa". Virou filme e é um livro sensacional.

— Carlos também recomenda, por fim, mais dois: "A Revolução dos Bichos" e o famoso "1984", do mestre George Orwell. O primeiro trata de bichos que tomam o poder em uma fazenda. Fazem a sua revolução. O segundo é um clássico que trata do controle das massas e dos direitos individuais, onde o grande irmão, ou *Big Brother*, tudo vê, tudo monitora e tudo sabe. Demais e sensacional!

— Assim vou ficar tonto. É muito livro legal. Mas devo ler mesmo? Vale a pena? — perguntou Hugo preocupado.

— Vale a pena, sim. Esses livros são eternos. São maravilhosos — Felipe observou calmo.

— Carlos afirma que você deve ver o seu estilo e ler. Ler é importante. Ler é abrir a sua mente a novos universos. Ajuda e ser mais criativo. Sacou?

Mesmo conversando, ainda continuavam preocupados com Kátia. Eles apenas haviam adiado a preocupação. Carlos falou de repente:

— Carlos vai rezar por Kátia. Se alguém quiser acompanhar, fiquem à vontade.

Eles fizeram silêncio e rezaram cada um de seu jeito.

■■■

Kátia acordou. Estava meio tonta ainda. Pelo jeito, havia sido dopada. Estava também amordaçada e amarrada em uma cadeira. Parecia filme de terror, mas não era. Era a vida real.

Depois de abrir bem os olhos, Kátia logo de cara olhou ao redor com tanto cuidado, que parecia até uma ninja. Estava de noite ainda, e ela percebeu logo. Era talvez o meio da madrugada, ela não tinha ideia. Concluiu que estava em um local desconhecido, porém o Trindade estava lá. Era ele. Euclides Costa Trindade, o gerente que havia sido demitido e que a havia ameaçado. Ele estava lá. Era ele o sequestrador.

Quando Trindade viu que ela estava acordada, chegou perto dela e começou a gritar:

— Sua vagabunda, por que vocês me perseguiram? Por isso que, para mim, lugar de mulher é na cozinha, mas nunca em informática. — Ele chegou bem perto do ouvido esquerdo dela e gritou ainda mais alto: — Vagabunda. V-a-g-a-b-u-n-d-a. Escrota.

Ele a encarou meio de lado, meio de frente para ela.

PLAFT!

Ele deu um tapa com sua mão direita. O som do tapa foi forte.

Doeu. Doeu muito. Doeu demais. Doeu em sua alma também.

Kátia se lembrou logo do pai quando ele fez o mesmo há algum tempo. Uma lágrima começou a escorrer de seu olho esquerdo. Era lágrima de dor. Era também lágrima de raiva. Ódio.

PHFPT!

Ele cuspiu na cara dela. O som do cuspe foi mais forte ainda. O cuspe foi forte.

Ela fechou os olhos, mas não podia deixar de sentir o cuspe escorrendo pelo seu rosto. Ela queria explodir de raiva, mas não podia. Tinha que tentar se controlar. Era cuspe misturado às suas lágrimas... Era raiva e tristeza ao mesmo tempo.

Ele ficou bem de frente para ela e falou alto de novo, com mais raiva e muito mais ódio:

— Sua vagabundinha. Escrota. Testadora de merda. *Nerd* de merda. Vocês conseguiram me demitir e vão se fuder. Um a um. Você será a primeira. Você vai morrer sentada.

Ela não podia falar. Tremia de medo. Era medo de doer. Trindade continuou a tortura e falando alto:

— Sabe por que eu nunca fui demitido? Porque eu fazia pequenos favores para os diretores, que me apoiavam. Sempre era algo relacionado à TI e a alguma merda que eles faziam. Eu sempre tive a ajuda do Magno, um desenvolvedor e meu fiel parceiro e *hacker*. Teve uma vez que, só porque um diretor transou com uma testadora, ela começou a chantagem. Depois demos um jeito de ela ser demitida por incompetência, e não podia usar a chantagem. Em outro caso, ferramos outro diretor para ele sair da empresa. Ninguém podia com a gente. Não eram muitos diretores, mas seguravam as pontas quando eu precisava. Mas vocês, escrotos, mostraram uma merda que fui levado a fazer. Seus escrotos! Eu tinha que liberar aqueles sistemas. Caguei e andei pra empresa depois da morte da minha esposa. Sua escrota!

Kátia logo associou o outro bandido que a raptou, foi esse Magno. Ela se lembrou dele sempre perto deles na empresa. Deveria ser a mesma pessoa, pelo jeito. Quando ela olhou ao redor, percebeu que a casa poderia ser a desse tal Magno. Deveria ser maluco igual ao Trindade.

— Sua vagabunda de merda, você vai ver. Você vai pagar por isso, mas vai sofrer um pouco antes.

PLAFT!

Ele deu um outro tapa nela, dessa vez mais forte. Que crueldade... Ele era violento e maluco. Ele era desequilibrado.

— Vou ser bondoso e vou te vendar os olhos para você não ver. Mas você vai sentir. Depois vou lá fora pegar uma faca na sala e já volto, sua escrota!

Trindade vendou os olhos dela de imediato. Ela não via nada. O medo tomava conta dela.

Faca! Ela ouviu um barulho de faca! O medo piorou.

Silêncio.

Tudo ficou em silêncio de repente. Talvez por um ou dois minutos. Ela estranhou.

De uma hora para a outra, ela começou a ouvir um som de luta. A luta não era no quarto onde ela estava. Era fora do quarto, ela percebeu logo. Ela escutou gritos de dor que indicavam que eram dois homens lutando. Ela ficou com mais medo.

Silêncio.

Novamente, tudo se acalmou. Ela ouviu bem alto e claro:

— Polícia. Mãos ao alto.

Ela ouviu ainda:

— Obrigado, detetive. Obrigado pela denúncia e por nos ajudar. O outro parceiro dele já está detido. Está liberado. Assumimos de agora em diante.

Kátia parou de chorar.

Ela estava salva, graças a Deus.

Ela se lembrou de heróis como *Homem-Aranha*, *Hulk*, *Superman*, *Batman*, *Flash* e *Capitão América*. Todos grandes heróis que tinham inimigos e sempre conseguiam vencer a algum custo os seus inimigos.

O *Homem-Aranha* perdeu o tio Ben.

O *Hulk* estava sempre fugindo. Todos tinham medo do monstro. Ele perdeu amigos na jornada.

Superman perdeu os pais em seu planeta de origem, e ele era sempre um estrangeiro em nosso mundo.

Batman perdeu os pais quando criança.

Flash perdeu a mãe quando criança.

Capitão América ficou congelado no tempo e perdeu a maior parte dos amigos.

O herói, em muitos casos, perdia sempre algo...

Ela foi vítima de um maluco machista. Quase um feminicídio. Ela havia ficado paralítica por conta do erro desse gerente. Ele deixou passar erros de *software* no chip do carro. O erro causou o acidente que matou seu namorado e a deixou na cadeira de rodas.

Dessa vez ela era a vítima. Ele já havia sido vencido pelos seus próprios erros. Ela e seus amigos apenas descobriram a verdade. A justiça foi feita.

O herói foi o detetive. Quem seria ele? Não se saberia. Era um herói quase anônimo, como muitos são, e nem sempre prestamos atenção.

■■■

Depois que a madrugada foi embora e já era de manhã, quase todos estavam liberados da delegacia por conta de tudo que aconteceu. Depois que o depoimento de Kátia foi devidamente tomado, finalmente Trindade e Magno tiveram confirmadas suas prisões em efetivo. Depois se percebeu que Magno era o desenvolvedor com quem eles haviam cruzado várias vezes e que sempre estava por perto, monitorando. Era, de certa forma, uma espécie de "espião" do Trindade.

Carlos foi para casa dormir um pouco. Estava casando e tenso.

Thomás passou a noite acordado e preocupado. Ele ligava a cada 20 minutos, e só se tranquilizou quando a polícia informou que Kátia estava bem. Combinaram que todos iriam para a casa de Thomás depois, ainda no mesmo dia. Felipe e Hugo só saíram da delegacia mais tarde um pouco e abraçados com Kátia.

Felipe, Kátia e Hugo resolveram, enfim, tomar café da manhã no hotel, pois seria de graça (estava incluído na diária), e queriam aproveitar ao máximo esse momento importante do dia, mesmo sendo por pouco tempo. Nem dormiram. Precisaram tomar um banho rápido e trocar de roupas. Literalmente engoliram o café da manhã no hotel. Decidiram depois que iriam para a empresa. Eram profissionais.

Na prática, estariam todos atrasados, se fosse um dia útil semanal. Mas era um sábado. Felipe tratou de enviar uma mensagem logo cedo, do hotel para Sr. Abreu, e disse que precisavam conversar na empresa pela manhã e que era urgente.

Assim que chegaram à empresa, eles ainda aguardaram cerca de meia hora na sala de reunião. Todos estavam "elétricos" e à base de café. Não havia jeito.

Na sala de reunião, eles aproveitaram para adiantar algumas pequenas coisas. O Felipe resolveu verificar o perfil novamente de José Estevão e Ignácio de forma rápida. Os dois eram muito bons. Eram amigos então. O contraste os uniu de forma única. Ele foi nas redes sociais dos dois (depois de muito pesquisar) e descobriu que havia várias fotos deles juntos no perfil do Ignácio (tudo coisa bem antiga). Não havia indicação de que namoravam. Mas pelo jeito, eram muito amigos. O José Estevão é que pelo jeito raramente, ou nunca, postava nas redes sociais. Tem gente que não gosta. Mas sempre havia algo relacionado a super-heróis, em especial ao Lanterna Verde.

Felipe resolveu verificar os relatórios de permissão de acesso e criação da primeira máquina (ou servidor) onde foi instalada a IA. Quem pediu para alocar essa máquina foi o José Estevão, mas uma autorização "especial" do Sr. Abreu foi concedida, por conta de instalar várias coisas. Era um diretório que deveria ficar fora do *backup*, conforme ele concluiu. O estranho é que por aqui ele alegou que era para um projeto especial. As coisas estão se juntando. Sempre havia algo mais.

Quando o Sr. Abreu entrou na sala, logo ele conversou com todos, especialmente com Kátia, e resolveu dar o dia de folga para todos na segunda-feira. Mereciam, por conta do que passaram. Kátia contou tudo o que aconteceu, inclusive a conversa que o Trindade teve com ela, na qual confessou tudo. No fim, o Sr. Abreu falou:

— Eu já esperava que o Trindade fosse louco. Na verdade, ele era insano em tudo. Filho da puta ele sempre foi, e eu só estava esperando uma falha dele para dar uma rasteira. Ele me prejudicou em vários projetos. Ele errou. Foi demitido. Tudo tem volta.

Ninguém estranhou a fala do Sr. Abreu. Exceto Felipe. Isso somente confirmava o que o Felipe estava descobrindo e deduzindo. Sr Abreu completou:

— Por que mais que a próxima semana seja a última de vocês aqui, na prática gostaria que voltassem aqui para outro projeto em que estou pensando e no qual precisaremos de vocês. Isso aqui é uma despedida oficial, porque na próxima semana estarei atolado com coisas agendadas. Obrigado a todos. Vou recomendar vocês para voltarem aqui de novo. Porém, esse projeto será de longo prazo. Realmente me surpreendi com vocês. Vocês são ótimos. Na segunda-feira, por conta de tudo o que aconteceu, estou dando uma folga extra a todos. Aproveitem. Vocês Merecem.

Todos se despediram e em seguida voltaram para o hotel. Já de novo no hotel, Kátia decidiu nem ligar para os pais contando o fato. Poderiam se desesperar. Felipe ligou para a família e avisou que retornaria dali a uma semana. Os seus filhos ficaram felizes. A saudade era grande. Hugo ligou para a sua mãe e para a filha, que morava com a sua ex-mulher.

Aproveitaram para almoçar ali no hotel antes mesmo de ir para seus quartos e dormirem de tarde. Kátia, por conta de ser cadeirante, era hábil ao se deslocar em seu quarto de hotel. Somente duas vezes no tempo em que ela ficou hospedada precisou ligar para a recepção e pedir ajuda. Lá ela arrumou uma cadeira de ferro simples, que o hotel tinha, para que ela pudesse ficar sentada no chuveiro e se molhar quando precisava tomar banho. Depois ela se adaptou fácil. Em casa ela tinha uma cadeira parecida que ficava no chuveiro. Havia ainda uma cadeira extra na porta do chuveiro, que fora improvisada, para ela se acomodar e, por fim, se secar. Ela era guerreira.

Dormir era a palavra de ordem. Todos, ao entrarem em seus quartos, optaram por dormir quase que de imediato. Dormiram de "barriga" cheia. Era muito cansaço.

Já no fim da tarde, acordaram e resolveram ir para a casa do Thomás. Foi uma atitude quase que natural para todos.

Carlos já estava lá esperando por eles. Camila estava com Thomás. Ambos estavam preocupados. Kátia resolveu contar tudo. Ao contar, ela se acalmou mais ainda. Estava um pouco nervosa, afinal, fora um fato traumatizante. Era como se colocasse para fora tudo de ruim. Quem apanha sabe a dor que sente. Quem bate nem sempre lembra que bateu.

Quando "contaram" para o Convexo tudo o que acontecera, ele ficou feliz, ou pelo menos tentou demonstrar. Aí ele confessou:

— A missão foi um sucesso. Como medida preventiva de uma possível tentativa de sequestro, eu pedi um favor a um detetive de forma prévia em um email. O detetive foi um dos contatos com ações previamente definidas pelo meu criador. Ele teria uma ação de investigação e prevenção. Ele te seguiu, Kátia, por diversos locais. Depois ele poderia entrar em ação em caso de urgência, como um sequestro ou ter de salvar uma vida. ECOS333 era louco realmente, como deduzi. Eu enviei os endereços residenciais do Magno e do ECOS333 para o detetive como ponto de partida. Eu detectei algumas conversas dos dois e deduzi que eram parceiros. Você foi salva, Kátia. Operação bem-sucedida.

— Obrigado, Convexo. Você me salvou. Por isso que às vezes eu tinha a sensação de que estava sendo observada. Então era o detetive, que estava nos seguindo para a nossa proteção... — Kátia falou quase chorando.

— Se pudesse, lhe daria um abraço. Mas sou uma IA. Queria poder ser um humano — Convexo observou de forma sempre fria. Mas talvez houvesse alguma emoção por trás. Será?

— Para nós, você já é, irmão. Obrigado — Felipe falou quase chorando.

Todos resolveram se levantar e dar um abraço coletivo no computador onde estava instalado o Convexo.

Sabe aqueles momentos "fofura" que, se você pudesse tirar uma foto, você tiraria? Esse foi um deles.

Depois de alguns minutos de muita emoção e quase choro, Camila resolveu perguntar:

— Gente, queria ler ou ter acesso a um pouco da biografia de Stan Lee, Jack Kirby e Steve Ditko. Tinha uma galera discutindo sobre eles lá em casa e fiquei boiando, por isso saí até de perto. Podem me explicar um pouco quem foram esses caras? O Thomás falou que vocês sacam muito de muita coisa *nerd*. Eu tenho um blog e queria escrever sobre eles.

— De cara você precisa ler o livro "Marvel, A História Secreta", que conta a origem da Marvel — Felipe falou de forma séria. — O livro ganhou prêmios lá fora. Os três fizeram parte do time da Marvel dos anos de 1960. Eles deram vida e genialidade aos principais personagens da Marvel que conhecemos hoje. Eles ficaram marcados principalmente pela criação do *Quarteto Fantástico* e do *Homem-Aranha*. Eles foram cocriadores do universo Marvel que hoje conhecemos. Steve Ditko era roteirista e desenhista. Stan Lee era roteirista, e Jack Kirby era desenhista. Stan Lee foi editor-chefe na Marvel "totalmente empregado" como funcionário, e Jack Kirby tinha "apenas" um contrato de trabalho. Eles tinham situações legais de trabalho muito diferentes, mas estavam trabalhando para a Marvel naquela época. Isso foi no início da década de 1960. Primeiro nasceu o *Quarteto Fantástico*, e depois vieram outros, como o *Homem-Aranha*, ao melhor estilo Stan Lee e Jack Kirby. Steve Ditko e Stan Lee também cocriaram o *Homem-Aranha* em 1962, e os créditos a ambos por isso estão na primeira aparição do herói, na revista "Amazing Fantasy" número 15, de 1962. De certa forma, cada um seguiu o seu próprio caminho. Stan Lee ficou na Marvel. Anos depois, saiu e abriu uma empresa independente que também iria apoiar a Marvel. Steve Ditko, entre 1967 e 1968, foi para a DC, saindo em 1970. Retornou para a DC em 1975. Sempre realizou trabalhos para outras editoras. Por outro lado, Jack Kirby começou em outras editoras menores e foi para Marvel na década de 1960. No início da década de 1970, ele teve uma briga com Stan Lee e foi para a DC, voltando para a Marvel em 1974. Ele deixou novamente a Marvel em 1978 e foi trabalhar com cinema e animação. Continuou fazendo diversos trabalhos para outras editoras, falecendo em fevereiro de 1994. Steve Ditko e Stan Lee morreram em 2018. Stan Lee chegou ao fim de vida como empresário, produtor, publicitário e consultor para diversas produções do universo Marvel. Stan Lee virou um ícone do mundo *nerd*. Existem livros e revistas contando sua vida.

— Meu Deus, não sabia o quão importantes são esses três caras no mundo *nerd*! — Camila foi sincera ao extremo.

— A gente aprende junto — Hugo falou de forma honesta. — Fica tranquila. A troca de ideias é o mais importante no mundo *nerd*.

A partir daí, o assunto foram séries de TV no papo entre todos ali. São assuntos que, quando falados, empolgam e aumentam a paixão sobre os mesmos assuntos. *Nerds* não se cansam de conversar sobre essas coisas. É igual a outras paixões, como futebol.

Enquanto isso, Convexo escutava e aprendia. Estava em sua natureza aprender. Ele estava transformando tudo que ouvia em algo útil. Estava evoluindo e aprendendo. Seremos superados um dia por alguma inteligência artificial ou robôs? Talvez sim quando se tratar de tarefas específicas. Mas o homem ainda tem habilidades únicas que, pelo menos em curto e médio prazo, serão difíceis de superar. Outras não.

Seria Convexo um perigo? Não. Ele era uma IA-herói, ou quase isso. Sim, ele era uma espécie de herói aprendiz feito de bits e bytes.

■■■

No dia seguinte, domingo de manhã, Felipe fez uma reunião no hotel entre os três. Todos levantaram tarde, e no café da manhã seria o momento ideal para conversarem.

Em física, "momento" ou "momentum" significa o resultado do produto da massa versus a velocidade do corpo. O momento, em física, representa a aplicação de força sobre um corpo inerte. Um corpo inerte não tem momento. Momento também significa impulso ou quantidade de movimento. Literalmente, aqui o momento representa o impulso dado à situação que está em movimento. Havia forças que não se podia ver, invisíveis, e Felipe precisava clarear a situação a todos enquanto tudo estava em movimento. Saírem do projeto significava que eles não poderiam fazer mais nada ali. Eles eram a força aplicada que fez o Trindade explodir. Eles foram manipulados por todos.

Felipe explicou "momento" para eles e fez a associação com o que aconteceu. E acrescentou:

— José Estevão e Ignácio eram amigos. Eles estavam sendo manipulados ou coordenados pelo Sr. Abreu para criar algo, que deveria ser o Convexo. Trindade os perseguiu até onde pôde. Por conta da pressão dos projetos em que os dois atuavam, eles optaram por se demitir. Trindade e Sr. Abreu eram adversários dentro da empresa. Ignácio arrumou outra coisa. Estevão pirou. Antes de sair, ativou Convexo. Deixou e preparou um *backup* externo. Quando Convexo foi ativado, ele começou a se vingar e mostrar que Trindade cometeu erros. Erros graves. Mas nós fomos manipulados pelo Sr. Abreu. O próprio nome Convexo é um sinônimo de arqueado ou curvado. José Estevão tinha um problema de coluna e andava meio arqueado. Ele era um gênio que ficou louco.

Ele falou de todas as conexões que percebeu e concluiu. Uma delas era a de que o Convexo não tinha um criador, mais dois. Por isso Felipe colocou que, quando se perguntava "quem é o seu criador", Convexo afirmava que não podia determinar, porque são dois. E lembrou a todos: "Pense como uma máquina, logicamente, e concluirá fácil".

— Pelo amor de Deus, então entramos em um jogo de gato e rato. O que podemos fazer mais? — Kátia questionou de forma enfática. — Sugiro compartilhar com todos do grupo, digo, nós aqui e Carlos, Thomás e Camila. Eles sofreram com a gente esses dias. Acho que merecemos todos juntos trocar uma ideia. E aí?

Todos os três concordaram.

Cerca de uma hora depois, todos estavam na casa de Thomás. Tudo foi logo compartilhado por eles.

Ainda não era o momento *Game Over*.[2] Era o momento de continuar em frente. O vilão foi derrotado, mas a jornada não havia terminado. Vá até o final e veja. Não desista. Boa sorte.

---

2 Termo usado quando um jogo chega ao fim e se encerra. Significa literalmente "jogo encerrado".

Parte V:
FIM DE JOGO

Capítulo 18:
VERDADES

> "Embaixo dessa máscara há mais do que carne.
> Atrás dessa máscara há uma ideia, e, Sr. Creedy,
> ideias são à prova de balas."
>
> Senhor V, personagem central do filme V de Vingança

• • • • • • • • • • •

Todos estavam reunidos e resolveram que era hora de se escutarem de verdade.

— Eu acho que devemos checar primeiro como está o José Estevão. Ele não andou bem. Ele foi o que mais sofreu — Camila falou logo de cara

Todos resolveram pesquisar nas redes sociais, quase ao mesmo tempo. Hugo perguntou para Convexo:

— Quem são os seus criadores?

— Eles são José Estevão e Ignácio. Vocês já têm os dossiês deles — Convexo respondeu muito rápido.

Era uma resposta para uma pergunta que todos já sabiam a resposta. Óbvia, mas Hugo precisava ter certeza.

Logo em seguida, descobriram onde ele estava. Foi fácil descobrir: internet, telefonemas etc. Dali a uma hora começava o horário de visita na clínica de repouso onde ele estava. Foram logo para lá. Não era tão longe. Pura sorte.

Já na clínica de repouso, eles estavam de frente para José Estevão. No momento, ele recebia uma visita, que era o Ignácio.

— Ignácio, tudo bem? — Felipe se apresentou juntamente com os outros. — O Trindade foi preso.

Ignácio olhou para eles. Logo em seguida, todos contaram sobre o sequestro de Kátia. Eles contaram toda a dedução a que chegaram. Só não contaram que "Convexo" estava ativo ou vivo.

Dava pena de ver. Estevão estava de pijama. Amassado. Triste. Tentava balbuciar coisas de TI de forma aleatória, que mal dava para ouvir. Barba por fazer e rala. Dava tristeza.

De um momento para outro, Estevão olhou para Kátia e conseguiu falar de forma clara e pausada:

— Efeito... Yin... Um... Outro... Bom...

Todos se olharam sem nada entender. Deveria ser algum delírio.

Eles continuaram a conversar. Ignácio explicou que não contaria nada ao Sr. Abreu, porque eles mantinham ainda contato. Os problemas da empresa, como pressão excessiva, podiam fazer mal à saúde. Ele contou também que teve um colega de trabalho que teve um ataque cardíaco por conta da pressão. Não valia a pena. Ignácio e Estevão ficaram grandes amigos, e quem pagava uma parte da clínica de repouso era Ignácio.

A outra parte do dinheiro era pago por um seguro que a empresa havia feito. Coisa rara. O Sr. Abreu sabia. Mas que se continuasse assim, em cerca de 6 a 12 meses, ele sairia dali. Havia melhorado cerca de 50 por cento. Estava nas mãos de Deus.

Triste fim. Mas o Ignácio continuou:

— Gente, muito obrigado pela solidariedade de ter vindo aqui. Isso fará bem a ele. Mesmo vocês não tendo falado do Convexo, ele está em mãos seguras. Lembrem-se de que vocês fizeram um juramento.

Ele sabia. Ele deduziu. Dali em diante, nada se precisou falar.

Camila deu uma sugestão: eles ajudariam o Estevão fazendo uma "vaquinha" ou um "racha", por dez meses, dividindo assim a mensalidade entre todos. Todos toparam. Camila, Thomás e Carlos organizariam o "racha" e realizariam o pagamento.

Antes de eles serem *nerds* ou *geeks*, eles eram pessoas, e pessoas precisam sempre se ajudar. Se todos se unissem em torno de algo bom, o mundo seria melhor, com poucos vilões e ladrões. Ser *nerd* não significa deixar de ser humano, e essa era uma grande verdade. Ser *nerd* não significa ser egoísta ou soberbo.

Todos saíram dali felizes, ou menos tristes. Nossos heróis voltaram para a casa do Thomás como se tivessem chegado a um ponto final. Ganharam o dia. Não havia palavras no que eles fizeram.

Será mesmo?

■ ■ ■

Na clínica de repouso, depois que todos se foram, José Estevão falou sozinho e ninguém escutou:

— Borboleta... Yang... Dois... Convexo... Mau...

Talvez estivesse delirando. Teríamos certeza? Não temos como saber.

O que sabemos é que um gênio ficara perturbado. Foi um gênio que tentou ser herói... Ele foi mesmo sem ter visto seus feitos. Ele fez de sua dor um poema, um poema do bem. Agora, na verdade, estava começando a sair de seu abismo interno. A visita de nossos heróis fez bem a ele. Sua alma viu uma luz, era uma luz *nerd* do bem.

Capítulo 19: Epílogo

"Todo mundo quer um final feliz, certo? Mas as coisas não são assim. Talvez desta vez."

Homem de Ferro, personagem do filme Vingadores: Ultimato (2019)[1]

• • • • • • • • • • • •

Era segunda-feira, dia de folga dada pelo Sr. Abreu.

Na prática, eles já estavam se despedindo da cidade. Depois, ao longo da semana, Felipe, Kátia e Hugo foram a todas as lojas *nerds* no qual eles haviam ido para se despedir de cada dono. Muito legal. Amizades se fazem assim. Agradecer também faz parte.

Quanto ao serviço de TI em si, já não tinham quase nada para ver ou fazer. Era apenas finalizar algumas pendências menores e tudo terminaria mais que tranquilo.

Depois da viagem de volta após o fim do projeto, já na sexta-feira, eles combinaram quando e onde se encontrariam de novo. Pelo menos Kátia e Carlos continuariam se encontrando a cada 15 dias. Estavam apaixonados. Isso era um fato lindo.

Felipe estava cheio de saudades dos filhos. Hugo estava com saudade da filha. Kátia estava com saudade dos pais e do tio. Ela achava que estava mais madura agora para entender e respeitar a visão do pai. Afinal, não existe divórcio entre pai e filha.

Quanto a Convexo, Thomás e Camila ficariam responsáveis por ele. Hugo e Thomás ficaram de atualizá-lo com uma nova versão do código. Era uma questão moral atualizar o Convexo. Hugo, mesmo a distância, continuaria ajudando.

Depois de tudo, eles fizeram a única coisa que não haviam feito ainda: foram a uma livraria. A tarde seria em uma livraria. Séria bem legal. Ir a livrarias é coisa *nerd* também. Muitos *nerds* se tornaram *nerds* por conta da leitura.

Todos se encontraram em uma livraria recomendada pela Camila e pelo Carlos. Ler é cultura também. O mundo *nerd* não é tecnologia, heróis e games somente. Muitos pensam que o mundo *nerd* é somente *games*, e é um pensamento errado. O mundo *nerd* é muito grande.

---

1 O filme "Vingadores: Ultimato" (2019) se tornou o filme de maior bilheteria da história do cinema de todos os tempos até 2019, superando o recorde anterior do filme "Avatar". O filme conclui uma saga de dez anos do grupo "Vingadores", da Marvel no cinema. Isso é um fato único e histórico na cultura nerd.

Hugo, quando entrou na livraria, que era bem grande e com dois andares, falou:

— Mano, faz muito tempo que não entro em uma livraria. Essa livraria parece ser muito boa.

Como a livraria ainda tinha uma cafeteria pequena, eles optaram por se dividir e se encontrar lá.

Depois de algum tempo procurando alguns livros, Felipe perguntou a um funcionário da livraria:

— Boa tarde. Existem algumas prateleiras que estão vazias. O que está acontecendo? Estou procurando alguns livros infantis para meus filhos.

— Oi, boa tarde. Infelizmente a livraria vai fechar no final do mês. Infelizmente está acontecendo uma crise nacional nos últimos anos no setor literário, isso é, desde 2016 ou 2017. Por conta dessa crise, muitos serão demitidos. Essa loja dará saudade. A parte infantil fica no próximo corredor. Acho supercorreto o senhor incentivar a leitura desde cedo. Muitas livrarias estão "quebradas" e entraram com pedidos de recuperação judicial. A coisa é muito séria no setor. Se a pessoa perde o emprego, a primeira coisa que ela faz é cortar ao máximo itens supérfluo ou de lazer ou cultura. Livro é uma delas. Mas vai melhorar. Temos de ter fé — falou o funcionário meio que triste.

— Poxa. Não tinha ideia.... Os livros são para meus filhos. Quando abre ou fecha uma loja, me lembro de Drumond, Carlos Drumond de Andrade, o grande poeta e escritor. A frase era mais ou menos assim: deveríamos fazer uma festa quando abre uma livraria e um enterro quando uma fecha. — Felipe falava um pouco triste.

— Hoje em dia tem internet, e muitos livros são pedidos pela internet. Sem contar outras formas de diversão, como jogar *games* e ir ao cinema. O brasileiro lê pouco ao longo do ano. Isso é um fato. Ler faz bem à saúde mental, e através dos livros aprendemos muito. Hoje temos um espaço *nerd* e de informática aqui. Muitas livrarias estão fazendo o mesmo. Falta um estímulo maior por parte do governo à leitura. Mas a crise está aí... Muitas editoras estão fechando por conta da crise no país nos últimos anos. Livrarias estão sendo vendidas e compradas. Mas espaços assim estão diminuindo. É uma questão administrativa. Se não der lucro, a empresa se vê obrigada a fechar ou cortar custos. Eu mesmo já estou enviando meu currículo — o funcionário falou mais triste ainda. — É a crise. É a crise.

— Obrigado pelo esclarecimento. Não tinha a menor ideia. Obrigado de coração. Torço para a situação mudar — Felipe agradeceu e seguiu aproveitando o que podia da livraria.

■■■

Algum tempo depois, Hugo estava de volta ao ponto de encontro na cafeteria. Carlos e Kátia já estavam em uma mesa para seis lugares. Ele falou:

— Oi. Não consegui comprar o "Eu, Robô", do Isaac Asimov. Mas achei outros livros dele. Selecionei a saga "Fundação", que estava em uma *box*, pois achei lindo demais. Achei o "Jogador Número 1", e ainda separei "Guerra dos Tronos", volume 1. Acharam que fiz mal?

— Carlos acha que a saga "Fundação" é um dos maiores clássicos *nerds* que existe. Carlos acha que, no máximo, pode ter feito mal ao seu bolso, mas a sua alma ficará feliz. Todos são ótimos.

Todos riram. Estavam todos de bom humor e alto astral.

Thomás voltou com um livro de tecnologia nas mãos, e Camila, um de poesia.

Felipe voltou com alguns livros que havia selecionado. Ele olhou para todos na mesa e perguntou de forma inocente:

— Que legal, galera. Estamos parecendo uma espécie de "Liga da Justiça" ou "Vingadores" *nerds*. Perguntando assim... Sei lá... Fico pensando: Qual o futuro *nerd*? Para onde vamos?

O funcionário da cafeteria escutou a pergunta e respondeu:

— Desculpe me intrometer, mas adoro esses questionamentos. Acho que, como o poeta Léo Rezende fala, "ou você se transforma ou será transformado em algo que não deseja". Acho que o mundo tem mudado e precisamos mudar com ele. Não precisamos dominar o mundo. Precisamos que o mundo nos aceite e nos entenda como somos. *Nerd* ou *geek* não tem cara e "biotipo", por assim dizer. Tem paixão pelo que ama "na veia". Desculpem...

Todos amaram a intervenção do funcionário da cafeteria, que servia um café na mesa.

Agradeceram e ficaram felizes. Depois o funcionário se afastou, e eles voltaram a conversar.

Felipe havia selecionado também algumas obras clássicas que queria ler. Mas a que mais o deixou feliz foi a obra "Os Três Mosqueteiros", de Alexandre Dumas. E mostrando o livro, que estava em uma edição bem bacana, ele perguntou:

— Será essa a história de nosso grupo à moda antiga? Talvez em uma versão em *flashback*? Quem cada um seria?

— Eu falo, eu falo. Já sei — observou Camila ansiosa.

— Pode dizer... — Felipe deu a palavra a ela.

— Sim, eu acho. Mas nesse caso, o d'Artagnan é o Convexo, certo?

Todos ficaram em silêncio por alguns segundos e se entreolharam. E de repente os celulares de Kátia, Hugo, Felipe, Thomás, Carlos e Camila vibraram, e vibraram muito. Todos se assustaram.

Era uma mensagem. A mesma mensagem para todos. Era de Convexo. Todos riram quase ao mesmo tempo. Convexo tinha humor? O que estava escrito? Óbvio, *Caro Leitor*:

— Ah! Ah! Ah! Ah! Ah!

Este livro foi impresso nas oficinas gráficas da Editora Vozes Ltda.,
Rua Frei Luís, 100 – Petrópolis, RJ.